BRATEN
KÜCHE

Christoph Wagner

BRATEN KÜCHE

140 feine Rezepte von Geflügel bis Wild

Unter Mitarbeit von Renate Wagner-Wittula

Fotografiert von Peter Barci

pichler verlag

BILDNACHWEIS:
akg-images, Berlin: 6, 8, 11, 14
Archiv Pichler Verlag: 9
Alle übrigen Fotos sind Originalaufnahmen
von Peter Barci

ISBN 978-3-85431-525-4

REDAKTION: Renate Wagner-Wittula
LEKTORAT: Josef Weilguni

FOODSTYLING: Alexander Rieder

UMSCHLAG- UND BUCHGESTALTUNG:
Bruno Wegscheider

REPRODUKTION: Pixelstorm, Wien
DRUCK UND BINDUNG:
Druckerei Theiss GmbH. St. Stefan im Lavanttal

Printed in Austria

Inhalt

Sofern nicht anders angegeben, gelten die Mengenangaben für 4 Personen.

Vom Braten
Eine kleine Kulturgeschichte

Wem gälte der Sonntagsbraten nicht als Inbegriff von Wohlbefinden und Heimeligkeit? Duftschwaden verbreiten sich von der Küche aus in Wohn- und Kinderzimmer, nach dem Aufgießen blubbert und zischt es jedes Mal vielversprechend im Backrohr. Und dann erst das Aufschneiden, das Zerteilen der knusprigen Kruste und der feingliedrigen Fleischfaser, das Verströmen der köstlichen Säfte ...

Kurzum: Perfektes Bratenglück bedeutet perfekte Idylle und vollendete Harmonie. Wo Sonntagsbraten gegessen wird, dort ist zumeist auch das Familienglück noch intakt, dort wähnt man Wärme und Fürsorglichkeit statt Gefühlskälte und erbitterten Geschlechterkampf. Wie sonst nur das Brot symbolisiert der Braten ein ganzheitliches Weltbild. Der Braten ist, ebenso wie die Gemeinschaft, die sich um ihn versammelt hat, ganz und gar.

Das war nicht immer so. Es gab Zeiten, in denen der Braten der Inbegriff des Widerspruchs, um nicht zu sagen, der Rebellion war. Denn zum Braten gehört nun einmal das Feuer, und das galt – bis noch vor gar nicht so langer Zeit – als heilig. Bevor man selbst Feuer machen konnte, musste man sich das flüchtige Element aus der Natur holen: Man suchte es in der Lava der Vulkane oder wartete auf einen Blitzschlag. Wer das kostbare Gut ergattert hatte, hütete es, damit es nie ausgehen möge.

Erst Prometheus hat es den Göttern gestohlen und mit den bekannten Folgen – ein Adler zerhackte ihm

Fleischer beim Zerteilen eines Rindes. Flachrelief an einem Grab in Sakkara, um 2450 v Chr.

mit spitzem Schnabel die Leber – dafür bezahlt. Warum wollte Prometheus jedoch ausgerechnet in einem Land, in dem es selbst im Winter nicht besonders kalt wird, das Feuer vom Himmel holen? Die Antwort liegt auf der Hand: Es ging ihm dabei keineswegs um die Wärme. Es ging ihm um den Braten.
Die griechische Mythologie liefert dafür den besten Beweis – und gleichzeitig eine der ersten Fressgeschichten rund um die edle Kunst der Rôtisserie. Da die humanistische Bildung heute leider allenthalben zurückgeht, sei sie hier kurz rekapituliert.
Die Götter erwarteten sich von den Menschen, die der Halbgott Prometheus soeben aus Erdklümpchen geschaffen hatte, ein Opfer. Also schlachtete Prometheus einen großen Stier und teilte ihn in zwei Hälften, die er so drapierte, dass die eine aus Fleisch und Innereien, die andere aus mit Talg überzogenen Knochen bestand. Dann bat er Zeus, eine der beiden Hälften für sein Opfer zu wählen. Als der Göttervater unglücklicherweise in den eklen Talg griff, wurde er zornig und beschloss, den vorwitzigen Menschen für immer das Feuer zu verweigern. Prometheus holte es sich mit Hilfe eines Riesenfenchels, dessen Spitze er am vorbeifahrenden göttlichen Sonnenwagen wie ein Streichholz in Brand setzte, wieder zurück. Und es durfte munter weitergebraten werden.
Allerdings nicht von jedermann. Braten zu essen – das war die längste Zeit unserer Geschichte ein Privileg der Vornehmen, Reichen und Prächtigen. Selbst ein so bäuerliches Gericht wie die gebratene Martinsgans fand sich nur in den seltensten Fällen auf der bäuerlichen Tafel, sondern zumeist auf jener der Steuereintreiber, an welche sie abgeliefert werden musste. Kurzum: Wer brät, der hat den Göttern ein Schnippchen geschlagen – und hat selbst die Macht.
Folgerichtig wird die Erfindung des Bratens in zahlreichen Religionen und Mythen als Akt der Emanzipation des Menschen von den Mächten des Himmels verstanden. Sie ist die eigentliche Initialzündung für die menschliche Zivilisation. Der Augenblick, in dem der Mensch erkannte, dass Fleisch in garem Zustand besser mundet als in rohem, ist zumindest jenem vergleichbar, in dem er das Rad erfand. Das Rad mag getrost am Beginn aller Technik stehen. Der Braten steht zweifellos am Beginn aller Kochkunst.
Seit er solchermaßen den Sieg des *Homo erectus* über alle kriechende Kreatur symbolisiert, hat der Braten nicht aufgehört, auch die Dichter zu beschäftigen. So liest man im ersten Gesang von Homers *Ilias* (in der Übersetzung von Gottfried August Bürger):

Als sie nun ausgebetet, und aufgeworfen das Streukorn,
Beugten sie hinter die Häls', und schlachteten, zogen die Häut' ab,
Schnitten die Hüften aus, umhüllten sie doppelt mit Fette,
Und bestückelten sie. Das alles verbrannte der Alte
Auf gespaltenem Holz, und sprengt' es mit feurigem Wein an.
Jünglinge standen um ihn, fünfzackige Spieß' in den Händen.
Als die Hüften verbrannt und die Eingeweide geprüfet,
Da zerstückelten sie auch das Übrige, bohrten's an Spieße.
Brieten mit Vorsicht es gar, und zogen alles herunter.
Hierauf feierten sie, und setzten das Mahl auf und schmausten.

Ähnliches erfährt man im vierzehnten Gesang der *Odyssee,* als der heimgekehrte Odysseus auf den treuen Schweinehirten Eumäos trifft und dessen Gastfreundschaft sofort in Form eines saftigen Schweinsbratens auf höchst angenehme Weise zu spüren bekommt. Im Wohlklang der Voß'schen Übersetzung findet das festliche Schlacht- und Kochritual seinen poetischen Niederschlag:

Aber seinen Gehilfen befahl der treffliche Sauhirt:
Bringt das fetteste Schwein, für den fremden Gast es zu opfern,
Und uns selber einmal zu erquicken, da wir so lange
Um weißzahnichte Schweine Verdruß und Kummer erduldet,
Während andre umsonst all unsere Mühe verprassen!
Also sprach er und spaltete Holz mit dem grausamen Erze.
Jene führten ins Haus ein fett fünfjähriges Mastschwein,
Stellten es drauf an den Herd. Es vergaß der treffliche Sauhirt
Auch der Unsterblichen nicht (denn fromm war seine Gesinnung),
Sondern begann das Opfer und warf in die Flamme das Stirnhaar
Vom weißzahnichten Schwein und flehte den Himmlischen allen,
Daß sie dem weisen Odysseus doch heimzukehren vergönnten;
Schwang nun die Eichenkluft, die er beim Spalten zurückwarf,
Schlug's, und sein Leben entfloh; die andern schlachteten, sengten
Und zerstückten es schnell. Das Fett bedeckte der Sauhirt
Mit dem blutigen Fleische, von allen Gliedern geschnitten;
Dieses warf er ins Feuer, mit feinem Mehle bestreuet.
Und sie schnitten das übrige klein und steckten's an Spieße,
Brieten's mit Vorsicht über der Glut und zogen's herunter,
Legten dann alles zusammen auf Küchentische. Der Sauhirt
Stellte sich hin, es zu teilen; denn Billigkeit lag ihm am Herzen.
Und in sieben Teile zerlegt' er alles Gebratne:
Einen legt' er den Nymphen, und Hermes, dem Sohne der Maia,
Betend den andern hin; die übrigen reicht' er den Männern.
Aber Odysseus verehrt' er den unzerschnittenen Rücken
Vom weißzahnichten Schwein und erfreute die Seele des Königs.

Ein Ritual mit besonderem Charakter: das Braten von Fleisch am Drehspieß. Illustration aus dem Psalter des Sir Geoffrey Luttrell von Irnham, um 1340.

Hochbetrieb für den Rôtisseur: Aus den Hofküchen Europas sind Bratengerichte nicht wegzudenken.

Wer diese Zeilen der *Odyssee* aufmerksam liest, wird einen wichtigen Aspekt des Genießens von gebratenem Fleisch nicht übersehen können: Tiere wurden von den Menschen in alter Zeit nicht einfach getötet, auf den Spieß gesteckt und gierig verschlungen – dem Tier, das für das gemeinsame Mahl „geopfert“ wurde, begegnete man vielmehr mit äußerstem Respekt und Ehrfurcht; um das Töten rechtfertigen zu können, beachtete man daher spezielle Rituale wie das von Homer geschilderte Verbrennen des „Stirnhaars“ des Schweins, mit dem die Götter gnädig gestimmt werden sollen. Das gemeinsame Verspeisen eines Bratens gewann so deutlich sakralen Charakter; der Genuss von Fleisch und Blut eines Tieres setzte die Billigung des Tötungsakts durch die Götter voraus. Und er verlangte nicht zuletzt einen würdevollen, disziplinierten Umgang mit dem Stück Braten, der dem hungrigen Esser vorgelegt wurde: Wer sich vor dem Mahl nicht die Hände reinigte und allzu gierig „fraß“, verriet sich als „Barbar“ – man denke zum Beispiel an die Verwunderung, mit der griechische Autoren die „Fressorgien“ der Kelten schilderten, die sich angeblich „ganze Stücke und Glieder“ vom Spieße langten und ihre Zähne „wie die Löwen“ in das Bratgut schlugen. Nach ostslawischem Volksglauben war es sogar der Teufel selbst, der bei einer derartig wilden Völlerei mit am Tische saß. Unsere Tischsitten, so die *conclusio* dieses kleinen Exkurses, haben ihre Wurzeln nicht zuletzt im kultisch korrekten Genießen des Bratens.

Wie dem auch sei: Seit der Zeit, da das erste Mal Bratenduft an die Nasenschleimhäute der Menschen drang – zuweilen liest man, dies sei bei Waldbränden geschehen, wo Tiere verbrannten und ein den Jägern sympathisches „Aroma“ verströmten –, haben die Dichter nicht aufgehört, den Braten zu besingen. Bietet er doch jede Menge Gelegenheiten zu recht anschaulichen Bildern: der Widerstreit der inneren Säfte, die Kruste, die sich im Lauf des Bratvorgangs wie ein Panzer um das Fleischstück legt, das Begießen und Bestreichen der Oberfläche mit Flüssigkeiten, edlen Ölen, Wein, Bier oder dem eigenen Fett, das stoische Rotieren des Bratspießes, die Würzung und gelegentlich auch das Füllen des Bratenstücks und schließlich

das Tranchieren. Die Geschichte des Bratens gleicht einer Luxusausgabe der *Comédie humaine.*

Erinnern wir uns nur an die Schilderung jenes berühmten Wildschweins, das der neureiche Trimalchio in Titus Petronius Arbiters *Satyricon* servieren lässt: „An seinen Hauern hingen zwei Körbe voller Datteln. Und rings um das Tier eine Menge kleiner Marzipanschweinchen, als ob sie an den Eutern der Sau saugen würden. Schon kam beim Zerlegen ein bärtiger Riese herein und fuhr mit seinem Jagdmesser der Wildsau in die Seite und heraus aus der Spalte flog ein Paar Turteltauben."

Die zivilisierte Rôtisseurskunst unserer Tage hat mit derlei altrömischer Schlemmerei natürlich nichts mehr zu tun. Zu seligen Nouvelle-Cuisine-Zeiten war der Braten sogar einige Zeit lang als unoriginell verpönt. Knusprige Enten und zwischen den Zähnen krachende Schwarten mussten allenthalben den kurz gebratenen Nüsschen, Brüstchen und Medaillons weichen. Ganz abgesehen davon, dass zartfühlenden Gästen der Anblick eines im Ganzen gebratenen Vogels oder Spanferkels alleine schon aus tierschützerischen Gründen ein Gräuel war.

Der zu erwartende Pendelschlag in die entgegengesetzte Richtung ließ – nicht zuletzt unter dem Titel einer wiederentdeckten „Erlebnisgastronomie" – allerdings nicht allzu lange auf sich warten. Mittlerweile schätzt man sie wieder, die saftigen und knusprigen, am Knochen gebratenen Stücke, zu deren Wesensmerkmal die optimale Erhaltung des Eigengeschmacks zählt. Das sogenannte „Grosse pièce", das im Ganzen gebratene Stück, findet man neuerdings sogar wieder in der Dreisterne- und Viermützengastronomie.

Die Spitzenköche dieser Welt haben uns offenbar lange genug bei Mini-Portionen und Ikebana-Optik darben lassen, sodass wir uns heute wieder über eine perfekt, wenn auch unprätentiös zubereitete gefüllte Kalbsbrust, eine Lammschulter, ein Spanferkel, eine knusprig gebratene Ente oder auch ein Schweinskarree wieder aus ganzem Herzen zu freuen vermögen. Wie hieß es doch bereits so treffend in einem der Epigramme des italienischen Humanisten Angelo Poliziano? – „Schickst mir Braten, o Freund! Ach Braten hab ich genug hier – schicke doch Besseres her: Schicke den Hunger zuerst!"

Das entfremdete Fleisch
Versuch einer Typologie des Bratenessers

Folgende These sei hier gewagt: Wie jemand seinen Braten isst, vor allem aber, welchen Braten jemand isst, verrät viel über seinen Charakter. Eine Typologie des Bratenessers beschreibt die Menschheit daher konsequent als eine höchst inhomogene Tischgesellschaft. Die Einstellung eines Menschen zum Braten hängt zunächst einmal von jener zu seinem Triebleben – und Essen ist ein Teil des Trieblebens – ab. Wer zu seinen Trieben und Bedürfnissen eine unkomplizierte, aufrichtige Beziehung hat, der wird normalerweise ganze Bratenstücke bevorzugen, bei denen auch noch erkennbar ist, wovon sie stammen. Es wird ihn nicht nur nicht stören, dass er einen Flügel als Flügel, einen Hals als Hals und einen Schenkel als einen Schenkel erkennt, sondern er wird im Gegenteil an der Unverfälschtheit und an der Urtümlichkeit dieses Erkennens sogar seine Freude haben. Der Bratenesser dieses Typs hat ein ungebrochenes Verhältnis zu seiner steinzeitlichen Vergangenheit, und daher liebt er es, an einem gewissen Punkt der Mahlzeit Messer und Gabel aus der Hand zu legen und mit den natürlichen Esswerkzeugen, also den Fingern und den Zähnen, weiterzunagen und zu kauen. Der Bratenesser dieses – sagen wir einmal – generösen Stils ist ein Verehrer aller Arten von Geflügel und Flugwild. Er liebt eine gebratene Gans ebenso wie ein Rebhuhn oder eine winzige Wachtel. Es stimuliert seine Gaumenfreude, wenn er an die knusprige Haut denkt. Und er weiß die bissfeste Maserung eines Gewebes zu schätzen, das in seinem irdischen Dasein nicht nur viel Bewegung gemacht, sondern auch nur mit natürlichem Futter in Berührung gekommen ist. Ähnliches gilt auch für Freunde der Lammkeulen, der Kitze und Kaninchen, die der beschriebene Typus des Bratenfreunds

Ochsenbraten schon zum Frühstück: Stillleben von Floris Gerritsz. van Schooten, nach 1655.

ebenfalls am liebsten unausgelöst verspeist. Wir müssen hinzufügen, dass dieser Typus zwar gemeinhin als durchaus sinnenfroher Mensch wird gelten dürfen, aber in Gourmetkreisen oft zu Recht gering geschätzt wird. Ist er doch vielmehr ein Gourmand als ein Gourmet, ein Vielfraß und kein Feinschmecker. Eine Verallgemeinerung, die freilich nicht zu weit getrieben werden soll. Denn die geheime Sehnsucht so manchen Feinspitzes, der nur Filetspitzen, Nüsschen und Scheibchen an seinen Teller lässt, ist es häufig genug, einmal dabei zu sein, wenn ein ganzer Mastochse am Spieß gebraten wird oder wenigstens ein Spanferkel, das vielleicht sogar als Inbegriff des sinnenfreudigen Bratenessens angesprochen werden darf.

Die Lieblingslektüre unseres generösen Bratenfreunds ist das bereits oben zitierte „Gastmahl des Trimalchio" aus Titus Petronius Arbiters *Satyricon;* sein Lieblingsfilm ist neben Marco Ferreris *Großem Fressen* Fellinis Verfilmung dieses Romans, der wohl opulentesten Schilderung, mit der jemals ein Stück Fleisch in Worte eingebraten wurde. Das Vorspiel haben wir geschildert, es kommt aber noch viel besser: Als dann nach dem Wildschwein ein richtiges Schwein herein getragen wird, „ruft Trimalchio, indem er näher hinsieht: ‚Was, dieses Schwein ist noch nicht ausgeweidet? Nein, wahrhaftig nicht. Herein mit dem Koch!' Der kommt zitternd herein, er habe es vergessen. ‚Das kostet Prügel!', rief der Herr. Wir aber legten Fürbitte ein und meinten, er solle es nachträglich tun, obgleich ich den Kopf schütteln musste. Wie kann einer vergessen ein Schwein auszuweiden? – Inzwischen griff der Koch, noch immer zitternd, zum Messer und schnitt da und dort hinein. Aus dem geöffneten Bauch aber quollen statt Gedärme appetitlich gebratene Blutwürste und knusprige Bratwürste hervor. Alles klatschte wieder laut Beifall und rief: ‚Bravo, Gaius, das hast du gut gemacht!'"

Gastmählern dieser Art steht heute unser schonender gewordener Umgang mit bedrohten Sorten und Arten sowie ein allgemeines Umweltbewusstsein gegenüber, das leider in anderen, wichtigeren Bereichen als der Tafel viel weniger ausgeprägt ist. Der Typus des alten „Fressers" von gargantuascher Dimension ist weitgehend im Aussterben begriffen, wozu nicht zuletzt die umfassende medizinische Aufklärung über die mit derlei Lebenswandel zwangsläufig verbundenen Folgen das Ihrige beiträgt. Die Zivilisierung der Gaumenlust dürfte heute – anders als noch in der Barockzeit – doch so weit fortgeschritten sein, dass es wesentlich mehr Menschen gibt, die der zweiten Gruppe der Bratenesser zugezählt werden müssen: jenen, die am Bratenstück nicht mehr erkennen wollen, woher er stammt.

Am liebsten würde dieser Typus überhaupt verdrängen, dass sein Braten jemals irgendetwas mit Lebendigem zu tun gehabt hatte. Er schätzt die Einbildung, alles Essbare sei aus anorganischem Material. Für ihn besteht kein grundsätzlicher Unterschied zwischen einer Scheibe Fleisch und einer Scheibe Kuchen. Aus diesem Grund liebt dieser zivilisierte Typus des Bratenessers auch all jene Arten von Braten, bei denen das Fleisch gebändigt, auf eine bestimmte Fasson dressiert wurde. Er schätzt alle Rouladen, ausgelösten mit Speck umhüllten Bratenstücke. Er ist kein Freund von Geflügel oder Fisch, bei deren Genuss er sich unentwegt vor Knochensplittern oder Gräten zu fürchten vorgibt – in Wahrheit hat ein trainierter Esser mit beidem kaum Probleme, und der wahre Grund für die Ablehnung ist die Angst davor, solcherart an seine eigenen Ursprünge, die tief im Animalischen wurzeln, erinnert zu werden.

Aus all diesen Eigenschaften unseres zivilisierten Bratenessers leitet sich eine weitere kulinarische Wesensart ab: Wer keine Knochen mag, der will auch meistens kein Blut sehen. Er möchte sein Bratenstück „durch", womit es dem Kuchen auch in der Tat noch etwas ähnlicher wird, wenn es auch – und das ist unter Feinschmeckern unbestritten – in den meisten Fällen wesentlich an Geschmack verliert. Freilich ist die Art der Garung eines Bratenstücks wie kaum ein anderes Küchenthema der Mode unterworfen. Der Garpunkt ist der Minirock der kulinarischen Welt. Einmal hält man ihn so kurz, dass er an die Grenzen der

Nacktheit (sprich: Roheit) stößt, ein andermal wiederum gerät er gefährlich an den Rand der hochgeschlossenen Langweile, sprich: der Trockenheit und der züchtigen Fadesse.

Gegenwärtig sind unter den Meisterköchen wieder die „Rohlinge" am Werk. Und sie haben in der Tat einiges an argumentativer Munition anzubieten: Zunächst einmal die Tatsache, dass der Eigengeschmack des Bratens durch nicht allzu langes Garen wesentlich besser erhalten wird. Ein Bratenstück, das bis auf die pure Faser ausgeblutet ist, schmeckt nach nichts mehr außer nach Faser. Man muss daher durch Würzung und Zubereitung dieses Geschmacksmanko wieder ausgleichen. Das eröffnet wohl dem Koch kreative Möglichkeiten, verfälscht jedoch notwendigerweise das Grundprodukt.

Unserem zivilisierten Typus des Bratenessers macht das hingegen nichts aus. Er liebt beim Fleisch ohnedies die intensive Würze (insbesondere das Würzsalz), da sie ein weiterer Schritt zur entanimalisierten Nahrungsaufnahme ist. Dennoch sind selbst beim zivilisierten Bratenesser die archaischen Sehnsüchte noch nicht ganz ausgestorben. Würde der Bratenesser nämlich wirklich zivilisiert sein, so würde er überhaupt keinen Braten mehr essen. Leider aber liebt er Fleisch, darum muss er es möglichst entfremden. Und da zum Fleisch nun einmal das Blut gehört wie der Himmel zur Erde, kommt auch der noch so zivilisierte Bratenesser nicht ohne eine Erinnerung an das Blut aus. Er hat dafür eine Form gefunden, die für seine Wünsche geradezu maßgeschneidert ist: das Ketchup. Ketchup sieht aus wie Blut, ohne Blut zu sein. Und gerade Menschen, die auf den kleinsten Tropfen rötlichen Bratensaftes allergisch sind, pflegen sich neben das Bratenstück einen besonders dicken Klacks Ketchup zu drapieren. Obwohl es dadurch für jeden Nichtwissenden aussieht, als würde er im Blute nur so schwimmen, denkt der zivilisierte Bratenesser an alles, nur nicht ans Blut. Und wenn man ihn darauf anspricht, so sagt er meistens etwas wie „Bitte, werden sie nicht degoutant!" – der zivilisierte Bratenesser ist ein perfekter „Verdränger".

Ja, gibt es denn, wird sich nun so mancher fragen, zwischen dem Vielfraß und dem essenden Technokraten keine goldenc Mitte? Die Antwort auf diese Frage müsste präzise lauten: Wer diese Mitte findet, das ist der perfekte Gourmet. Wenigstens er müsste doch wissen, was es mit der Braterei in unserem Jahrhundert auf sich hat. Doch die Feinschmeckerei unserer Tage zieht sich relativ feige aus der Braten-Affäre: Sie liebt das Kurzgebratene. Die rosa gebratenen Entenbrüste haben die knusprigen Enten aus dem Ofen längst überrundet. Und gebratene Hühner überlässt man lieber den Billigrestaurantketten. Lammnüsschen haben die gebratene Lammkeule so gut wie ersetzt (nicht zuletzt aus ökonomischen Gründen: Wer brät schon eine ganze Keule ein, mit dem Risiko, dass das meiste davon übrig bleibt.

Unsere Zeit ist bratenfeindlicher geworden. Braten dauert lang, bringt viel Schwund und dem Wirt wenig Gewinn. Außerdem verlernen immer mehr Kellner die Kunst des perfekten Tranchierens bei Tisch (wo beherrscht man das heutzutage schon wirklich perfekt?), was dazu führt, das auf unseren Tafeln heute fast ausschließlich der Tellerservice regiert. Unsere Ernährungsweise ändert sich. Die Mediziner tun ein Übriges, uns das – zugegebenermaßen manchmal zu üppige – Bratenessen zu verleiden. Dennoch glaube ich nicht, dass der gute alte Braten so schnell aussterben wird. Dass er heutzutage von vielen geringer geschätzt wird, als er es verdienen würde, verdankt der Braten vermutlich nur der simplen Tatsache, dass es einfach zu viel Braten gibt. In unserer Alltagsküche ist uns der Braten so selbstverständlich geworden, dass wir ihn gar nicht mehr für etwas Besonderes halten, ihn daher, wenn wir einmal „groß ausgehen" möchten, gar nicht haben wollen und stattdessen mancherlei Schnickschnack vorziehen, der einer richtig durchgebratenen Ente oder einem gebratenen Fasan nicht einmal das Wasser respektive den Bratensaft zu reichen vermag. Es müssen wohl erst wieder kärglichere Zeiten einkehren, damit wir wieder so richtig zu schätzen lernen, was wir an unserem guten alten Braten haben.

Vom Fleisch zum Braten

Festessen mit Braten. Gemälde von Lukas van Valckenborch und Georg Flegl, 1590.

Kleine Fleischkunde

Was ist Fleisch?

Fleisch ist nichts anderes als Skelettmuskulatur von warmblütigen Tieren, der Fett anhaftet oder in die Fett eingelagert ist und die für den Verzehr durch den Menschen bestimmt ist. Fasst man die Definition von Fleisch etwas weiter und bezieht man alle Teile eines geschlachteten Tieres mit ein, die gegessen werden können, so fallen auch die Innereien wie Lunge oder Magen unter den Begriff „Fleisch".

Fleisch von verschiedenen Tieren sieht unterschiedlich aus – wir unterscheiden zwischen rotem (Rind, Schwein, Pferd, Schaf, Lamm, Wildbret) und weißem Fleisch (Geflügel, Wildgeflügel), wobei sich der Unterschied in der Farbe durch den jeweiligen Gehalt an Myoglobin ergibt. Dieses Myoglobin, ein Protein mit 153 Aminosäuren, ist vor allem für den Transport des Sauerstoffs zu den Muskelzellen zuständig und gibt dem Muskelgewebe seine rote Farbe.

Und auch beim Kochen kommt diesem Protein eine Schlüsselrolle zu: Wird Fleisch erhitzt, so denaturiert (oxidiert) das Myoglobin zu Metmyoglobin, das gekochte oder gebratene Fleisch hat dann den charakteristischen gräulichen bis graublauen Farbton.

Da Fische und andere Meerestiere sowie Frösche und Schnecken keine Warmblüter sind, ist es – streng genommen – nicht korrekt, vom „Fleisch" eines Zanders oder einer Seespinne zu sprechen.

Wie entsteht eine Kruste?

Das ist keine Zauberei, sondern längst wissenschaftlich erforscht und läuft im Jargon der Lebensmittel-Chemiker unter dem Stichwort „Maillard-Reaktion". Dieselbe wurde zwar erst 1912 vom französischen Chemiker Louis Camille Maillard (1878–1936) entdeckt, beschreibt aber nichts anderes als uralte Erfahrungstatsachen, die für das Braten von Fleisch ebenso charakteristisch sind wie für das Rösten von Kaffee oder Biermalz, das Toasten von Brot oder die Erzeugung von süßem Karamell.

Sehr trocken und keineswegs bratensaftig gesprochen, beschreibt die Maillard-Reaktion das Phänomen, dass Aminosäuren und Zucker unter Hitzeeinwirkung – optimal sind 180 °C – zu neuen Verbindungen umgewandelt werden und durch die Abspaltung von Wasser unterschiedliche neue Produkte bilden: Flüchtige Aromastoffe (beim Braten von Fleisch sind es derer immerhin 600, beim Rösten von Kaffee sogar 1000) sorgen dabei für den charakteristischen Bratenduft, ringförmige Verbindungen auf Kohlenstoffbasis erzeugen den unverwechselbaren Bratengeschmack. Und dabei entstehen auch noch die so genannten Melanoidine, wie man jene gelbbraun bis schwarz gefärbten organischen Verbindungen bezeichnet, die für das vielleicht charakteristischste Bratenmerkmal verantwortlich sind: die Bräunung. (Übrigens: Wer es mit der Hitze übertreibt, der erzeugt statt Bräune am Schluss nur noch Melanoidine, sprich: ein schwarzes Häuflein Kohlenstoff.)

Um genau das zu verhindern, muss man die Hitze entsprechend dosieren. Und genau diese Kunst der Hitzedosierung ist auch die wahre Kunst des „Rôtisseurs", wie der Bratenkoch seit dem französischen Mittelalter bis heute genannt wird.

Warum wird das Fleisch „weich“?

Nun, hier haben wir es mit einer kleinen Begriffsverwirrung zu tun: Wirklich „weich“ ist das Fleisch eigentlich in rohem Zustand; beim Braten, Backen oder Kochen wird es tatsächlich immer fester, aber – und das ist der Vorteil – es ist nicht mehr so zäh und wir können es leichter beißen. Chemisch gesehen, passiert beim Kochvorgang Folgendes: Durch die hohe Temperatur werden die Kollagenfasern, die das Eiweiß des Muskelgewebes umhüllen, zerstört; das Fleisch wird mürbe und zart. Je höher der Anteil der Kollagenfasern ist, desto zäher ist auch das betreffende Stück Fleisch.

An dieser Stelle muss auch mit einer liebgewordenen Legende aufgeräumt werden: Man liest immer wieder, dass Bratenstücke bei hohen Temperaturen angebraten werden sollen, damit sich die „Poren“ schließen und kein Fleischsaft austreten kann – tatsächlich hat Fleisch keine Poren, der berühmte deutsche Chemiker Justus von Liebig (1803–1873), der dieses Bild geprägt hat, ist einem Irrtum aufgesessen. Das Entscheidende ist allein die Maillard-Reaktion, die allerdings eine entsprechend hohe Temperatur voraussetzt.

Wie lange brät man was und warum?

Die Länge der Bratzeit ist – mancher Küchenchef wird mir da vielleicht widersprechen – weniger eine Frage der Kochtechnik als eine der Esskultur. In vielen Regionen gelten lange Garzeiten als Tugend, in anderen als schwere Sünde, ja die Frage der korrekten Garzeit vermag sogar Gräben zwischen Generationen zu reißen. Denn es ist durchaus möglich, dass die Großmutter oder Mutter darauf schwören, dass etwa ein Fasan im Rohr bei 180 °C durchgebraten sein muss, während die Tochter oder der Schwiegersohn ihn sich nicht anders als zartrosa und bei 61 °C im Vakuum niedertemperaturgegart vorstellen können.

Auch die kulinarische Geographie spielt eine Rolle. So sind beispielsweise die Griechen leidenschaftliche Befürworter des „Durchbratens“ (nicht nur bei Fleisch, sondern auch bei Fisch und Meerestieren), während die Italiener in beiden Fällen eher kurze Garzeiten bevorzugen. Auch links und rechts des Ärmelkanals wird nicht nur unterschiedlich gesprochen, sondern auch anders gebraten: Die durchschnittliche Kerntemperatur eines britischen Bratens beträgt beispielsweise 60 °C, in Frankreich hingegen liegt sie, wie der französische Koch-Wissenschaftler Hervé This-Benckhard erforscht hat, oft unter 30 °C. (Welche von beiden Temperaturen der Gesundheit zuträglicher ist, darüber ließe sich übrigens auch abseits der Geschmacksfrage noch trefflich streiten.)

Die Frage, wie lange welches Tier gebraten werden muss, um „optimal“ zu sein, wird wohl auch weiterhin ein umstrittenes Thema bleiben müssen. Zwar haben manche Ernährungsphysiologen und Lebensmittelchemiker sogar regelrechte Formelwerke erstellt, um diese Streitfragen „ein für allemal“ zu lösen. So besagt etwa das „Fick'sche Gesetz“, dass sich die optimale Garzeit eines Truthahns berechnen lässt, indem „die Zeit, in der in der Mitte des Vogels eine gegebene Temperatur erreicht wird, proportional dem Quadrat seines Durchmessers ist“.

Nichts leichter als das, werden pfiffige Rechner unter den Köchen jetzt sagen. Andere werden vielleicht lieber zu einem Bratenthermometer greifen. Oder wieder andere sich auf Erfahrung und Gefühl verlassen (je mehr man von beidem besitzt, desto besser funktioniert übrigens die letztere Methode.)

Als Faustregel für unerfahrene Braten-Aspiranten kann jedoch gelten: Ein Stück Fleisch ist dann „auf den Punkt“ (oder wie die Franzosen sagen, *à point)* gegart, wenn die Oberfläche gut gebräunt und das Brateninnere gerade so gar ist, dass es noch nicht an Saft verloren hat. Wobei Saft nicht mit Blut verwechselt werden darf. Ein Braten, aus dem beim Anstechen mit einem kleinen Spießchen noch Blut austritt, ist nicht *à point,* sondern *saignant* oder, wie man in diesem Falle auch sagen könnte, „blutig, weil fast noch roh".

Da Liebhaber saftiger Bratenstücke allerdings mit Recht davor zurückschrecken, „ihren" Braten zwecks Überprüfung des Garpunkts all zu oft mit einer Nadel zu malträtieren und dadurch den Verlust an Saftigkeit zu riskieren, ist es ratsam die sehr schonende „Druckprobe" zur Hilfe zu nehmen. Rohes, ungegartes Fleisch fühlt sich beim kräftigen Drücken mit den Fingern so richtig weich und schlabbrig an. Je länger ein Braten dann im Backrohr verweilt, desto fester wird der Widerstand, der den Fingern beim Drücken entgegengebracht wird. Fazit: Völlig durchgebratenes Fleisch fühlt sich hart und voller Widerstand an, *saignant* gebratenes Fleisch gibt beim Druck noch ziemlich nach, *à point* gegarter Braten lässt Widerstand spüren, gibt aber noch etwas nach.

Aber auch extrem lange Garzeiten haben übrigens ihre – oft sogar leidenschaftlichen – Befürworter. So wird etwa mancher Gourmet beim Anblick einer völlig durchgebratenen Lammkeule (oder erst gar einer Taube) Tränen der Verzweiflung vergießen, weil er weiß, dass mit jeder Erhöhung der Garstufe mit dem Saft auch der Eigengeschmack des Fleisches verschwindet. Wer die Sache hingegen eher medizinisch betrachtet, wird sich selbst über eine gut durchgebratene Hochrippe oder einen völlig „entsafteten" Lammrücken aufrichtig freuen können. Garantiert ihm doch das eine wie das andere, dass er sich vor einem möglicherweise darin enthaltenen „Bandlwurm" hundertprozentig nicht fürchten muss – und sei's um den Preis eines gewissen Geschmacksverlustes.

Für welche Garzeit Sie sich auch entscheiden mögen, vermeiden Sie es in jedem Fall, den Braten brutal durch Anstechen mit einer großen Bratengabel zu wenden! Der dadurch hervorgerufene große Verlust an Fleischsaft lässt sich auch nicht durch das saftigste Stück Fleisch ausgleichen – der Braten wird trocken!

Das Schwein

Feinspitze wissen, dass an einem guten „Brat'l" mindestens drei Leute beteiligt sind: Da ist zunächst der Bauer, der das Schwein gesund und gut gemästet hat. Dann kommt der Fleischer mit ins Spiel, der das Schwein stressfrei und artgerecht zur Schlachtung bringt. Und da sind noch die Hausfrau oder der Koch, die das Schweinefleisch mit Liebe und Können zu einem besonderen Gustostückerl für ihre Familie oder ihre Gäste machen. Allein: Was hat man mit unserem Borstenvieh in den letzten Jahrzehnten nicht schon alles angestellt? Massentierhaltung, Hormonfütterung, ungeeignete Zuchtrassen und Futtermittel, immer schnelleres Wachstum und im Zuge einer falsch verstandenen Diätwelle immer noch magereres Fleisch mit immer weniger Fett – das waren die Anforderungen, die (angeblich) von den Konsumenten kamen und auch prompt erfüllt wurden. Die Folge davon war Schweinefleisch mit wässrig-mageren Schlegeln und blassen, nahezu fettfreien Koteletts, deren Zellen bei der ersten Berührung mit der Pfanne platzten und den Fleischsaft austreten ließen. Was dabei leider auf der Strecke blieb, war das Wichtigste, nämlich der Geschmack! Also verschwand das Schwein in den Gourmetlokalen nahezu gänzlich von der Speisekarte, und auch ambitionierte Hausfrauen und Hobbyköche fanden die Qualität des stark wasserhaltigen Schweinefleischs zunehmend „zum Grunzen". In diesem Umfeld entwickelten sich bäuerliche Initiativen wie etwa jene des Kärntner Gasthauses Tschebull („Kärntner Markenschwein") zu wahren Inseln „sauguter" Feinschmeckerei. Mittlerweile sind diese Inseln zu einer veritablen Landzunge geworden. Viele Züchter entdeckten die „alten" Schweinerassen wieder und legten den Grundstein zu einer beachtlichen Renais-

TEILSTÜCKE VOM SCHWEIN

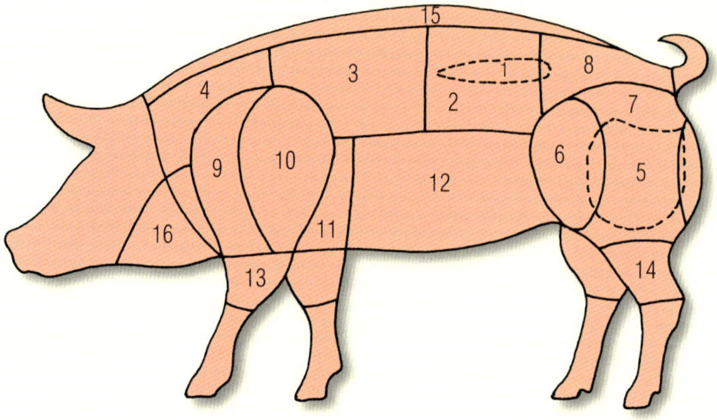

1 **Filet (Lungenbraten)**
Braten, Grillen

2 **Kurzes Karree**
Dünsten, Braten, Grillen

3 **Langes Karree**
Braten, Grillen

4 **Schopf**
Braten, Grillen

5 **Kaiserteil (Schale)**
Braten, Grillen

6 **Nuss**
Kochen, Braten, Grillen

7 **Frikandeau**
Braten, Grillen

8 **Schlussbraten**
Dünsten, Braten, Grillen

9 **Dünne Schulter**
Dünsten, Kochen, Grillen

10 **Dicke Schulter**
Dünsten, Kochen, Grillen

11 **Brust**
Dünsten, Kochen, Grillen

12 **Bauch**
Braten, Dünsten, Kochen, Grillen

13 **Vordere Stelze**
Braten, Kochen, Grillen

14 **Hintere Stelze**
Braten, Kochen, Grillen

15 **Speck**

16 **Göderl**

sance des „guten alten Schweinefleischs“ erster Qualität. So ist etwa im Burgenland das Wiederaufleben der Zucht des guten alten Mangalitzaschweines, auch Wollschwein genannt, nicht zuletzt Gerhard Windholz zu verdanken, der damit nicht nur seinen Gästen in der Neusiedler „Alten Mauth“ Delikates vom Schwein vorsetzen kann, sondern einen wesentlichen Beitrag zur Erhaltung dieser vom Aussterben bedrohten Rasse beitragen möchte. Auf feinsten Speck, der es locker mit der Top-Lardo-Konkurrenz aus Italien aufnehmen kann, setzt wiederum die Familie Krispel im steirischen Straden, deren „Neusetzer Speck“ längst Einzug in die Spitzengastronomie gehalten hat.

FAZIT: Mittlerweile ist das „Sonntagsbrat'l“ auch unter vielen Gourmets wieder ein erstrebenswertes Objekt der Gaumenlust geworden, das man nicht nur im Gasthaus genießen, sondern auch bequem daheim auf den Familientisch bringen kann, wenn man sich an folgende Tipps hält:

- Kaufen Sie dafür am besten einen gut durchwachsenen Schopf – ein schmackhaftes und saftiges Bratenstück, bei dem das Muskelfleisch von „geschmackstragenden“ Fettäderchen fein durchzogen ist. Besonders gut für einen festlichen Schweinsbraten geeignet ist auch ein saftiger Schweinebauch mit Schwarte, die Ihnen Ihr Fleischer mit seinem scharfen Spezialmesser gerne kreuzweise einschneidet (schröpft).
- Keine Angst vor fetten Schwarten! Der Großteil des Fetts brät sich ohnehin aus. Sie können aber auch nach dem Braten die Fettauflage wegschneiden, kleinwürfelig schneiden und in einer Pfanne mit etwas

Zwiebeln, Knoblauch sowie einigen kleinen Apfelstücken noch einmal gut durchbraten – und Sie haben einen g'schmackigen Brotaufstrich!

- Verwenden Sie zum Anbraten, Braten oder Backen von Schweinefleisch kein Pflanzenöl, sondern möglichst nur Schweineschmalz. Es verstärkt den guten Eigengeschmack des Fleisches wesentlich. Und merke: Fett von gesunden, natürlich gefütterten Tieren ist auch ernährungsphysiologisch betrachtet viel gesünder als jenes von Mastschweinen.
- Verwenden Sie gerade beim Schwein viel Sorgfalt auf Würze und Aroma. Neben Pfeffer und Kümmel ist vor allem Knoblauchwasser (zerdrückten Knoblauch in wenig Wasser ziehen lassen und abseihen) ein Muss. Wer seinen Schweinsbraten mit gehacktem oder gepresstem Knoblauch würzt, nimmt in Kauf, dass der Knoblauch beim Braten verbrennt und bitter schmeckt. Sehr gute Schweinsbratengewürze sind auch Korianderkörner, Neugewürz, Muskat oder Nelken. Gewürzkörner geben übrigens ein unvergleichlich besseres Aroma, wenn sie frisch gemahlen oder im Mörser zerstoßen werden.

Besonders knusprig gerät Ihr „Brat'l", wenn Sie vor dem Würzen die eingeschnittene Schwartenseite in eine gut gesalzene Suppe (oder mit wenigen Spritzern Essig angereichertes Wasser) legen und ca. 15 Minuten darin köcheln lassen. Vorsicht: Der Braten muss dabei immer wieder angehoben werden, damit er sich nicht anlegt. Durch dieses „Blanchieren" saugt die Schwarte viel Flüssigkeit auf und verleiht dem Braten zuletzt die erwünschte, schöne und „klirrende" Knusperkruste.

DIE BESTEN STÜCKE VOM SCHWEIN ZUM BRATEN

SCHOPFBRATEN: das von Fett durchzogene Stück zwischen Karree und Kopf eignet sich besonders gut zum Braten im Ganzen. Liebhaber recht saftiger Schweinsbraten werden dem Schopf gegenüber dem mageren Karreestück immer den Verzug geben.

SCHWEINSKARREE (LANG ODER KURZ): dank seiner Fetteindeckung, die geschröpft (eingeschnitten) werden wollte, äußerst beliebtes Bratenstück vom Schwein. Aber Achtung: Nicht zu lange und bei zu hoher Temperatur braten, damit das Fleisch nicht an Saftigkeit verliert!

SCHWEINSLUNGENBRATEN (-FILET): das besonders zarte Fleisch lässt sich bestens im Ganzen braten. Damit das Filet beim Braten nicht zu rasch austrocknet, empfiehlt es sich, dieses in Speck, ein Schweinsnetz, in Blätterteig oder Kohlblätter einzuwickeln. Schweinslungenbraten sollte stets auf den Punkt, also nicht zur Gänze durchgebraten werden. Vor dem Aufschneiden stets rasten lassen!

BAUCHFLEISCH UND SCHWEINSBRÜSTL: gelten ob ihres nicht gerade geringen Fettanteils als besonders saftige Bratenstücke. Bauchfleisch wird wie Schopfbraten gewürzt und gebraten, das Brüstl kann wie Kalbsbrust gefüllt, vernäht und dann gebraten werden. Beide Stücke sind unter Freunden echter Schweinsbratenlust besonders begehrt und unverzichtbarer Bestandteil von Heurigenbuffets.

STELZE: wird – ob gesurt, geselcht oder natur – im Ganzen gebraten und gilt als das Symbol bodenständiger, fleischlicher Genüsse schlechthin.

SCHLEGEL UND NUSS: werden zwar meist zu Schnitzerln geschnitten, können aber durchaus auch im Ganzen gebraten werden.

Das Rind

Wir haben es dankbar wahrgenommen: Schon seit etlichen Jahren sind die Rindfleischproduzenten in unseren Landen mit viel Engagement unterwegs. Für Wohlgeschmack und Qualität sorgen heute ausgewählte Fleischrassen, wie z. B. Kreuzungen mit dem berühmten Charolais-Rind. Für die Aufzucht von Qualitätsrind sollten luftige, saubere, hygienische Stallungen mit Auslauf und natürlichem Futter eine Selbstverständlichkeit sein – gottlob mangelt es gerade in Österreich nicht an Bauern, die bereit sind, sich der Qualitätsproduktion zu widmen. Das beachtliche Resultat ihrer Anstrengungen: Rindfleischqualität mit zarter Marmorierung und bester Reifung. Das Fleisch mundet entsprechend zart, saftig sowie kernig, hat eine frische, rote Farbe, einen aromatischen Geschmack und behält im Pfandl oder Topf zudem seine Größe. Qualitätsbewusste Bauern benötigen freilich auch Schlachthöfe, die sich bereit erklären, für einen ruhigen Transport ohne unnötig lange Wege und stressfreie Schlachtung zu sorgen. Dazu gesellten sich verantwortungsbewusste Fleischer, die für eine sorgfältige Schlachtung, Reifung bei optimaler Kühlung (1–2 °C bei 90 % Luftfeuchtigkeit) und für absolute Sauberkeit garantieren. Dank solcher aufgeschlossener Fleischproduzenten ist Rindfleisch, das strengen Qualitätskriterien gerecht wird, in Österreich keine Utopie mehr. Man muss es nur aufzuspüren wissen – und die Mühe der Bauern muss dem Konsumenten auch einen kleinen Aufpreis wert sein.

WIE ERKENNT MAN NUN QUALITÄTS-RINDFLEISCH?

So komplex die Frage insgesamt sein mag, so simpel ist die Antwort: am Fett. Genauer gesagt: an ein bisschen Fett, das aber geschmacklich wahre Wunder bewirken kann. Kurzum: Wer Qualitäts-Rindfleisch (auf der Verpackung kenntlich gemacht) mit einer anderen Sorte vergleicht, dem fällt sofort die leichte, direkt ins Fleischgewebe eingewirkte Fettmarmorierung auf. Und genau diese feinen Fettfasern – wie von Natur aus gespickt – sorgen dafür, dass das Fleisch beim Braten zart und schön saftig bleibt. Außerdem verleiht dieser natürliche Fettanteil dem Qualitäts-Rindfleisch sein unvergleichliches Aroma, wenn die Fasern unter Hitzeeinwirkung erst einmal geschmacksträchtig dahinschmelzen. Neben diesem „inneren Fett" sollte man gerade beim Rindfleisch auch die äußere Fettschicht, das so genannte Deckfett oder „Fettrandl", mit ihrer appetitlich weißen bis leicht goldgelben (aber niemals dunkelgelben) Farbe keineswegs gering schätzen. Sie schützt nämlich das Fleisch beim Braten sowie Dünsten und hält zudem durch kürzere Garzeiten den Bratverlust geringer. Gerade Rindfleisch-Feinschmecker betrachten diese Fettschicht oft als das „i-Tüpfelchen" und als wichtiges Qualitätsmerkmal. Manche essen das gekochte Ochsenfett sogar noch lieber als das Fleisch, andere schneiden es – aus Kaloriengründen – lieber vor dem Essen weg. Mitkochen sollte man das Fett jedoch immer, sonst fehlt's am typischen Rindfleischgeschmack.

WIE KAUFT MAN QUALITÄTS-RINDFLEISCH RICHTIG EIN?

- Achten Sie auf das Zeichen „Q" auf der Verpackung. Q steht für qualitatives Wachstum und ermöglicht die Rückverfolgung des Fleisches bis zum Züchter.
- Achten Sie darauf, dass Qualitäts-Rindfleisch, das Sie zum Braten oder Kurzbraten verwenden wollen, immer gut „abgehangen" (sprich: gereift) ist, was man vor allem an der entsprechend dunkleren Farbe erkennt. Je nach Alter und Geschlecht sollte das Fleisch von Weidekalbinnen und Weideochsen 10–14 Tage, jenes von Jungstieren mindestens 3 Wochen abliegen. Die längste Zeit zum Reifen, nämlich 3–4 Wochen, brauchen jene Stücke, die wie Filets, Steaks, Huftsteaks sowie alle aus der Beiried ge-

TEILSTÜCKE VOM RIND

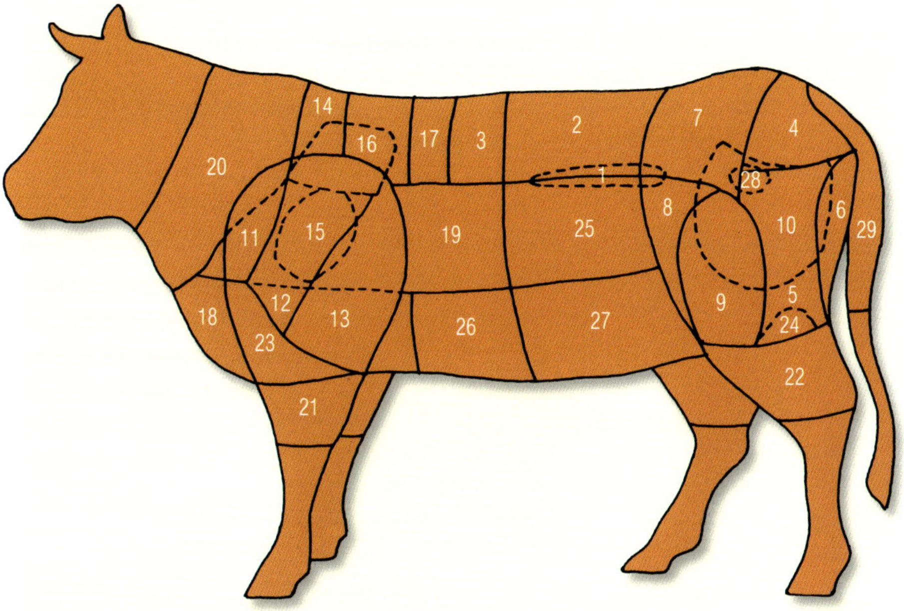

1 **Lungenbraten**
Dünsten, Braten, Grillen
2 **Beiried**
Dünsten, Braten, Grillen
3 **Rostbraten**
Dünsten, Braten, Grillen
4 **Tafelspitz**
Dünsten, Braten
5 **Tafelstück**
Dünsten, Braten
6 **Weißes Scherzel**
Dünsten, Kochen
7 **Hüferscherzel**
Dünsten, Braten, Kochen, Grillen
8 **Hüferschwanzel**
Dünsten, Kochen
9 **Nuss**
Dünsten, Braten, Grillen
10 **Schale**
Dünsten, Braten
11 **Mageres Meisel**
Dünsten, Braten, Grillen
12 **Schulterscherzel**
Dünsten, Braten
13 **Dicke Schulter**
Dünsten, Kochen
14 **Hinteres Ausgelöstes**
Dünsten, Kochen, Grillen
15 **Kavalierspitz**
Kochen
16 **Kruspelspitz**
Kochen
17 **Rieddeckel**
18 **Brustkern**
Kochen
19 **Beinfleisch**
Kochen
20 **Hals**
Kochen
21/22 **Vorderer und hinterer Wadschinken**
Kochen
23 **Bugscherzel**
24 **Wadelstutzen**
25 **Riedhüfel**
26 **Mittleres und dünnes Kügerl**
27 **Bauchfleisch**
28 **Fledermaus**
29 **Schlepp**

schnittenen Stücke für das Kurzbraten vorgesehen sind. Das Zartwerden beim Abhängen vor dem Verkauf geschieht durch natürliche Reifevorgänge: Wichtig dabei ist die ideale Kühltemperatur (1–2 °C) im ganzen Stück. Noch besser ist es, wenn das Fleisch vakuumverpackt gereift wird, wodurch es zu einer Auflockerung des Zellgewebes kommt, die ganz besondere Mürbe verspricht. Leider halten sich heutzutage nur noch die wenigsten Fleischermeister an diese Reifungsvorgaben. Wo, um die Lagerkosten möglichst niedrig zu halten, am Dienstag geschlachtet, am Mittwoch geschnitten und verpackt und am Donnerstag bereits

verkauft wird, ist also der Konsument selbst gefordert. Mit einer Vakuumiermaschine und einem Kühlschrank, der sich auf 1–2° C einstellen lässt, kann die Fleischreifung problemlos auch zuhause vorgenommen werden.

WAS MAN BEIM BRATEN VON RINDFLEISCH BEACHTEN MUSS

Obwohl in der österreichischen Küche meist von „Rindsbraten" die Rede ist, werden nicht alle Bratenstücke klassisch „gebraten", sondern viele (z. B. auch Rostbraten) gedünstet bzw. geschmort. Das klassische „Braten" bezieht sich meist auf Kurzgebratenes. Während größere Bratenstücke in jüngerer Zeit auch gerne rosa serviert werden, muss guter Rindsbraten nach Omas Rezept bei kleiner Hitze bis zu 3 Stunden am Feuer (oder im Ofen) bleiben, um völlig gar zu werden. Beim Braten von Rindfleisch gilt es folgende Grundregeln zu beachten:

Lagern Sie rohes Fleisch nur gut verpackt im Kühlschrank. Fleisch, das kurz gebraten werden soll, wird durch Einlegen in Öl mürber und hält länger.

Lassen Sie Ihr Rindfleisch niemals direkt aus dem Kühlschrank in die Pfanne wandern, sondern erwärmen Sie es zuvor auf Raumtemperatur. Sonst wird es außen hart, noch ehe es gar ist.

Lassen Sie das Fettrandl am Fleisch und schneiden Sie es, falls gewünscht, erst nach dem Braten oder Schmoren weg. Das Fleisch bleibt dadurch saftiger. Sehnen und Haut müssen allerdings vor dem Braten entfernt werden. Fettränder an Steaks schneidet man vor dem Braten mit einem scharfen Messer ein, damit sich das Fleisch nicht aufwölbt.

Wählen Sie eine nicht zu kleine Bratpfanne, vor allem dann, wenn mehrere Stücke gleichzeitig gebraten werden sollen. Die heiße Luft muss von allen Seiten gut an das Fleisch herankommen.

Salzen Sie größere Bratenstücke vor dem Braten und kleinere nach dem Braten. (Steaks sollte man generell erst salzen, wenn sie gar sind.)

Braten Sie die Fleischstücke zunächst bei starker Hitze beidseitig an. Stechen Sie das Fleisch beim Wenden nicht an, damit der Fleischsaft nicht austreten kann, und braten (bzw. dünsten) Sie es anschließend bei stark zurückgenommener Hitze fertig.

Stimmen Sie die Garzeit auf Dicke und Qualität des Stückes ab und machen Sie gegen Schluss der Bratzeit eine Garprobe: Gibt das Fleisch bei Löffel- oder Fingerdruck wie ein Gummiball nach, ist es innen noch rosa und saftig. Gibt es nicht mehr nach, dann ist es durchgebraten und etwas fester.Lassen Sie den fertigen Rindsbraten noch 10–15 Minuten in Folie rasten. Dann können sich die Säfte setzen, und das Fleisch wird mürber und geschmackvoller.

WELCHE TEILE DES RINDFLEISCHS EIGNEN SICH AM BESTEN FÜR GROSSE BRATEN?

LUNGENBRATEN/FILET: das wohl edelste und teuerste Teilstück. Eignet sich nicht nur – in Form von geschnittenen Scheiben – als kurz gebratenes Steak, sondern auch zum Braten im Ganzen. Es gilt als besonders mager feinfasrig, mürb und saftig..

BEIRIED/ROASTBEEF: sehr zartes, saftiges Teilstück; sollte eine schöne Fettabdeckung und Marmorierung aufweisen. Kann als Portionsstück, aber auch im Ganzen gebraten werden.

TAFELSTÜCK: Der etwas grobfaserige „Bruder" des Tafelspitzes eignet sich ausgezeichnet für gedünstete Schnitzel und Rouladen, aber auch für Rinderschmorbraten im Ganzen.

TEILSTÜCKE VOM KALB

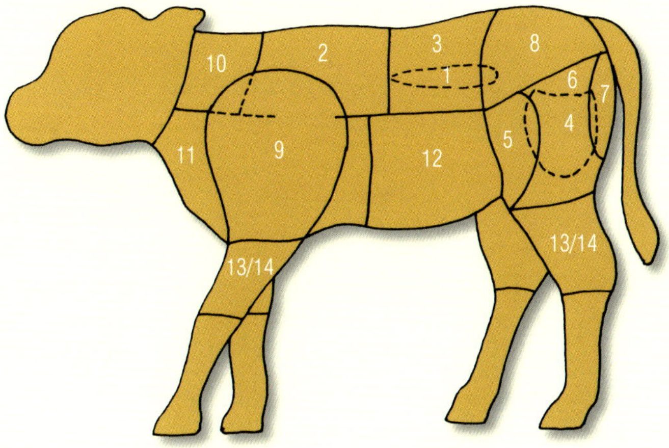

1 **Filet**
Braten, Grillen

2 **Karree**
Braten, Grillen

3 **Nierenbraten**
Braten, Grillen

4 **Kaiserteil (Schale)**
Braten, Grillen

5 **Nuss**
Kochen, Braten, Grillen

6 **Frikandeau**
Dünsten, Braten, Grillen

7 **Frikandeau – Rolle**
Dünsten, Braten, Grillen

8 **Schlussbraten**
Dünsten, Braten, Grillen

9 **Schulter**
Dünsten, Kochen, Grillen

10 **Hals**
Dünsten, Kochen, Grillen

11 **Brust**
Dünsten, Kochen, Grillen

12 **Wammerl**
Dünsten, Kochen, Grillen

13 **Vord. und Hint. Stelze**
Kochen, Grillen

14 **Stelze, ausgelöst „Vögerl"**
Braten, Grillen

WEISSES SCHERZEL: sehr mageres, trockenes, eher grobfaseriges Teilstück; ideales Schnitzel- und Rouladenfleisch, aber, wenn es entsprechend gespickt wird, auch ein sehr guter „Braten im Ganzen".

DICKE SCHULTER: saftiges, kompaktes Teilstück. Ideal als Bratenstück, aber auch für Ragouts geeignet.

MAGERES MEISL: sehr mageres, gut zu portionierendes Stück, das auch gespickt und im Ganzen gebraten werden kann.

WELCHE TEILE DES RINDFLEISCHS EIGNEN SICH AM BESTEN ZUM BRATEN IN DER PFANNE?

ROSTBRATEN: sehr aromatisches, fett durchwachsenes, saftiges Teilstück, das sowohl gedünstet als auch kurz gebraten werden kann.

NUSS: saftiges, fast fettfreies Teilstück aus dem Knöpfel.

HÜFERSCHERZL: Das Hüftteilstück ist ein saftiger, magerer, leicht marmorierter Muskel mit lockerer Faserstruktur.

OCHSENKOTELETT (HOCHRIPPE): Der Kenner bezeichnet das Rückenstück des Rinds zwischen der sechsten und zwölften Rippe oft und zu Recht als das Schmackhafteste vom Rind: Wer also Gusto auf

besonders g'schmackiges, aber trotzdem nicht absolut hochpreisiges Rindfleisch hat, wird daran seine reine Freude haben. Das Ochsenkotelett ist Teil der Hochrippe, also von jenen Stücken, deren Muskeln zwar kräftig sind, die vom Tier aber am wenigsten beansprucht werden. Entscheidend für die Qualität ist die Wahl eines Fleisches, das von gut abgelegenen, jungen Ochsen oder Kalbinnen stammt. Wichtig ist, dass das Ochsenkotelett knapp vor dem Anrichten schräg zu den Fasern aufgeschnitten wird. Ein Ochsenkotelett von 5–6 cm Dicke reicht für vier Personen. Die Hochrippe kann auch als so genanntes „Grosse Pièce" im Ganzen gebraten werden.

ZUM BRATEN GEEIGNETE TEILE VOM KALB:

Der komplette Schlögel (Schale, Schnitzelfleisch, Nuss, Schlussbraten), Nierenbraten, Karree, Hals, Schulter, Brust, vorderes und hinteres Vögerl sowie **HINTERE STELZE.** Zum Kurzbraten eignet sich vom Kalb nur das Karree.

Schafe, Lämmer, Schöpse, Hammel

Das Lamm verhält sich zum Schaf wie das Kalb zum Rind, und was in der Rinderwelt der Ochse, das in der Schafswelt der Hammel, bei uns „Schöps" genannt.
Das Schaf war im alten Österreich kein Schlachttier, sondern ein zweimal jährlich – nämlich im Frühjahr und im Herbst – geschorener Lieferant von Wolle und somit eine Grundlage bäuerlichen Textilhandwerks. Geschlachtet wurden daher, wie sich alte Bäuerinnen erinnern, ausschließlich alte, um nicht zu sagen, uralte Tiere. Diese waren nicht nur zäh, sondern auch fett, und es galt, einige Vorsichtsmaßnahmen zu ergreifen, um der in ihnen enthaltenen Nährstoffe dennoch bei einigem Wohlgeschmack teilhaftig zu werden: Schaffleisch musste immer sehr, sehr heiß gegessen werden, weil die Hitze den unangenehmen Fettgeruch zurücktreten ließ.
Schaffleisch durfte keinesfalls abgehangen werden, sondern musste möglichst kurz nach der Schlachtung auf den Tisch kommen.
Vor allem aber bedurfte das Schaffleisch stark würziger Zutaten, um das „Lampeln" oder „Schöpseln" zu überdecken.
Eine klassische Beilage zu Schaf und Schöps war daher das Krenkoch – eine mit Mehl abgesprudelte Fleischsuppe, die dann mit viel frisch gerissenem Kren eingekocht wurde.
Grundsätzlich lassen sich alle Gerichte von Hammel und Schöps auch (und oft besser) mit Lammfleisch zubereiten. (In diesem Fall können die Garzeiten verkürzt werden.) Andererseits geht dadurch vielleicht ein wenig vom „Originalgeschmack" verloren. Zur leichteren Unterscheidung hier ein kleiner Überblick über die Unterschiede zwischen den einzelnen Fleischsorten:

HAMMEL: Unter Hammelfleisch versteht man allgemein das Fleisch junger männlicher kastrierter Schafe und weiblicher Tiere, die noch nicht gelammt haben.
Der Hammelbraten muß „windelweich wie das Herz eines reuigen Sünders sein", liest man bereits in einem italienischen Kochbuch aus dem 17. Jahrhundert.
Goethe war ein erklärter Liebhaber von Schöpsernem. und setzte seiner Leibspeise auch ein literarisches Denkmal, indem er im *Götz von Berlichingen* Lammbraten mit gekochten weißen Rüben auftischen ließ. Joseph von Eichendorffs Lieblingsgericht war Hammelbraten mit Fisolen.

TEILSTÜCKE VOM LAMM

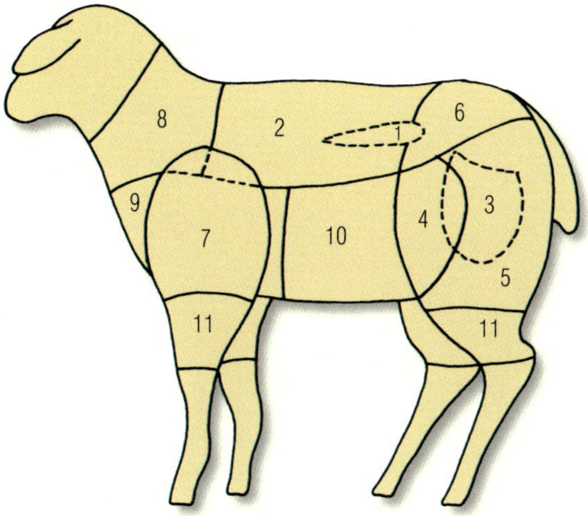

1 **Filet**
Braten, Grillen

2 **Rücken**
Braten, Grillen

3 **Schale**
Braten, Grillen

4 **Nuss**
Dünsten, Braten, Grillen

5 **Frikandeau**
Dünsten, Braten, Grillen

6 **Schlussbraten**
Dünsten, Braten, Grillen

7 **Schulter**
Dünsten, Kochen, Grillen

8 **Hals**
Dünsten, Kochen, Grillen

9 **Brust**
Dünsten, Kochen

10 **Wammerl**
Dünsten, Kochen

11 **Vordere und Hintere Stelze**
Dünsten, Braten, Kochen, Grillen
Schlögel im Ganzen

SCHÖPS (AUCH: KASTRAUNENES): Diese vor allem in der Steiermark und Kärnten noch heute anzutreffende Spezialität wird aus dem Fleisch kastrierter männlicher Schafe (Schafsböcke) zubereitet. Zum Thema Schöps waren nicht nur die Steirerinnen, sondern auch die Köchinnen nördlich der Donau – vor allem jene im Wald- und Weinviertel und im mährischen Weinland – relativ einfallsreich. Da findet man zum Beispiel einen mit Gurkerln und Speck gespickten Schöpsenschlegel oder einen Schöpsenbraten mit Sardellen und Topfenerdäpfeln. Ähnlich wie Sardellen vermag auch Knoblauch dem Schaffleisch seine geschmacklichen Kanten abzurunden. Außerhalb der Jagdzeit servierte man auch gerne einen Schöpsenrücken als „falschen Rehrücken" in einer Wacholderrahmsauce. Daneben findet sich der zunächst mit Zwiebeln und Wurzelwerk weich gekochte und nach dem Erkalten im Sud in Schnitzel geschnittene und panierte „gebackene Schöps." Schöps diente als Grundlage für Gulasch, Reisfleisch und Ragout, außerdem schätzte man Schöpsenzungen und -nieren.

LAMM: Als „Lämmer" bezeichnet man junge Schafe von 3 bis 6, maximal 8 Monaten mit 35–40 kg Lebendgewicht. Somit gilt Lammfleisch heute zumeist als einzige Schaffleisch-Sorte, die in den Töpfen der heimischen Feinschmecker landet.

SCHAF: als Schaffleisch im engeren Sinne bezeichnet man das Fleisch alter Schafe und Böcke. Es ist aufgrund seines sehr intensiven „Schaf-Geschmacks" unter Gourmets nicht besonders geschätzt.

TEILSTÜCKE VOM LAMM

LAMMFILET: der wertvollste Teil des Lamms, es wird meist mit einem Rückenkotelett angeboten. Von kleinen Tieren wird der Rücken im Ganzen gebraten, bei größeren brät man das Filet in Scheiben als Koteletts.

KAMM (HALS): preiswertere sehnen- und knochenreichere Stücke, saftiges Fleisch.

BUG (SCHULTER): saftiges, sehr zartes Fleisch, wird am Stück, gerollt oder in Würfeln zum Braten angeboten, für Schmorgerichte, Eintopf, Suppe und Hackfleisch

LAMMBRUST: fettester Teil des Lamms, kräftiges, durchwachsenes Fleisch, geeignet als Kochfleisch, für Eintopf oder gefüllt als Braten.

LAMMSATTEL · Besonderes delikates Rückenstück, das gerne im Ganzen gebraten wird, aus dem man aber auch Lammkoteletts schneidet.

LAMMNÜSSCHEN · Zumeist ausgelöste, medaillonartig geschnittene Filetstücke aus dem Rücken.

LAMMKEULE · Wird meist im Ganzen gebraten oder ausgelöst und gerollt.

LAMMBARON · Alte Bezeichnung für das gemeinsam mit beiden Keulen im Ganzen gebratene Rückenstück.

QUALITÄT.

Beim Lammfleisch scheiden sich häufig die Geister. Angehörige der Kriegs- und Nachkriegsgeneration meiden es häufig, da sie noch heute den muffigen Geschmack von altem, stinkendem Hammelfleisch in Erinnerung haben. Anderseits steht Lammfleisch in der Gunst vieler Gourmets höher als Rind- oder Kalbfleisch, und das nicht ohne Grund. Verwendet man in der Küche nämlich das Fleisch junger Lämmer, so liegt dem Lammfleisch nichts ferner als ein stechender Geschmack.

Grundsätzlich sollte man Weidelämmer solchen Tieren vorziehen, die in Stallungen gemästet wurden. Wenn sich die Tiere von frischem Alm- oder Weidegras ernähren und Bewegung an der frischen Luft machen, ist die Qualität des Fleisches optimal. Manche Züchter mengen dem Futter Thymian oder spezielle Kräutermischungen bei, die auf die Würzigkeit des Endprodukts ebenfalls einen schmeckbaren Einfluss ausüben. Als bestes Lammfleisch der Welt gilt jenes der französischen »Presalé-Lämmer«, die – wie der Name sagt – dadurch gewissermaßen „vorgesalzen" werden, indem sie auf Weiden in unmittelbarer Meeresnähe grasen, die bei Flut vom Salzwasser überspült werden. Ausgezeichnete Qualitäten liefern auch schottisches, neuseeländisches Lamm und das österreichische „Tauernlamm".

Als „Nonplusultra" der Lammfleischkultur gilt vielen das weißliche Milchlamm, das nicht älter als sechs Monate sein darf und sich ausschließlich von (Mutter)milch ernährt hat. Es ist nicht zu verwechseln mit dem zur Osterzeit gerne angebotenen „Zicklein" oder „Kitzerl", der jungen Milchziege, das ebenfalls eine begehrte Delikatesse darstellt.

Hausgeflügel

Alles was Flügel hat, fliegt – und das meiste davon wird auch gern gegessen. Bereits seit der Entdeckung des Feuers soll die Spezies Mensch den hohen Nutzwert von Geflügel zu schätzen wissen, der sich allerdings keineswegs nur auf das nährstoffreiche Fleisch von Huhn & Co. beschränkte. Hühner waren zunächst einmal Eierlieferanten, weswegen man seit mehr als 8000 Jahren danach trachtete, sie wohlbehütet hinter Zäune zu sperren. Das kostbare Grundnahrungsmittel Ei wollte rasch ge- und vor bösen Räubern verborgen sein. Nur selten wurde daher ein Huhn geschlachtet, zumal das liebe Federvieh auch besonders genügsam war und keine aufwendige Pflege oder Fütterung erforderte.

Wenn dann doch einmal das Beil in Richtung Gänsehals sauste, so freute man sich freilich nicht nur auf den feinen Gänsebraten, sondern auch auf die warmen, federleichten Daunen, die effektiven Schutz vor Kälte garantierten. Der Mensch fand also Gefallen am Geflügel, so sehr, dass sogar der französische König Heinrich IV. seinen Untertanen nichts sehnlicher wünschte, als jeden Sonntag ein Huhn im Topf zu haben.

Dieses Ziel ist im 20. Jahrhundert nicht nur erreicht, sondern sogar übertroffen worden. Mittlerweile glücklicherweise obsolet gewordene Massentierhaltungen und höchst bedenkliche Fütterungsmethoden ließen den Preis für Hühner in den Keller rasseln, der viel zitierte „Gummiadler“ im Backrohr war plötzlich zum inflationären Billig-Nahrungsmittel geworden, das keinem mehr so richtig schmecken wollte. Erst die Rückbesinnung auf artgerechte Haltung und strenge Gesetze konnten dem wilden Treiben ein Ende setzen. Wer heute ein gesundes, schmackhaftes Huhn ohne Gewissensbisse kaufen will, hat dazu alle Möglichkeiten. Unterschiedliche Qualitätsmarken garantieren für ein biologisch einwandfrei gezüchtetes und geschlachtetes Tier, das klarerweise auch seinen Preis haben muss.

DIE BESTEN TEILE VOM HUHN

BRUST: zartes, mageres Fleisch, das allerdings bei unachtsamem und zu langem Braten schnell trocken wird. Ein Teil der Brust besteht aus dem kleinen, zarten Filetstreifen. Er gilt als besondere Delikatesse. Leider ist der Begriff „Hühnerfilet“ in der Gastronomie sehr häufig nicht nur auf diesen Leckerbissen gemünzt, sondern auf ein schönes Stück Hühnerbrust im Allgemeinen.

HAXERL/KEULE/BIEGERL: aus Ober- und Unterkeule bestehendes muskulöses Fleisch, das sehr saftig schmeckt. Keulenfleisch ist etwas dunkler gefärbt und benötigt eine längere Garungszeit als Brustfleisch. (Wenn möglich, getrennt zubereiten!)

FLÜGERL: nicht sehr fleischreiche Teile, die allerdings gebraten sehr knusprig schmecken. In der Multi-Kulti-Küche sind die so genannten „Chickenwings“ als preisgünstiger Knabberspaß besonders beliebt.

RÜCKEN: bietet wenig Fleisch, ist dafür wichtige Basis für eine gute Hühnersuppe oder Geflügelsauce. Zwei Aussparungen im Hühnerrücken bergen links und rechts die von wahren Feinschmeckern besonders geschätzten „Hühnerschäufelchen“. Die in Deutschland auch „Pfaffenschnittchen“ genannten daumengroßen Stückchen schmecken sehr saftig und besitzen ein etwas dunkleres Fleisch als das übrige Huhn.

BÜRZEL ODER BISCHOF: das sehr fette Drüsengewebe am Ende der hinteren Rückenpartie eignet sich nicht zum Verzehr, wird aber aus optischen Gründen stets mitgebraten.

HALS: bietet zwar wenig (langfaseriges) Fleisch, wird aber mitunter in gebratenem Zustand gerne geknabbert.

HÜHNERLEBER: sollte vor dem Braten eines Huhnes im Ganzen herausgenommen und extra gebraten werden, da sie sonst nur hart wird.
HÜHNERMAGEN: eignet sich nicht zum Braten, sondern wandert in die Suppe.
HÜHNERKLEIN: besteht aus Flügerl, Rücken, Hals und ist wesentlicher Bestandteil einer ordentlichen Hühnersuppe.

WELCHES HAUSGEFLÜGEL EIGNET SICH WOFÜR?

STUBENKÜKEN

Die kleinen, jungen Hühner mit einem Gewicht bis zu ca. 500 g schmecken besonders zart, besitzen eine ins Gelbliche gehende Farbe und sollten beim Braten schonend behandelt werden. Versuchen Sie, den Garpunkt so zu wählen, dass die Küken rund um das Keulengelenk zwar durch sind, die Brust aber noch nicht völlig trocken ist. Am besten in Stücke trennen und zeitlich gestaffelt braten.

MASTHÜHNCHEN

Gemästete Hühnchen, die vor der Geschlechtsreife bei einem Gewicht von ca. 1 kg geschlachtet werden und daher aufgrund ihres besonders zarten Fleisches bei Gourmets sehr beliebt sind. Ob braten im Ganzen, dünsten, schmoren oder backen – sie sind für alles bestens geeignet, sollten aber keinesfalls zu lange gegart werden.

MASTHUHN/POULARDE

Die jungen Hühner werden vor der Geschlechtsreife geschlachtet, erreichen aber im Gegensatz zu den Masthühnchen ein Gewicht von ca. 1,5–2,5 kg und eignen sich für jede Art von Zubereitung.

MAISHENDERL

Speziell in der Gastronomie sehr beliebter Begriff für mit Mais gefütterte Hühner, deren Fleisch leicht ins Gelbliche geht und besonders g'schmackig ist.

KAPAUN

Der kastrierte Hahn mit einem Gewicht von gut 2 kg gehört einer 600 Jahre alten Hühnerrasse an, die gerade in den letzten Jahren, nicht zuletzt durch die Vermarktung des Sulmtaler Kapauns, bei Feinschmeckern wieder an Bedeutung gewinnt. Sein Fleisch ist schmackhaft, benötigt aber eine etwas längere Garzeit und reichlich Flüssigkeit.

SUPPENHUHN

Die über ein 1 Jahr alten bis zu 2 kg schweren Hennen gelten als besonders g´schmackig und werden vorzugsweise für Suppen, Ragouts und Eintöpfe verwendet, da ihr Fleisch eine längere Garzeit benötigt. Zum Braten im Ganzen sind sie weniger geeignet.

TRUTHAHN/PUTE

Die Gewichtsklasse des sehr mageren Truthahns reicht vom Baby-Truthahn mit rund 2 kg über Jungtruthahn bis zum ausgewachsenen Truthahn mit 20 kg. Meist wird vom Truthahn die vielseitig verwendbare Brust verarbeitet, aber auch einzeln angebotene Keulen oder die gerollte Truthahnbrust erfreuen sich großer Beliebtheit, wenn es ums Braten geht. Unangefochtener Spitzenreiter zu Weihnachten: der im Ganzen gebratene Truthahn.

ENTE

Wenn Geflügelzüchter von Pekingente sprechen, so meinen sie die verbreiteste Form der Hausente, die bei uns den Markt beherrscht. (Im Gegensatz zum chinesischen Entengericht.) Die Ente besitzt einen etwas höheren Fettanteil als das Huhn und wird meist als „Junge Ente“ mit 1,5–2 kg angeboten. Sie eignet sich bestens zum Braten im Ganzen, kann aber auch in Teile zerlegt und gebraten oder geschmort werden.

FLUGENTE/BARBARIEENTE

Flugenten besitzen eine kräftige Muskulatur, weniger Fett als die Hausente und einen höheren Anteil an Brustfleisch. Folglich wird vor allem die Brust angeboten, was auch für die zur selben Familie zählende Barbarieente gilt. Flugenten von guter Qualität sollten möglichst schonend behandelt und rosa gebraten werden.

GANS

Im Freien gehaltene Weidegänse oder Hafermastgänse, die täglich mit einem bestimmten Quantum Hafer gefüttert werden, haben speziell um Martini und Weihnachten Hochsaison. Eine Frühmastgans wiegt ca. 2–3,5 kg, ein Junges Gansl bringt etwa 3–5 kg, eine Hafermastgans gar bis zu 6 kg auf die Waage. Gänse werden im Allgemeinen im Ganzen gebraten, wobei Brust und Keulen durchaus auch getrennt gebraten bzw. geschmort werden können.

TAUBE

Früher als aufbauende „Krankennahrung“ durchaus allgemein beliebt, zählt die Taube heute zu den raren Delikatessen, die eher unter Gourmets Zuspruch findet. In den Handel kommen nahezu ausschließlich Zuchttauben, etwa Bresse-Tauben, deren dunkles, aromatisches Fleisch keinesfalls zu lange gebraten werden sollte.

Wildgeflügel

Fasan, Rebhuhn, Perlhuhn und Wachtel bilden den Reigen des heute noch gerne verspeisten Wildgeflügels, während Krammetsvögel, Drosseln, Pfaue, Schwäne, Schnepfen und Lerchen in früheren Zeiten zwar oftmals auf dem Speiseplan standen, heute aber aufgrund strenger Gesetze von Gourmets unbehelligt bleiben. Bei den Fasanen schmecken die Weibchen etwas zarter, ob man sie mit oder ohne Hautgoût bevorzugt, hängt bei beiden Geschlechtern vom persönlichen Geschmack ab. Die Intensität dieses für Fasane typischen Geruchs hängt davon ab, ob und wie viele Tage man das Wildgeflügel abhängen lässt. Da Wildgeflügel generell mager ist, sollte man bei der Garung behutsam vorgehen oder die Brust getrennt von der Keule braten. Wird der Fasan im Ganzen gebraten, so muss er entweder oftmals mit flüssigem Fett (Butter, Schmalz) bestrichen oder vor dem Braten mit Speckscheiben belegt werden. Rebhuhn und Perlhuhn werden ebenfalls auf Grund ihres fasanenähnlichen Geschmacks geschätzt und haben dunkles Fleisch. Lediglich die kleine Wachtel, die mittlerweile auch nur mehr als Zuchttier in den Handel kommt, weist helleres Fleisch auf, das zart und mürbe schmeckt. Sie wird am besten in Speck gewickelt und im Ganzen gebraten, kann freilich auch getrennt – in Schenkel und Brust – gegart werden.

Wild aus Österreichs Wäldern

Es ist noch gar nicht so lange Zeit her, dass es Wild nur an hochherrschaftlichen und großbürgerlichen Tafeln gab. Selbst die angestellten Lohnjäger bekamen (im Gegensatz zu den Wilderern) kaum jemals einen Reh- oder Hirschbraten zu sehen, sondern mussten sich mit dem so genannten „Kleinen Jägerrecht", der Leber und dem Herz, begnügen. Mittlerweile würde so mancher Gourmet freilich gerne mit ihnen tauschen, da Wildfleisch heute für jedermann leicht erhältlich ist, während man um in den Genuss der unter Feinschmeckern besonders begehrten Rehleber zu gelangen, schon einen „Jaga" zu seinen besonders guten Bekannten zählen muss.

WIE ERKENNT MAN GUTE WILDQUALITÄT?

Selbstverständlich gibt es, wie bei jeder Fleischsorte, auch beim Wild Qualitätsunterschiede. Maßgeblich sind dabei vor allem das Alter des Tieres sowie die Dauer des Abhängens, an der sich freilich bis heute die „Geister" scheiden. Konservativere Feinschmecker und Anhänger einer klassischen Küche plädieren zumeist für eine längere Abhängezeit, weil das Fleisch erst dadurch seinen unverwechselbaren „edelfaulen" Wildgeschmack, früher auch „Hautgoût" genannt, bekommt. Gesundheitsbewusste Genießer und Anhänger einer modernen Wildküche verweisen indessen wohl zu Recht darauf, dass es hygienischer und ebenso geschmackvoll ist, das Wild (vor allem dessen Edelteile) eher frisch zu verwenden. Für Fragen, was Reifung und Fleischqualität betrifft, ist in jedem Fall der Fleischermeister – oder noch besser: der Jägermeister – Ihres Vertrauens die beste Adresse. Vor allem Letzterer weiß nicht nur, wie der Hase läuft, sondern auch, wie er auf der Zunge zergeht. Und das tun Hase, Reh, Hirsch, Wildschwein oder Fasan sehr wohl, wenn sie mit Liebe zubereitet, richtig gewürzt und mit den passenden Beilagen serviert werden. Der verlässlichste Helfer von Koch und Köchin ist dabei niemand Geringerer als der Herbst: Viele delikate Zutaten, die er hervorbringt, harmonieren hervorragend mit Wild, ob man nun an Waldpilze, Nüsse, Preiselbeeren (in Kärnten: Grant'n) oder Dörrobst, Weichselkirschen, Trauben, Maroni, Äpfel, gedünstete Birnen oder jungen Rotwein denkt. Als Beilage runden Semmelknödel, Schupfnudeln, Polenta, Erdäpfelraugg'n, Rotkraut, Linsen oder Kohlsprossen den verführerischen Reigen dieser „wilden Herbstgerichte" ab.

REH UND HIRSCH: „BESTSELLER" AUS DEM WALD

Die populärsten Wildgerichte stammen von Reh und Hirsch. Vor allem sind es die Edelstücke vom Rücken und von der Keule, die sich wegen ihrer Zartheit und ihres vollmundigen Wohlgeschmacks größter Beliebtheit bei Wildwochen in der Gastronomie, aber auch an der familiären Tafel erfreuen. Das Reh, das durch seinen „sechsten Sinn" für erlesene Nahrung aus dem Unterholz auch selber als „Feinschmecker" zu bezeichnen ist, hat die Nase dabei gegenüber dem Hirschen jedoch eindeutig vorne. Beim Reh wie beim Hirschen werden die Rückenteile traditionell gespickt und mitsamt dem Knochen eingebraten. Ein Rehrücken ergibt dabei durchaus einen Wildschmaus für etwa 6 Personen. Hat man einen Hirschrücken zur Verfügung, so kann man getrost doppelt so viele Gäste einladen. Wer Wild nicht in größeren Teilen bei Wildsammelstellen oder beim Jäger selbst einkauft, kann es beim Fleischer auch in beliebig groß dimensionierten Portionsstücken erwerben.

EINIGE WICHTIGE TIPPS, DAMIT BEI DER ZUBEREITUNG DES WERTVOLLEN WILDFLEISCHS NICHTS SCHIEF GEHT:

- Da beim zarten Rücken (vor allem beim Reh) jegliches Eigenfett fehlt, sollte man diesen nach dem relativ scharfen Anbraten bei eher geringer Hitze im Backrohr weich garen (manche Köche sagen auch: „weich streicheln") und dabei wiederholt mit Saft begießen, da das Fleisch sonst zu trocken wird.
- In ausgelöstem Zustand werden Reh- und Hirschmedaillons (beim Reh: Nusslan) wie Steaks behandelt und – je nach persönlichem Gusto – *saignant* (blutig), *medium rare* (fast noch blutig), *medium* (mittel) oder *bien cuit* (durch) gebraten. Nach dem exquisiten, aber auch teureren Rückenfleisch folgen in der Qualitätspyramide die Schnitzelteile der Tiere, die ausschließlich aus dem Schlegel geschnitten werden sollten, also – in der Reihenfolge ihres Wohlgeschmacks – aus der kleinen und großen Nuss, der Oberschale und dem Frikandeau. Sowohl beim Reh als auch beim Hirschschnitzel ist ein kräftiges Anbraten auf beiden Seiten von extremer Wichtigkeit. Nach dem scharfen Anbraten wird die Hitze dann extrem zurückgenommen und man kann die Stücke langsam zart-weich braten.

DIE BESTEN WILDSTÜCKE ZUM BRATEN

Prinzipiell eignet sich jedes Stück vom Wild zum Braten. Es ist dabei lediglich eine Frage der Gardauer, bis der Hirsch- oder Rehbraten weich wird. Mit der nötigen Portion Ausdauer und Geduld und ständigem Übergießen mit Bratensaft ist noch jeder Hirschbraten irgendwann weich geworden.

RÜCKEN: die Bratenstücke par excellence! Reh- oder Hirschrücken sollte – ähnlich wie Rindslungenbraten im Ganzen gebraten – nicht ganz durchgegart werden. Wie blutig oder eher mäßig rosa das Innenleben eines Wildrückens sein soll, richtet sich allerdings ganz nach den persönlichen Vorlieben.
LUNGENBRATEN (RÜCKENFILET): gilt unter Feinschmeckern als besondere Delikatesse und ist Teil des Rückens. Reh- oder Hirschfilet sollte behutsam, also nicht gnadenlos völlig durchgebraten werden. Wenn Sie einen ganzen Wildrücken verarbeiten, ist es ratsam, diese Gustostückerl vorher auszulösen und separat genau auf den Punkt zu braten.
MEDAILLONS: sie stammen zumeist vom hochpreisigen, im freien Verkauf kaum einzeln erhältlichen, Lungenbraten oder vom Karree. Aufgrund ihrer Top-Qualität sollten sie wie Rindslungenbratensteaks zuerst kurz scharf angebraten werden, um sie danach im Backrohr auf den gewünschten Garpunkt hin garen zu lassen. Bitte keinesfalls niederbraten, bis sie innen weder rosa noch saftig sind!
SCHLEGEL (SCHALE UND SCHLUSSBRATEN): lässt sich bestens im Ganzen braten, gibt aber auch feines Ragoutfleisch und gedünstete Schnitzerl ab.
SCHULTER: wie zu einem Rollbraten zusammengerollt, eignet sie sich nicht nur zum Dünsten, sondern auch zum Braten, vorausgesetzt man vergönnt ihr genug Flüssigkeit zum Aufgießen, damit das Fleisch nicht austrocknet.

DIE BELIEBTESTEN WILDGEWÜRZE AUF EINEN BLICK

Mit folgenden Gewürzen schmecken Wildgerichte besonders gut: Lorbeerblatt, Wacholderbeeren, Rosmarin, Thymian, Koriander, Neugewürz (Piment), Gewürznelken. Gewürze einerseits in einem Mörser fein zerstoßen und das Fleisch damit einreiben und andererseits – nicht zerstoßen – mitbraten. Wobei es wenig Sinn macht, all zu viele Gewürze gemeinsam zu verarbeiten. Lassen Sie lieber das ein oder andere Gewürz dominieren und stellen Sie ihm nur einige wenige „Nebendarsteller" zur Seite.

DIE WICHTIGSTEN TIPPS ZUM BRATEN VON WILD

- Speziell bei älteren Tieren oder Stücken von etwas minderer Qualität ist das häufige Übergießen mit Bratensaft das A und O der hohen Bratkunst. Wird der Wildbraten nicht oft und regelmäßig mit Bratensaft übergossen, so passiert nur eines: Der Braten trocknet aus und wird mit jeder Minute, die er länger vor sich hin brutzeln muss, zäher und härter. Damit auch stets genug Bratensaft zum Übergießen in der Bratenpfanne vorrätig ist, muss wiederholt frische Flüssigkeit, sprich Wildfond, Suppe, Wein oder Wasser, nach-, aber niemals direkt über das Bratgut gegossen werden! Mit der frisch zugegossenen Flüssigkeit löst man durch behutsames Umrühren den Bratensatz, erst dann kann der Braten mit dem nunmehr warmen Bratensaft übergossen werden.
- Da beim zarten Rücken (vor allem beim Reh) jegliches Eigenfett fehlt, sollte man diesen zuerst bei großer Hitze relativ scharfen anbraten und danach bei eher geringer Hitze im Backrohr langsam weich garen (manche Köche sagen auch: „weich streicheln"). Auch hier ist das regelmäßige Begießen mit Saft Gebot Nummer eins, da der Rücken sonst zäh wird.
- In ausgelöstem Zustand werden Reh- und Hirschmedaillons wie Steaks behandelt und – je nach persönlichem Gusto – *saignant* (blutig), *medium rare* (fast noch blutig), *medium* (mittel) oder *bien cuit* (durch) gebraten. Wildsteaks am besten zuerst in hochwertigem Fett scharf in einer Pfanne anbraten und dann bei mäßiger Hitze (je mäßiger, desto länger) im heißen Backrohr bis zum gewünschtem Garpunkt ziehen lassen.
- Wildbraten fühlt sich am wohlsten, wenn er während des Bratens auf einem hübschen Bett aus Wildknochen und -parüren, Wurzelwerk, Zwiebeln und Kräutern ruhen kann. Ist der Braten weich geworden, herausheben, das Gemüse-Knochen-Bett nochmals kräftig durchrösten und mit gewünschter Flüssigkeit (Wein, Fond, Likör) ablöschen. Aufkochen und den nunmehr wunderbar kräftigen Bratensaft abgießen.
- Weich gebratene Stücke, speziell solche, die nicht zur Gänze durch-, sondern auf den berühmten Punkt gebraten wurden, niemals sofort nach dem Braten tranchieren! Bratenstücke herausheben, am besten in eine Alufolie hüllen und warm etliche Minuten rasten lassen, damit sich die Säfte setzen können und die Vorlegeplatte nicht in ein blutiges Schlachtfeld verwandelt wird.

KLEINE BEIZKUNDE

- Ob Sie Wild beizen oder nicht, hängt im Wesentlichen von Ihren persönlichen Geschmacksvorlieben ab, es sei denn Sie verarbeiten ein relativ altes Tier, dem es nicht schadet, wenn sein Eigengeschmack anderweitige Ergänzung erfährt.
- Warum wird Wild gebeizt? Das Liegen in der Beize macht das Fleisch weicher und konserviert zudem das Fleisch einige Zeit, allerdings verliert das Fleisch dadurch auch etwas an Eigengeschmack.
- Für die Beize in einem Topf reichlich Wasser, etwas Rotwein, Rotweinessig, Wurzelwerk, eine halbierte Zwiebel, Lorbeerblätter, zerdrückte Wacholderbeeren, Pfefferkörner, Thymian, Gewürznelken sowie Zitronenzesten etwa 15 Minuten aufkochen lassen. Vom Herd nehmen und kühl stellen. Das Wildfleisch in die erkaltete Beize legen und am besten über Nacht oder länger darin ziehen lassen. Währenddessen das Fleisch ab und an wenden.
- Die Beize niemals salzen!
- Möchten Sie das feine Waldaroma in Ihren Wildtopf holen, so können Sie der Beize auch noch Fichten- und Tannenadeln hinzufügen.

- Wird das Wild anschließend in der eigenen Beize geschmort, so sollten Sie bei der Auswahl der Gewürze etwas sparsamer sein, damit der Eigengeschmack des Fleisches nicht übertönt wird.
- Wollen Sie Wild über einen längerer Zeitraum in der Beize konservieren, so geben Sie weder Wurzelwerk noch Wein dazu (die Beize würde sonst gären).
- Gießen Sie die Beize nicht weg! Abseihen und für die Zubereitung einer g'schmackigen Wildsauce verwenden.
- Auch das Einlegen von Wildfleisch in Buttermilch hat einen ähnlichen Effekt wie das Beizen – es macht das Fleisch mürber.
- Wildfleisch kann auch „trocken gebeizt" werden. Dafür werden Wurzelwerk, Zwiebel, Lorbeerblätter, zerdrückte Wacholderbeeren und Pfefferkörner mit etwas Öl und Zitronen- oder Limettensaft vermischt. Das Fleisch damit rundum gut einreiben und mindestens 24 Stunden abgedeckt ziehen lassen. Nicht salzen!!

Welches Geschirr für welchen Braten?

Gleich vorweg: Am Geschirr sollte der Sonntagsbraten auf keinen Fall scheitern. Und wenn es auch nur das Bratblech ist, das man standardmäßig bei seinem Küchenherd dazu bekommen hat – es reicht für erste erfolgreiche Brat-Abenteuer. Wer vor hat, sich als Rôtisseur zu perfektionieren, wird jedoch auf qualitätvolles Bratengeschirr nicht verzichten wollen. Eine ordentlich große Bratpfanne aus Gusseisen, Aluguss oder Email ist dann als Erstausstattung unumgänglich, von Vorteil sind Bratpfannen mit Antihaftbeschichtung: Sie sind leichter zu säubern, es gibt kein lästiges Ankleben des Bratguts und man spart Fett bei der Zubereitung. Allerdings sollte man beim Reinigen vorsichtig sein – die Beschichtung, meist ist es Teflon (Polytetrafluorethylen), kann leicht zerkratzt werden, man sollte daher nur Holz- oder Plastiklöffel zum Bewegen des Bratguts verwenden. Achtung: Teflon-beschichtetes Bratgeschirr darf nie länger als drei Minuten leer erhitzt werden, da sich ab einer Temperatur von 360 °C Teflon zu zersetzen beginnt und giftige Substanzen frei werden könnten.

Pfannen, Töpfe und Bräter aus Gusseisen sind zwar relativ schwer und etwas unhandlich, dafür aber sehr robust und praktisch nicht zu zerstören, man kocht damit sein Leben lang – das ideale Gerät für einen klassischen Schweins- oder Rindsbraten.

Emailgeschirr verbindet die positiven Eigenschaften von Glas und Stahl; es hat den Vorteil, dass es sehr hart und daher extrem schnitt- und kratzfest ist, Messer und Gabel können ihm nichts anhaben. Seine porenlos glatte Oberfläche ist schmutz- und bakterienabweisend und leicht zu reinigen. Selbst bei hohen Temperaturen gibt es keine belastenden Inhaltsstoffe ab. Modernes Emailgeschirr, das die Hitze gleichmäßig verteilt, ist nicht zuletzt auf energiesparende Kochtemperaturen ausgerichtet.

Edelstahlgeschirr – zu erkennen an der Bezeichnung 18/10 (18 % Chrom, 10 % Nickel, 72 % Stahl) – ist zwar pflegeleicht und ideal für den Induktionsherd, aber zum Braten nicht ganz so ideal – das Fleisch bleibt hier gerne haften, das Reinigen macht dann wenig Spaß.

Eine Investition, die sich unbedingt lohnt, sind (beschichtete) Bratpfannen mit Deckel. Man kann sie vor allem bei zahlreichen Geflügel- und Fischgerichten einsetzen, dazu helfen sie auch noch sparen, reduzieren sie doch die Kochzeit und damit auch den Energieverbrauch – ideal für die zeitgemäße schnelle Küche.

Das große Brateneinmaleins

1. Kaufen Sie nur Fleisch bester Qualität! Das muss keineswegs teuer, aber Herkunft, Fütterung sowie Verarbeitung der Tiere müssen nachvollziehbar und in Ordnung sein. (Siehe dazu auch die Tipps für den Brateneinkauf).

2. Vorhandene Fetteindeckung vor dem Braten keinesfalls zur Gänze entfernen. Fett sichert Wohlgeschmack sowie Saftigkeit und muss danach ja keineswegs mitgegessen werden.

3. Lassen Sie gekühltes Fleisch niemals vom Kühlschrank auf direktem Wege ins heiße Backrohr wandern! Gönnen Sie Ihrem Braten eine langsame Aufwärmphase bei Zimmertemperatur.

4. Würzen oder marinieren Sie Ihren Braten und lassen Sie ihm danach genug Zeit, um all die Aromen aufzunehmen. Je länger, desto g'schmackiger wird der Braten.

5. Wird der Braten zu Beginn kräftig angebraten, so verwenden Sie für die Würzung keine frischen Kräuter – sie würden rasch verbrennen. In diesem Fall lieber zu getrockneten Kräutern greifen oder die frischen Kräuter erst nach dem Anbraten zugeben.

6. Große Bratenstücke stets zuerst mit der „schönen“ Seite nach unten in die Bratenpfanne einlegen. Nach etwa einem Drittel oder der halben Garzeit wenden und fertig braten.

7. Betten Sie Ihren Braten auf gehackte Knochen, Wurzelgemüse, Zwiebelstücke und Kräuter! So kann sich der Braten nicht am Pfannenboden anlegen und das am Ende zurückbleibende Bratensaft'l schmeckt gehaltvoll und kräftig.

8. Übergießen, übergießen, übergießen! Das Um und Auf eines saftigen Bratens ist das beständige Begießen mit Bratensaft. Dabei sollten Sie den Braten nur mit jenem Saft übergießen, der sich am Pfannenboden während des Bratens absetzt. Steht kein Saft mehr zur Verfügung, frische Flüssigkeit in die Pfanne, aber keinesfalls über den Braten gießen! Mit welcher Flüssigkeit aufgegossen wird, hängt ganz vom jeweilig verwendeten Fleisch ab. Von Wasser über Suppe oder Fond bis hin zu Wein, Bier und Likör ist nahezu alles erlaubt, was schmeckt. Gegen Garungsende sollten Sie den Braten nicht mehr begießen, damit die Oberfläche schön braun gebraten werden kann.

9. Hat Ihr Braten gegen Ende der Garzeit noch nicht jene Bräunung, die Sie gerne hätten, so bestreichen Sie ihn – je nach gewünschter Geschmacksrichtung – mit Malzbier, flüssigem Schmalz oder leicht erwärmtem Honig und steigern Sie die Hitze noch beträchtlich, am besten unter Zuschaltung maximaler Oberhitze. Auch das Braten unter der Grillschlange bringt rasche Bräunung. Aber Vorsicht! Achten Sie darauf, dass der Braten nicht zu lange gegrillt wird, da die Oberfläche rasch verbrennt oder unschöne „Brandblasen“ wirft.

10. Fertig gebratenes Fleisch niemals sofort nach dem Herausnehmen aus dem Backrohr tranchieren! Lassen Sie den Braten, am besten in Alufolie gehüllt, warm ungefähr 10 Minuten rasten (blutig gebratene Stücke noch etwas länger), damit sich die Fleischsäfte setzen können und beim Anschneiden nicht zu viel Blut bzw. Flüssigkeit austritt.

Die besten Bratmethoden

Die Wunschvorstellungen über die Beschaffenheit eines Bratens sind immer dieselben: außen knusprig, innen saftig und zart. Damit Sie dieses Ziel erreichen, hiezu die nötige Information.

Neben einer exzellenten Grundqualität des Fleisches sind mehrere wichtige Grundregeln zu beachten.

FETTABDECKUNG NICHT GÄNZLICH WEGSCHNEIDEN („PARIEREN"). Das gilt z. B. besonders für Roastbeef oder Schweinsbraten.

ERST IM LETZTEN MOMENT SALZEN, da sonst durch Osmose Flüssigkeit aus dem Fleisch gezogen wird.

BRATEN MIT UMLUFT VERLEIHT DEM BRATEN ZWAR EINE SCHÖNE, GLEICHMÄSSIGE BRÄUNUNG, FÜHRT ABER ZUM „SAHARAEFFEKT", d. h., das Bratgut neigt zum Trockenwerden. Besser ist es, den Braten bei konventioneller, also statischer Hitze zu braten und erst im Endstadium Umluft zur besseren Bräunung zuzuschalten.

KANN MAN AUCH IN DER MIKROWELLE BRATEN?

Nein, kann man nicht. Da das Wesen des Bratens, wie auf S. 16 dargestellt, das Eintreten der Maillard-Reaktion bei etwa 140–180 °C ist und diese Temperatur in der Mikrowelle nicht erreicht wird, werden die Wassermoleküle hier zwar zum Schwingen gebracht, die Maillard-Reaktion setzt jedoch nicht ein.

STETIGES ÜBERGIESSEN heißt die Zauberformel eines gelungenen Bratens. Häufigster Fehler: Der Braten wird mit Wasser und nicht mit austretendem Fett oder Saft übergossen.

RICHTIGES ÜBERGIESSEN: Braten zuerst mit dem nach einiger Zeit austretendem Fleischsaft und Fett übergießen (bei Fettüberschuss, wie z. B. bei Gans, Ente, Schweinsbraten, überschüssiges Fett vorsichtig abschöpfen), dann etwas Wasser in den Bräter eingießen. Bratensatz wird gelöst, Wasser, Saft und Fett homogenisieren sich, mit dieser konzentrierten Flüssigkeit wird der Braten dann oftmalig übergossen. Mit Wasserzugabe die Konsistenz steuern.

Spanferkel wird während des Bratens mit Bier bepinselt.

BRATEN MIT SCHWARTE „SCHRÖPFEN": In geeignetem Bräter fingerhoch Wasser eingießen und zum Kochen bringen. Fleisch mit Schwarte nach unten einlegen, zirka 20 Minuten schwach wallend kochen. Fleisch auf ein Brett heben, an der Oberseite mittels Fleischmesser leichte Einschnitte setzen. Dann würzen und im Rohr braten.

GROSSE BRATENSTÜCKE werden anfangs grundsätzlich mit der „schönen Seite" nach unten eingebraten. Im Klartext bedeutet dies: Stücke mit Schwarte, Fetteindeckung etc. in der Regel mit einer schöneren Außenseite, werden nach dem Würzen zuerst mit dieser Seite nach unten in den Bräter gelegt.

BRATEN AUF EIN BEET VON GEHACKTEN KNOCHEN LEGEN. Diese Technik dient in erster Linie einer vermehrten Saftgewinnung, ist aber nicht zwingend notwendig (Kalbsnierenbraten, Schweinsbraten).

BRATEN AM SPIESS: Hervorragende „Steinzeitmethode". Mariniertes, gebeiztes oder gewürztes Bratenstück auf großen Spieß fädeln, mit Klammern fixieren über Holzkohlenglut oder im Backrohr garen. Mit Öl, Würzölen oder Marinaden bepinseln.

Malz (Bier), Honig oder Zucker forcieren die Bräunung.

KLIMAGAREN:

Eine innovative Technik, die beim Braten (und auch beim Backen) durch Feuchtigkeitszugabe im Garraum außergewöhnlich gute Ergebnisse bringt. Der Backofen nimmt sich dabei automatisch die benötigte Menge Wasser und verwandelt sie in Dampf, der dann gleichmäßig im Garraum verteilt wird. Den Zeitpunkt der Dampfzugabe regelt das jeweilige Automatikprogramm (auch eine Regelung von Hand ist möglich). Die Feuchtigkeitszugabe bewirkt, dass das Fett ausbrät und so in der Folge eine appetitliche Kruste entsteht.

NIEDERTEMPERATURGARUNG:

Bei „englisch" also zartrosa gebratenen Fleischstücken, wie Roastbeef, Rindsfilet (Lungenbraten), Rehrücken, Lammkarree etc., bedient man sich in der Regel der Niedertemperaturgarung. Diese Technik garantiert eine besonders gleichmäßige Rötung, Zartheit, Saftigkeit und geringen Bratverlust.
In diesem Fall das gewürzte Bratenstück an allen Seiten rasant anbraten, dann im Backrohr bei Temperaturen um 120 °C garen. Kontrolle erfolgt per Bratthermometer, Nadelprobe oder Fingerdruck.
BRATTHERMOMETER sind in modernen Geräten fix eingebaut. Sollte dies nicht der Fall sein, kaufe man ein externes Thermometer, mit möglichst dünner Nadel, um beim Einstechen große Löcher zu vermeiden. Das Thermometer wird in das Zentrum des Bratens gestochen und verbleibt während des Bratvorganges fixiert. Die ideal erzielte Kerntemperatur beträgt zum Beispiel bei einem Roastbeef oder Filetstück zirka 55–58 ° C.

NADELPROBE:

Lange Nadel (Dressiernadel) im Zentrum des Bratens einstechen, zirka 8 Sekunden verweilen lassen, herausziehen, zu den Lippen führen und Temperatur prüfen:
NADEL IST KALT: Fleisch ist roh.
NADEL IST WARM: Fleisch ist rosa (ideal für Roastbeef, Lammkarree, Filet).
NADEL IST GUT WARM: Beim Abziehen der Nadel tritt klare Flüssigkeit aus, der Braten ist durchgegart.
RASTEN LASSEN: Nach vollendeter Garung den Braten bei geringer Temperatur zirka 10 Minuten rasten lassen, nie direkt aus dem Rohr auf die Teller bringen. Das Fleisch entspannt, die Flüssigkeit im Inneren verteilt sich, das Fleisch wird weicher und saftiger.

EIN GLASIERGITTER ODER KUCHENROST

mit untergestelltem Auffangblech ist oft der ideale „Rastplatz" für den Braten (Roastbeef, Lammkarree). Saft kann abtropfen, der Braten weicht nicht auf.

NICHT ZU HEISS TRANCHIEREN:

Braten, der zu heiß tranchiert wird, wird an den Schnittflächen sperrig, die rasch verdampfende Flüssigkeit macht die Fleischtranchen trocken.

WORAUF MAN BEIM BRATEN VON ENTE UND GANS ACHTEN SOLLTE:

Grundvoraussetzung für einen gelungenen Braten ist die knusprig gebratene Haut bei gleichzeitiger Saftigkeit und Zartheit des Fleisches. Hier kann man zwischen zwei Methoden wählen. Ganz wichtig ist es

aber auch, nach halber Bratzeit im Bereich der großen Fettablagerungen (oberhalb der Keulen) mehrmals mit einer dünnen Fleischgabel einzustechen, damit das Fett abfließen kann.
Knapp vor Beendigung des Bratvorgangs die Bratrohrtüre leicht öffnen, damit die Dämpfe abziehen können.

METHODE A)

Gewürztes Geflügel mit Öl einreiben und mit der Brust nach unten in einen zart mit Öl ausgestrichenen Bräter geben. Ente (Gans) nach ca. 10 Minuten Bratzeit leicht bewegen, damit die Haut nicht am Bräter kleben bleibt. Sobald die Ente Fett absondert, mit diesem öfter übergießen, nach halber Bratzeit die Ente wenden, weiter übergießen und braten, bis sich das Fleisch weich anfühlt und die Haut braun und knusprig ist. Diese Methode eignet sich ideal für Brathühner, Fasan und diverses Kleingeflügel.

METHODE B)

In den Bräter fingerhoch Wasser eingießen. Gewürztes Geflügel mit Brust nach unten einlegen, während des Bratens ständig übergießen. Nach halber Bratzeit Geflügel wenden. Das Wasser verdunstet, Fett tritt aus, die Haut wird knusprig und braun.

FETTE:

Stets hochwertige Fette verwenden, nicht über 180 °C (!) erhitzen. Hervorragend eignen sich geschmacksneutrale Pflanzenöle der gehobenen Preisklasse oder Butterschmalz. Olivenöl kann man entgegen weit verbreiteter Meinung verwenden, verliert aber durch das Erhitzen wertvolle Nährstoffe bzw. Vitamine und ist durch den ausgeprägten Eigengeschmack nur sehr bedingt einsetzbar. Gleiches gilt für Sesamöl.
Saftgewinnung: Portionsstücke von Kalb, Schwein, Rind, Lamm etc. nach beidseitiger Bräunung und idealer Garung aus der Pfanne heben, warmstellen. Fett vorsichtig abgießen, Bratrückstand bei Bedarf durch weiteres Erhitzen bräunen, mit etwas Wasser (Suppe oder Fond) aufgießen, reduzierend kochen, abseihen. Fleisch mit der erstgebratenen Seite nach unten in den Saft legen, kalte Butterstücke einschwenken, aufglasieren).

SALZEN UND WÜRZEN:

Verwenden Sie kein Fleisch, das direkt aus dem Kühlschrank kommt, sondern warten Sie, bis es Zimmertemperatur hat.
Gesalzen wird grundsätzlich vor dem Braten. Auch Leber kann kurz vor dem Braten gesalzen werden, sollte jedoch dann bei möglichst geringer Hitze, am besten in zart gebräunter Butter, gebraten werden, da sie durch zu hohe Temperatur leicht verbrennt und somit durchgegart und hart wird.
Gewürzt kann (und soll oft auch) schon ein bis zwei Tage vor dem Braten werden, indem man das Fleisch mit Kräutern (möglichst frisch, in Öl konserviert oder gefriergetrocknet) und Gewürzen in geschmacksneutralem Öl 1–2 Tage mariniert.

ZUM MARINIEREN EIGNEN SICH FOLGENDE KRÄUTER, GEWÜRZE UND AROMATEN:

DUNKLES FLEISCH (RIND, WILD, LAMM): Schwarzer Pfeffer ganz oder grob gemahlen, Senf (sollte für Lamm und Rind scharf-würzig sein), Rosmarin, Thymian, Lorbeer, Majoran, Petersilie, Knoblauch, Koriander, Wacholder, Zimt, Piment, Nelken für Wild, Minze (für Lamm), Zwiebel, und Wurzelwerk als Röstgemüse für Braten, kräftige Rotweine.

Miele
Verlässlichkeit für viele Jahre
Ganz leicht zum perfekten Genuss mit Einbaugeräten von Miele
KOCHEN IST LEBEN. Die Küche ist daher das Herz eines jeden Hauses. Das war immer so und hat sich bis heute nicht geändert. Gewandelt haben sich allerdings unsere Ansprüche und nicht zuletzt unser Lebensstil. Er ist schneller geworden und häufigen Veränderungen unterworfen. Eine moderne, zeitgemäße Küche hat sich diesen Gegebenheiten anzupassen – niemals umgekehrt. Mit den Einbaugeräten von Miele kochen, backen, braten und dämpfen Sie gesünder und raffinierter, exakter und bequemer, vor allem aber mühelos – zum perfekten Genuss.
12:00

Backen und Braten mit Feuchtigkeitszugabe im Garraum

Klimagaren – innovative Technik für beste Resultate

Miele hat innovative Betriebsarten entwickelt, die bei Brat- und Backvorgängen außergewöhnlich gute Ergebnisse versprechen. Das aktuellste Beispiel stellt das Klimagaren dar. Backen und Braten mit Feuchtigkeitszugabe – das ist mit Klimagaren gemeint.
Brotteig geht besser auf und bekommt eine glänzende Kruste, wenn er zu Beginn mit Dampf beschwadet wird. Die Handhabung ist ganz einfach: Der Benutzer hält ein Gefäß mit Wasser unter das Einfüllrohr am Türrahmen und wählt im Touch-Display „Klimagaren". Der Backofen nimmt sich automatisch die benötigte Menge Wasser und verwandelt sie in Dampf, der dann gleichmäßig im Garraum verteilt wird. Den Zeitpunkt der Dampfzugabe regelt das jeweilige Automatikprogramm. Wer das lieber von Hand macht, kann Anzahl und Abfolge der Dampfstöße auch selbst regeln.
Auch beim Braten bringt Klimagaren noch mehr Genuss. Hier bewirkt die Feuchtigkeitszugabe zu Beginn, dass das Fett ausbrät und so in der Folge eine appetitliche Kruste entsteht.
Noch bessere Ergebnisse erzielt man, wenn zusätzlich das kabellose Speisenthermometer zum Einsatz kommt. Es übermittelt die Kerntemperatur des Fleisches an die Elektronik. Das Ergebnis: Fleisch bleibt im Inneren zart und saftig, außen ist es ganz nach Belieben leicht bis stark gebräunt.
Wir wünschen Ihnen gutes Gelingen!

Weitere Informationen finden Sie auf **www.miele.at**

Klimagaren auf einen Blick

- INNOVATIVE BETRIEBSART: *Kombination von Heißluft mit Wasserdampf, um die Luftfeuchtigkeit im Garraum zu erhöhen. Mit dem Ergebnis: glänzende Oberfläche, innen bleibt das Gargut saftig, aromatisch und locker.*
- ANWENDUNGSVIELFALT:
  Ideal für: *Brot, Gebäck, Fleisch, Fisch, Soufflés und Gratins.*

HELLES FLEISCH (KALB, SCHWEIN, GEFLÜGEL): Weißer Pfeffer ganz oder grob gemahlen, Thymian, Salbei, Majoran, Petersilie, Kerbel, Schnittlauch, Dille, Lavendel, Kresse sowie Zwiebel, Karotten, Sellerie, Petersilwurzen und Porree (als Würzstoff für Ragouts und Saucen) sowie trockene Weißweine.
Dünne Fleischstücke werden nur auf einer Seite gewürzt und auf der ungewürzten Seite angebraten.
Beim Grillen oder Braten von Fleischstücken sollten diese nicht zu früh mit Kräutern (schon gar nicht mit getrockneten) gewürzt werden, da diese schnell verbrennen und einen bitteren Geschmack erzeugen können.
Knoblauch sollte eher geschnitten als gepresst werden. Außerdem empfiehlt es sich, Fleisch bzw. Saucen erst kurz vor dem Anrichten mit Knoblauch zu würzen, da dieser beim Braten anbrennt und Bitterstoffe freisetzt.
Beim Umgang mit Kräutern und Gewürzen sollte man eher sparsam sein und sich nur auf ein bis zwei Kräuter beschränken, um einerseits den Fleischgeschmack und andererseits den Kräutergeschmack nicht zu übertönen.

BRATEN IM ROHR

Öfen hatten früher durchschnittliche Backrohrtemperaturen von ca. 130–150 °C, was eine sanfte, langsame Garung ergab. Die heutigen Geräte erreichen 200–250 °C Backrohrtemperatur, wodurch die Bratenstücke zwar schneller durch sind, dafür aber, bedingt durch die große Hitze, bis zu 35 % des Fleischsaftes verdunsten. Das Endprodukt ist gelegentlich wohl brauner, jedoch trockener und stark geschrumpft. Vorzuziehen ist daher eine Senkung der Ofentemperatur auf „frühere Verhältnisse". Sie werden sehen: Sofort wird das geschmackliche Ergebnis besser, es braucht aber – wie so vieles in jeder wirklich guten Küche – auch etwas mehr Zeit. Dazu gehört auch, dass Bratenstücke die Gelegenheit haben sollten, nach Bratende (am besten im abgeschalteten und geöffneten Rohr) je nach Größe noch ca. 10–15 Minuten zu rasten.

UND NOCH ZWEI TIPPS:

Ist die Schwarte eines Bratens am Ende der Garzeit bereits schön knusprig geworden, so sollte man sie nicht mehr mit Saft oder Wasser übergießen, da sie sonst leicht zäh wird. Ist die Schwarte indessen bei Bratschluss noch nicht knusprig genug, so übergießen Sie sie einfach (aus Sicherheitsgründen in einer sehr tiefen Bratenpfanne) öfters mit sehr heißem Schmalz oder Öl (Vorsicht – Verbrennungsgefahr!).
Für die moderne Küche lohnt sich in jedem Fall die Anschaffung eines **BRATENTHERMOMETERS**. Solche sind heute schon sehr preisgünstig zu haben und es ist die einfachste sowie sicherste Methode, die Garung großer Bratenstücke problemlos in den Griff zu bekommen, indem man die Kerntemperatur misst. Diese beträgt für Schweine-, Kalbs- oder Rinderbraten 72–75 °C. Je langsamer diese Temperaturbereiche erreicht werden, desto saftiger und mürber gerät der Braten. Soll der Braten zartrosa sein, darf eine Kerntemperatur von 68–70 °C keinesfalls überschritten werden.

Was den Garpunkt von Fleischstücken ganz allgemein betrifft, gelten folgende Kerntemperatur-Richtwerte:

Englisch/stark rot	60–62 °C
halb durch	63–66 °C
zartrosa/dreiviertel durch	67–69 °C
fast durch	70–72 °C
gut durch, eher trocken	75 °C +

SCHMOREN IM ROHR

Größere oder große Fleischstücke bei mittlerer Hitze anbraten, Hitze reduzieren, Röstgemüse mitrösten, mit Wein, Most oder Bier ablöschen, einkochen lassen und mit kräftigem Fleischfond oder Suppe auffüllen. Im Rohr bei 130–150 °C oder auf dem Herd zugedeckt langsam weich garen.

Ideale Kerntemperaturen

SCHWEINEFLEISCH

Keule/Schlegel: ganz durchgebraten 75 °C
Keule/Schlegel: hellrosa 65–68°C
Schweinskarree: leicht hellrosa 65–70 °C
Schopfbraten: ganz durchgebraten 70–75 °C
Schweinsschulter: ganz durchgebraten 75 °C
Bauchfleisch: ganz durchgebraten 80–85 °C
hintere Stelze gebraten: ganz durchgebraten 80–85 °C
Stelze (Haxe): ganz durchgebraten 80–85 °C
Rollschinken: sehr saftig 64–68 °C
hintere Stelze geselcht: ganz durchgegart 75–80 °C
Ripperl: ganz durchgebraten 65 °C
Ripperl geselcht: ganz durchgegart 60–68 °C
Schweinszungen: ganz durchgegart 85–90°C
Schinken in Brotteig: 65–70 °C
Schweinskopf: ganz durchgegart 75–82 °C

RIND

Rindslungenbraten (-filet): engl. bis rosa 38–55 °C
Rindslungenbraten (-filet): medium 55–58 °C
Roastbeef medium: 55–60 °C
Weißes Scherzel: ganz durchgegart 85–90 °C
Rindsbrust (Brustkern): ganz durchgegart 90–95 °C
Rindsbraten: ganz durchgebraten 80–85 °C
Tafelspitz: ganz durchgegart 90 °C

KALB

Kalbsrücken: hellrosa 65–70°C
Keule, Schlegel, Oberschale, Nuß, Frikandeau: ganz durchgebraten 78°C
Nierenbraten: ganz durchgebraten 75–80°C
Kalbsbraten: ganz durchgebraten 68–74° C
Kalbsschulter: ganz durchgebraten 75–80°C
Kalbsbrust (gefüllt oder ausgelöst): ganz durchgebraten 75–78°C

LAMM

Lammkarree: leicht rosa 70–75 °C
Lammkarree: ganz durchgebraten 80 °C
Lammstelze: leicht rosa 75–78 °C
Lammstelze: ganz durchgebraten 82–85 °C
Lamm: Bei ganz durchgegartem Zustand beträgt die Kerntemperatur zwischen 79 und 85°C.

WILD & GEFLÜGEL

Wildschweinbraten: ganz durchgebraten 75–78 °C
Gespickter Rehrücken: ganz durchgebraten 50–56 °C
Rehbraten: ganz durchgebraten 75–80 °C
Brathuhn: ganz durchgebraten 80–85 °C
Ente: ganz durchgebraten 80–90 °C
Gans: rosa 75–80 °C
Gans: ganz durchgebraten 90–92 °C
Truthahn: ganz durchgebraten 80–85 °C

Wilhelm Buschs „Philosophie des Bratens“

In der 1874 erschienenen Gedichtsammlung „Kritik des Herzens“ entwickelte Wilhelm Busch, allen Gaumenfreuden höchst aufgeschlossen, seine eigene „Philosophie des Bratens“ – Tenor dieses kulinarischen Axioms: Ob ein Braten gelingt oder nicht, hängt vor allem von der seelischen Befindlichkeit der Köchin ab.

Es wird mit Recht ein guter Braten
Gerechnet zu den guten Taten;
Und daß man ihn gehörig mache,
Ist weibliche Charaktersache.

Ein braves Mädchen braucht dazu
Mal erstens reine Seelenruh,
Daß bei Verwendung der Gewürze
Sie sich nicht hastig überstürze.

Dann, zweitens, braucht sie Sinnigkeit,
Ja, sozusagen Innigkeit,
Damit sie alles appetitlich,
Bald so, bald so und recht gemütlich
Begießen, drehn und wenden könne,
Daß an der Sache nichts verbrenne.

In Summa braucht sie Herzensgüte,
Ein sanftes Sorgen im Gemüte,
Fast etwas Liebe insofern,
Für all die hübschen, edlen Herrn,
Die diesen Braten essen sollen
Und immer gern was Gutes wollen.

Ich weiß, daß hier ein jeder spricht:
Ein böses Mädchen kann es nicht.

Drum hab ich mir auch stets gedacht
Zu Haus und anderwärts:

Wer einen guten Braten macht,
Hat auch ein gutes Herz.

Rindsbraten

Roastbeef

ZUTATEN FÜR 6 PORTIONEN ~
1,5 kg Roastbeef (Beiried)
1 EL englischer Senf / Salz und Pfeffer aus der Mühle / Rindsuppe zum Aufgießen
Pflanzenöl zum Anbraten

ZUBEREITUNG ~ Das gut zugeputzte und sorgfältig entsehnte Roastbeef rundum gründlich mit Salz und Pfeffer würzen. Mit Senf einreiben.
Öl in einer geeigneten Bratenpfanne erhitzen und das Roastbeef von allen Seiten her kräftig anbraten.
Das Backrohr auf 180 °C vorheizen.
Nun das Roastbeef ins heiße Backrohr schieben und etwa 10 Minuten braten. Dann die Hitze auf 170 °C, nach 20 Minuten auf 160 °C und nach 30 Minuten auf 150 °C reduzieren. Währenddessen das Fleisch einmal wenden und wiederholt mit Bratensaft begießen bzw. bestreichen. Bei Bedarf noch Suppe oder Wasser nachgießen. Das Roastbeef – je nach gewünschtem Garungsgrad – nach 60 Minuten (rare) bis 90 Minuten (well done) herausnehmen und in Alufolie gewickelt an einem warmen Ort noch etwa 10 Minuten rasten lassen. Ist die Oberfläche des Bratens kurz vor Garungsende noch nicht knusprig genug, Oberhitze stark erhöhen oder die Grillschlange zuschalten (Vorsicht: bräunt sehr rasch).

Der Klimagaren-Tipp von Miele

Verlässlichkeit für viele Jahre

Bei fettreichem Fleisch bzw. Fleisch mit Schwarte zu Beginn Dampf zugeben, damit das Fett besser ausbrät und eine appetitliche Kruste entsteht. Mageres Fleisch ebenfalls mit Dampfzugabe zu Beginn zubereiten, damit es nicht austrocknet.

Den Bratensatz mit etwas Rindsuppe ablöschen und (am besten in einer Saucenpfanne) kurz einreduzieren lassen. Roastbeef in Scheiben schneiden und mit dem Bratensaft servieren.

BEILAGENEMPFEHLUNG ~ Dazu Braterdäpfel, knusprige Erdäpfelpuffer und englisches Gemüse, Erbsen, Karotten oder Karfiolröschen.

Für den in England traditionell dazu servierten **YORKSHIRE PUDDING** verschlagen Sie 4 Eier mit 200 g Mehl, 500 ml Milch, 50 g flüssiger Butter (oder klassisch: Nierenfett) sowie einer Prise Salz, stellen die Masse 30 Minuten kalt und backen den Pudding in kleinen ausgefetteten Förmchen etwa 30 Minuten bei 200 °C. Diese Beilage harmoniert freilich auch mit anderen Fleischgerichten.

Chateaubriand mit pikanter Kräuterbutter

ZUTATEN FÜR 2–3 PORTIONEN ~ 400–500 g Rindslungenbraten aus der Mitte geschnitten (kein spitz zulaufendes Endstück!!) / Weißwein und Rindsuppe zum Aufgießen / Salz, Pfeffer / Pflanzenöl

FÜR DIE PIKANTE KRÄUTERBUTTER ~ ca. 100 g zimmerwarme Butter / 1 kl. Schalotte gemischte Kräuter nach Belieben (Petersilie, Kerbel, Estragon etc.) / 1 Msp. englischer Senf / 1 Schuss Worcestershiresauce / 1 Msp. getrockneter Chili / Salz, Pfeffer, edelsüßes Paprikapulver

ZUBEREITUNG ~ Zuerst für die Kräuterbutter die zimmerwarme Butter mit der klein gehackten Schalotte, den fein gehackten Kräutern und den restlichen Zutaten zu einer pikanten Buttermischung verrühren oder mit dem Stabmixer aufmixen. In Form einer länglichen Rolle von etwa 2 cm Durchmesser in Folie hüllen und kalt stellen.

Den Lungenbraten gut zuputzen, rundum mit Salz sowie Pfeffer einreiben und mit einem Küchengarn schön in Fasson binden. In einer geeigneten Bratenpfanne Öl recht heiß werden lassen und das Fleisch von allen Seiten kräftig anbraten. Inzwischen das Backrohr auf 120 °C vorheizen und das Chateaubriand so lange braten, bis die mit einem Bratenthermometer gemessene Kerntemperatur je nach Geschmack 58–65 °C beträgt. (Oder konventionell zuerst 10 Minuten bei ca. 200 °C und dann etwa 30–40 Minuten bei 120 °C braten.) Fertig gebratenes Chateaubriand herausheben, in Alufolie wickeln und noch warm rasten lassen. Den Bratensatz lösen, mit etwas Wein aufgießen und stark einkochen lassen. Nochmals mit etwas Rindsuppe aufgießen und den Saft einkochen lassen, bis er die gewünschte Konzentration besitzt. Das Küchengarn vom Fleisch lösen, das Chateaubriand tranchieren, anrichten und die Sauce extra auftragen. Mit der in Scheiben geschnittenen vorbereiteten Butter garnieren.

BEILAGENEMPFEHLUNG ~ Pommes frites, Braterdäpfel, englisches Gemüse, gegrillte Tomaten sowie Sauce Béarnaise.

Sauerbraten

ZUTATEN ~ 1 kg Rindsbraten (Schulter, Tafelstück, Gustostück etc.) 4 Scheiben Speck / 1 geviertelte Zwiebel / 1 Karotte / 1 gelbe Rübe / rote Marmelade (Johannisbeere) oder Tomatenmark nach Geschmack / Rindsuppe zum Aufgießen ca. 125 ml Sauerrahm und 1 KL Mehl zum Binden nach Belieben / Pflanzenöl zum Anbraten / Salz, Zucker nach Belieben

FÜR DIE MARINADE ~ 500 ml Wasser / 300 ml Essig nach Belieben (Bier-, Rotweinessig etc.) / 300 ml kräftiger Rotwein / 1 geviertelte Zwiebel / 1 Lorbeerblatt einige Gewürznelken / Senf- und Pfefferkörner / Wacholderbeeren

ZUBEREITUNG ~ Zunächst für die Marinade in einem geeigneten Topf das Wasser mit sämtlichen Zutaten kurz aufkochen und dann wieder abkühlen lassen. Die erkaltete Marinade über das Rindfleisch gießen und abgedeckt mindestens 2 Tage, aber am besten 4–5 Tage ziehen lassen. (Sollte zu wenig Marinade vorhanden sein, noch etwas Wasser, Rotwein oder Essig zugießen.) Währenddessen das Fleisch wiederholt wenden, damit alles gleichmäßig von der Marinade bedeckt ist.

Dann das Rindfleisch herausheben und auf Küchenkrepp gut abtropfen lassen. Mit Salz rundum einreiben. In einem Bratentopf (mit Deckel) Öl erhitzen und die Speckscheiben gemeinsam mit der geviertelten Zwiebel anbraten. Das Rindfleisch zugeben und ebenfalls von allen Seiten her kräftig anbraten. Die grob geschnittene Karotte und die gelbe Rübe zugeben.

Inzwischen das Backrohr auf 170–180 °C vorheizen. Die Marinade leicht erwärmen und etwas davon über den Braten gießen. Ins heiße Backrohr schieben und zugedeckt je nach Fleischqualität 2–3 Stunden garen. Währenddessen den Braten wiederholt übergießen und dafür ständig Marinade zugießen, damit der Sauerbraten nicht austrocknet. Sobald der Sauerbraten weich ist, herausheben und warm stellen. Die Sauce abseihen, erneut aufkochen und etwas einkochen lassen. Ganz nach persönlichem Geschmack Marmelade oder Tomatenmark einrühren, nochmals mit etwas Rindsuppe aufgießen und die Sauce bis auf die gewünschte Konsistenz einkochen lassen. Ist die Sauce noch zu dünn, etwas Mehl in Sauerrahm glatt rühren und die Sauce damit binden. Abschließend mit Salz – und nach Geschmack – auch mit Zucker abrunden. Den Sauerbraten tranchieren und mit etwas Sauce umgießen. Den Rest der Sauce extra dazu reichen.

BEILAGENEMPFEHLUNG ~ Erdäpfelknödel, Spätzle oder Erdäpfelrösti sowie Rotkraut oder Apfelmus.

Beef Wellington

ZUTATEN FÜR 6–8 PORTIONEN ~ 1,5 kg Rindslungenbraten / Blätterteig (2 Pkg. oder selbst gemacht) / Madeira und Rindsuppe zum Aufgießen / 1 Msp. englischer Senf Pflanzenöl / Salz, Pfeffer / Ei zum Bestreichen

FÜR DIE PILZFARCE ~ 400 g Champignons / 150 g Jungzwiebeln / 2 EL gehackte Petersilie / je 1 kräftiger Schuss Madeira und Schlagobers / Butter zum Andünsten Salz, Pfeffer

ZUBEREITUNG ~ Zunächst für die Pilzfarce die Champignons ebenso wie die Jungzwiebeln und die Petersilie sehr fein hacken. In einem Topf etwas Butter schmelzen lassen und alles gemeinsam anschwitzen. Je einen recht kräftigen Schuss Madeira und Schlagobers zugießen und die Flüssigkeit einkochen lassen. Mit Salz und Pfeffer abschmecken. Abkühlen lassen.
Den Rindslungenbraten gut zuputzen und rundum gut mit Salz sowie Pfeffer einreiben. Kurz rasten lassen. In einer passenden Pfanne Öl erhitzen und den Lungenbraten bei großer Hitze von allen Seiten rundum anbraten. Herausheben und ebenfalls abkühlen lassen. Den zurückgebliebenen Bratensatz beiseite stellen.
Nun den Blätterteig so groß ausrollen, dass das Filet gut darin eingeschlagen werden kann. Dabei die eventuell vorhandenen Nahtstellen gut mit Ei bestreichen und festdrücken. Etwas Farce auf den Blätterteig auftragen, den Rindslungenbraten daraufsetzen und abermals mit Farce bestreichen. Den Teig gut übereinanderklappen und je nach Geschick mit kleinen Teigstreifen mehr oder weniger kunstvoll verzieren. Teig gut mit Ei bestreichen.
Das Backrohr auf 220 °C vorheizen. Das Filet auf ein mit Backpapier belegtes Backblech setzen und im heißen Backrohr 10 Minuten backen, dann Hitze auf 170–180 °C reduzieren und je nach gewünschtem Garungsgrad noch weitere 30–40 Minuten backen. Dann den Rindslungenbraten herausnehmen und an einem warmen Ort noch mindestens 10 Minuten rasten lassen!

Inzwischen den beiseite gestellten Bratensaft erhitzen, einen kräftigen Schuss Madeira zugießen und einkochen lassen. Mit etwas Suppe aufgießen und abermals einkochen lassen. Mit etwas Senf, Salz und Pfeffer abschmecken. Dann das Filet auf einer vorgewärmten Platte anrichten und erst bei Tisch tranchieren.

BEILAGENEMPFEHLUNG ~ Englisches Gemüse.

TIPP ~ Für eine noch luxuriösere Variante dieses Gerichtes können Sie die Pilzfarce noch mit gebratener Gänseleber verfeinern und der Sauce noch frisch gehobelte weiße oder gehackte schwarze Trüffeln untermengen.

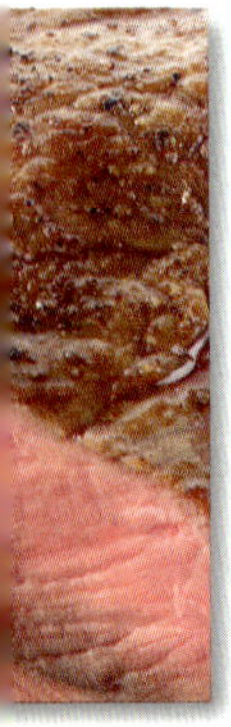

Gespickter Rinderbraten in Mostsauce

**ZUTATEN FÜR 5–6 PORTIONEN ~ 1 kg Rindslungenbraten im Ganzen
100 g Selchspeck im Ganzen / 1 kl. gelbe Rübe / 1 kl. Karotte / 1 kl. Selleriewurzel
1 Zwiebel / 250 ml kräftiger Rotwein / ca. 250 ml Most / 1 Lorbeerblatt / Tomatenmark
1–2 EL Schwarzbrotbrösel / Zitronensaft / Wacholder- und Pfefferkörner / Rindsuppe
zum Aufgießen / Salz, Pfeffer aus der Mühle / Pflanzenöl und Butter**

ZUBEREITUNG ~ Den Rindslungenbraten gut zuputzen, große Sehnen entfernen und mit Salz sowie frisch gemahlenem Pfeffer rundum kräftig würzen. Den Selchspeck in gleichmäßige, längliche Streifen schneiden und den Braten mit Hilfe einer Spicknadel spicken. In einer geeigneten Bratenpfanne (mit Deckel) etwas Öl erhitzen und das Fleisch rundum kurz anbraten. Das Fleisch wieder herausnehmen. Das Wurzelgemüse kleinwürfelig schneiden, die Zwiebel ebenfalls fein hacken. Noch etwas frische Butter oder Öl in der Pfanne erhitzen und das Gemüse mit den Zwiebeln hell anrösten. Mit Rotwein aufgießen, stark einkochen lassen und erst dann etwas Rindsuppe zugießen. Lorbeerblatt, Wacholder- und Pfefferkörner zugeben und den Lungenbraten wieder hineingeben. Etwas Most zugießen.

Das Backrohr auf etwa 200 °C vorheizen. Den Lungenbraten zugedeckt unter oftmaligem Begießen je nach gewünschtem Garpunkt ca. 40–60 Minuten braten. Währenddessen bei Bedarf Most und/ oder Suppe zugießen. Den fertig gebratenen Lungenbraten herausheben, warm stellen und in Alufolie gehüllt noch mindestens 15 Minuten rasten lassen.

Für die Sauce den Bratensatz gut lösen, Sauce abseihen und aufkochen lassen. Etwas Tomatenmark einrühren, mit etwas Most aufgießen und nochmals stark einkochen lassen. Brösel unterrühren, Suppe nach Bedarf zugießen und die Sauce auf die gewünschte Sämigkeit einkochen lassen. Mit Zitronensaft abschmecken.

Den Rinderbraten in Scheiben schneiden, anrichten und mit der Mostsauce überziehen.

BEILAGENEMPFEHLUNG ~ Erdäpfel-, Semmel- oder Speckknöderl sowie grüner Salat.

TIPP ~ Wer das Spicken umgehen möchte, kann den Lungenbraten auch auf Speckscheiben setzen und ihn zusätzlich noch gut mit Speck abdecken.

Bœuf à la mode

ZUTATEN FÜR 4–5 PORTIONEN ~ 1 kg Rindsbraten (Beiried, Schulter, Tafelstück, Gustostück etc.) / 100 g Selchspeck zum Spicken / 1 kleines Stück durchwachsener Speck / 200 g Wurzelwerk zum Spicken / Essiggurken nach Belieben / 1 Karotte 1 Zwiebel / 2 Tomaten / 2 Knoblauchzehen / einige Rindsknochen / Tomatenmark Petersilstängel / Wacholderbeeren, 1 Lorbeerblatt, Pfefferkörner / Weißwein Rindsuppe zum Aufgießen / Mehl zum Stauben / Madeira zum Aufgießen / Pflanzenöl Salz, Pfeffer / kalte Butterstückchen oder Mehl-Butter-Kugel zum Vollenden

ZUBEREITUNG ~ Selchspeck, Wurzelwerk und Essiggurken in längliche Streifen schneiden und den Rindsbraten mit Hilfe einer Spicknadel der Länge nach (entlang der Faser) damit spicken. Karotte, Zwiebel sowie Tomaten in grobe Stücke teilen, den Knoblauch halbieren und den durchwachsenen Speck in Würfel schneiden.
Nun das Backrohr auf 180 °C vorheizen. Den Rindsbraten rundum salzen, pfeffern und in einer passenden Bratenpfanne (mit Deckel) in heißem Öl auf allen Seiten anbraten. Wieder herausheben. Speckwürfel, Karotten, Zwiebeln sowie Knoblauch zugeben und alles kurz durchrösten. Die Knochen zugeben, etwas Tomatenmark unterrühren, Tomaten beimengen, mit Weißwein ablöschen und etwas Rindsuppe zugießen. Den Rindsbraten auf das angeröstete Gemüse und die Knochen setzen.
Die Petersilstängel sowie die Gewürze zugeben und den Rindsbraten zugedeckt je nach Qualität des Fleisches im heißen Rohr zwischen 1 ½ und 3 Stunden weich braten. Währenddessen einmal wenden und wiederholt mit Bratensaft begießen. Dafür auch regelmäßig Rindsuppe oder Wasser nachgießen.
Den weich gebratenen Rindsbraten herausheben und in Alufolie gehüllt warm stellen. Etwas Mehl über den zurückgebliebenen Bratensatz streuen. Kräftig durchrösten, mit einem guten Schuss Madeira ablöschen und einkochen lassen. Mit Rindsuppe aufgießen und die Sauce gut einkochen lassen. Passieren und die Sauce je nach Geschmack noch mit schnell eingerührten kalten Butterstückchen bzw. einer kleinen Mehl-Butter-Kugel sämig binden oder noch weiter einkochen lassen. Den Rindsbraten quer zur Faser aufschneiden, auf vorgewärmten Tellern anrichten und mit der fertigen Sauce umgießen.

BEILAGENEMPFEHLUNG ~ Nockerln, Reis, Risipisi sowie gedünstete Kohlsprosserln, Schwammerln oder gekochter Spargel.

Gebeizter Rindsbraten aus dem Römertopf

ZUTATEN ~ 1 kg Rindsbraten (Beiried, Schulter, Tafelstück, Gustostück etc.) 100 g Selchspeck im Ganzen / 1 Wurzelgemüse / 300 g Zwiebeln / 1 Flasche kräftiger Rotwein / 1 Handvoll Dörrpflaumen (ohne Kerne) / 1 Apfel / 1 Birne / 2 Lorbeerblätter Wacholderbeeren, Pfefferkörner, Rosmarin / 1 Zimtstange, einige Gewürznelken guter Balsamicoessig / Rindsuppe / Butterschmalz oder Pflanzenöl / Butter zum Dünsten / Zucker, Zimt / Salz, Pfeffer

ZUBEREITUNG ~ Den Selchspeck in längliche Streifen schneiden und den Rindsbraten mit Hilfe einer Spicknadel damit spicken. (Ist der Speck zu weich, kurz ins Tiefkühlfach legen.) Das Wurzelgemüse in grobe Würfel scheiden und in einen großen Topf geben. Den Rotwein zugießen, mit Lorbeerblättern, Wacholderbeeren, Pfefferkörnern, Rosmarin, Zimtstange und Gewürznelken aromatisieren und den Rindsbraten hineingeben. Einige Stunden, am besten aber über Nacht, darin beizen. Währenddessen ab und an wenden und mit Marinade übergießen. Den Römertopf rechtzeitig wässern. Dann das Fleisch aus der Marinade heben und trocken tupfen. Nun rundum mit Salz sowie Pfeffer würzen. Die Marinade abseihen.

Die Zwiebeln in feine Streifen schneiden. In einer Pfanne den Rindsbraten in heißem Butterschmalz oder Öl von allen Seiten scharf anbraten. Herausheben und beiseite stellen. Bei Bedarf noch frisches Fett zugeben und die Zwiebeln ganz langsam (mindestens 30 Minuten, besser aber noch viel länger) bei minimaler Hitze wie für einen Gulaschansatz anschwitzen. (Die Zwiebeln sollen dabei ihr volles süßes Aroma entfalten.) Dann die nach Belieben zerkleinerten Dörrpflaumen einrühren und mit Rotweinmarinade aufgießen. Kurz aufkochen lassen und in den Römertopf umgießen. Fleisch einlegen und den Rindsbraten bei 170–180 °C etwa 1 ½–2 Stunden weich braten. Bei Bedarf noch etwas Rindsuppe oder Wein zugießen.

Inzwischen den Apfel und die Birne in Spalten schneiden und in etwas Butter kernig dünsten. Mit einer Prise Zucker und Zimt aromatisieren. Den weichen Rindsbraten herausheben und warm stellen. Die Sauce mit Salz, Pfeffer und einem Spritzer Balsamicoessig abschmecken. Nochmals kurz aufkochen und das gedünstete Obst untermengen. Den Braten tranchieren, auf vorgewärmten Tellern anrichten und mit der Sauce umgießen.

BEILAGENEMPFEHLUNG ~ Gnocchi, Spätzle oder Erdäpfelpuffer.

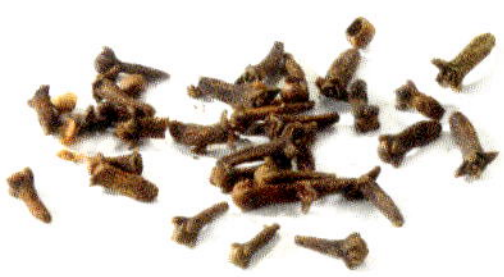

Auf Zwiebeln gebratener Rieddeckel

ZUTATEN ~ 1 kg Rieddeckel (oder anderes Rindfleisch zum Kochen) / 1 kg Zwiebeln englischer Senf / Pflanzenöl / Rindsuppe / voller, kräftiger Rotwein zum Aufgießen 1 Lorbeerblatt, Wacholderbeeren / Salz, Pfeffer

ZUBEREITUNG ~ Das Fleisch zuputzen, rundum salzen, pfeffern und mit Senf bestreichen. Etwa 10–15 Minuten ziehen lassen. Inzwischen die Zwiebeln grob schneiden. In einer Bratenpfanne (mit Deckel) nicht zu wenig Öl erhitzen. Dann das Fleisch auf allen Seiten gut anbraten und wieder herausnehmen.

Bei Bedarf noch etwas frisches Öl zugießen und heiß werden lassen. Zwiebeln zugeben und bei nicht zu großer Hitze langsam nicht zu dunkel anbraten. Die Zwiebeln mit einem kräftigen Schuss Rotwein untergießen, das Lorbeerblatt sowie die Wacholderbeeren beigeben. Das Backrohr auf etwa 170 °C vorheizen.

Nun den Rieddeckel auf die Zwiebeln setzen, etwas Rindsuppe zugießen und je nach Qualität des Fleisches im Backrohr zugedeckt langsam 1 ½–3 Stunden weich garen. Währenddessen mehrmals mit Bratensaft übergießen und bei Bedarf noch etwas Rindsuppe oder Rotwein nachgießen.

Den fertig gegarten Rieddeckel herausheben und in Alufolie gehüllt noch etwas rasten lassen.

Die Zwiebelsauce nach Belieben durch eine Flotte Lotte streichen, bei Bedarf nochmals einkochen lassen und abschmecken. Den Rieddeckel in Scheiben schneiden, auf vorgewärmten Tellern anrichten und mit der Sauce servieren.

BEILAGENEMPFEHLUNG ~ Erdäpfelpüree.

Gebratene Rinderhochrippe
(mit dem Bratenthermometer gebraten)

ZUTATEN ~ 1 Rinderhochrippe (Rib-Eye-Steak) im Ganzen und am Knochen (ca. 1,5 kg) / 1 Handvoll frische Morcheln (oder getrocknet und eingeweicht) / Gemüse nach Belieben (Spargel, Fisolen, Wurzelwerk, Erbsenschoten etc.) / 1 EL gehackter Estragon, Thymian, Petersilie etc. 2 Knoblauchzehen / Schuss Weißwein / Rindsuppe / Rosmarin, Salbei 1 Lorbeerblatt / Salz, Pfeffer / Olivenöl und Butter zum Braten

ZUBEREITUNG ~ Zunächst den Knoblauch fein hacken. Rosmarin, Salbei und Lorbeerblatt in einem Mörser zerstoßen (oder sehr fein schneiden) und mit reichlich Olivenöl vermengen. Das Fleisch mit der Marinade bestreichen und einige Stunden ziehen lassen. Dann die Marinade abtropfen lassen und das Fleisch rundum salzen sowie pfeffern. In einer sehr heißen Pfanne die Hochrippe rundum anbraten, herausheben und in eine passende Bratenpfanne (eventuell mit Gittereinsatz) legen. Bratenthermometer ungefähr in die Mitte des Bratens stecken.
Das Backrohr auf 120 °C vorheizen. Die Hochrippe so lange braten, bis die Kerntemperatur 40 °C beträgt, danach Hitze ständig bis auf 70 °C reduzieren und das Fleisch so lange braten, bis die Kerntemperatur schließlich 60 °C beträgt und die Hochrippe im Inneren noch zartrosa ist. Fertig gebratene Hochrippe in Alufolie schlagen und noch etwas rasten lassen.
Inzwischen für das begleitende Gemüse die Morcheln putzen oder die getrockneten Morcheln einweichen und sehr gut waschen. Das restliche Gemüse in feine Streifen oder Würferl schneiden und je nach Notwendigkeit kurz in Salzwasser vorgaren. Dann in einer Pfanne etwas Butter erhitzen, Gemüse zugeben, kurz anrösten. Etwas Weißwein zugießen, einkochen lassen und mit wenig Rindsuppe aufgießen. Das Gemüse sanft bissfest köcheln lassen. Mit Salz und Pfeffer abschmecken.
In einer anderen Pfanne reichlich Butter aufschäumen lassen und die gehackten Kräuter zugeben. Die Hochrippe aus der Folie nehmen, in die Kräuterbutter setzen und das Fleisch kurz mit der flüssigen Butter übergießen.
Auf einer vorgewärmten Platte anrichten, mit der Butter beträufeln und das Gemüse daneben anrichten.

Rinderschmorbraten im Heu mit Sauce Choron

ZUTATEN ~ **1 kg Rindsbraten (Beiried, Schulter, Tafelstück, Gustostück etc.) 1 kg Heu / 2 Knoblauchzehen / 2–3 EL gehackte Petersilie / Salz, Pfeffer**

FÜR DIE SAUCE CHORON ~ **2 Schalotten / je 1 Schuss Weißwein und Essig einige Kräuterstängel (Estragon, Dille, Petersilie) / Pfefferkörner / 3 Eidotter 100 g Butter / Zitronensaft / Worcestershiresauce / Tomatenmark / Salz, Pfeffer**

ZUBEREITUNG ~ Den gut zugeputzten Rindsbraten mit Salz und Pfeffer würzen.
Die Knoblauchzehen fein hacken, mit der gehackten Petersilie vermengen oder mit dem Mixstab pürieren. Den Rindsbraten damit einstreichen und kurz ziehen lassen.
Das Backrohr auf 220 °C vorheizen. Nun eine Bratenform (mit Deckel) mit etwas Heu auslegen und mit etwas kaltem Wasser besprengen. Den Rindsbraten daraufsetzen, mit Heu rundum gut abdecken und abermals mit reichlich kaltem Wasser befeuchten. Deckel aufsetzen und den Rindsbraten bei ständig geschlossen bleibendem Deckel (!) zunächst 30 Minuten garen. Dann Hitze auf etwa 100–120 °C reduzieren und den Rindsbraten je nach Qualität noch zwischen 1 ½ und 2 ½ Stunden fertig garen.
Inzwischen für die Sauce Choron zunächst die Schalotten fein hacken. In einem kleinen Topf je einen kräftigen Schuss Weißwein und Essig mit etwas Wasser aufkochen. Schalotten, Kräuterstängel sowie einige Pfefferkörner zugeben und alles so lange einkochen lassen, bis nur ganz wenig (einige Esslöffel) sehr stark reduzierte Flüssigkeit übrig bleibt. Abseihen. Die Eidotter mit Butter und der Reduktion in einem warmen Wasserbad langsam sämig aufschlagen, bis die Sauce wie Mayonnaise bindet. Etwas Tomatenmark unterrühren und mit Zitronensaft, Worcestershiresauce, Salz und Pfeffer abschmecken.
Den fertig gebratenen Rindsbraten tranchieren und mit der vorbereiteten Sauce Choron servieren.
BEILAGENEMPFEHLUNG ~ Erdäpfelgratin, Petersilerdäpfel sowie gedünstetes Gemüse.

TIPP ~ Sollten Sie Probleme haben, frisches Heu zu bekommen, so versuchen Sie es am besten in einer Tierhandlung oder in der Tierabteilung eines Supermarkts.

Entrecôte in der Folie gebraten

ZUTATEN ~ 4 Entrecôtes zu je ca. 180 g (Beiried, Rumpsteaks) / 3–4 Knoblauchzehen Selleriesalz, Paprikapulver / 1 Msp. englischer Senf / Salz, Pfeffer / Pflanzenöl

ZUBEREITUNG ~ Das Fleisch gut zuputzen. Die Knoblauchzehen sehr fein schneiden und in einer kleinen Schüssel mit einer Messerspitze Senf, Salz, Pfeffer, Paprikapulver und Selleriesalz vermengen. Öl zugießen und die Enrtecôtes damit gut einstreichen. Abgedeckt am besten 3–4 Stunden ziehen lassen.

Inzwischen 4 Alufolien vorbereiten und das Backrohr auf 160 °C vorheizen. Dann in einer Pfanne wenig Öl sehr stark erhitzen und die Entrecôtes darin auf beiden Seiten kurz, aber kräftig anbraten. Entrecôtes wieder aus der Pfanne heben und auf je eine Alufolie setzen, mit etwas Bratensaft übergießen und in der Folie gut einpacken. Im heißen Backrohr je nach gewünschtem Garungspunkt 8–10 Minuten fertig braten.

BEILAGENEMPFEHLUNG ~ Ofenerdäpfel mit Rahm, Braterdäpfel, Fisolen in Speck gewickelt oder englisches Gemüse.

Die besten Tipps für schnelle Bratensaucen

Der Braten ist fertig, darf an einem warmen Plätzchen oder in Alufolie gehüllt noch ein bisschen rasten – und jetzt soll schnell die Sauce fertig gemacht werden. Bleibt also nicht viel Zeit dafür. Hier die schnellsten Tipps für Bratensaft'l und Bratensaucen.

- *Den Bratensatz, der sich in der Pfanne angelegt hat, je nach Fleisch und Geschmacksvorlieben, mit Fond, Suppe, Wasser, Wein, aber auch Bier durch kräftiges Schaben mit dem Kochlöffel lösen. Auf- und einkochen lassen. Durch ein Sieb seihen – und als Natursaft'l servieren.*
- *Den Bratensatz wie beschrieben lösen und mit Flüssigkeit aufkochen. Etwa einen Kaffeelöffel Speisestärke (Maizena etc.) mit einem Esslöffel Flüssigkeit, etwa Wein, glatt rühren, zur Sauce gießen und kräftig einkochen lassen. (Je nach Saucenmenge mehr oder weniger Maizena verwenden.)*
- *Den Bratensatz wie beschrieben lösen und mit Flüssigkeit aufgießen und einkochen lassen. Den Topf vom Herd nehmen und 8 bis 10 eiskalte Butterflöckchen rasch einrühren, aber nicht mehr kochen lassen. Die Sauce bekommt dadurch einen schönen Glanz und wird etwas sämiger.*
- *Den Bratensatz wie beschrieben lösen und mit Flüssigkeit aufkochen. Ein bis zwei Kaffeelöffel Mehl mit etwa einem 1/8 Liter Sauerrahm glattrühren, unter den Saft mengen und sämig einkochen lassen. Dabei kräftig rühren, damit sich keine Klümpchen bilden. Wenn diese dennoch entstehen, die Sauce vor dem Servieren abseihen.*
- *In dem wie beschrieben hergestellten Natursaft'l ein Stück Semmel oder Weißbrot, bei dunklen Saucen auch Schwarzbrot, so lange mitkochen, bis sich dieses aufgelöst hat. Die Sauce nach Belieben noch abseihen.*

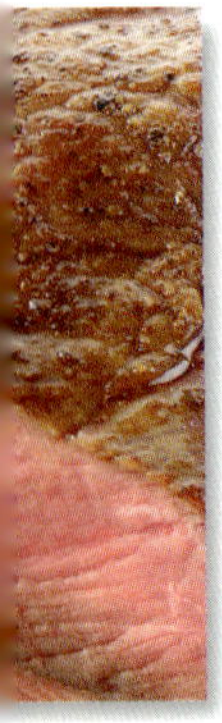

Entrecôte Bordelaise mit Rindermark

**ZUTATEN ~ 4 Entrecôtes zu je ca. 180 g (Beiried, Rumpsteaks)
4 kleine Scheiben gekochtes Rindermark / ca. 50–80 ml Rotwein / 1 EL Rotweinessig
4–5 Jungzwiebeln / Pfefferkörner / 1 Lorbeerblatt, Thymian / 2 Zweiglein Petersilie,
Estragon / Tomatenmark / etwas Mehl / sehr intensive Rindsuppe zum Aufgießen
kalte Butterstücke nach Bedarf / Salz, Pfeffer / Pflanzenöl**

ZUBEREITUNG ~ Zunächst die Zwiebeln vierteln und mit den Kräutern, Gewürzen, dem Rotwein und Essig aufkochen lassen, bis eine intensive Reduktion entstanden ist. Durch ein Sieb seihen und beiseite stellen.

Nun das Fleisch gut zuputzen. Auf beiden Seiten kräftig mit Salz und Pfeffer einreiben. Kurz ziehen lassen. Das Backrohr auf 150 °C vorheizen. In einer feuerfesten Pfanne Öl sehr gut erhitzen, die Entrecôtes einlegen und auf beiden Seiten kräftig anbraten. Ins heiße Rohr schieben und auf den gewünschten Garungspunkt hin etwa 8–10 Minuten braten. Dann herausheben und in Alufolie gewickelt noch rasten lassen.

Den Bratensatz lösen, etwas Mehl darüberstreuen und kurz durchrühren. Mit der Rotweinreduktion aufgießen, etwas Tomatenmark einrühren und einkochen lassen. Rindsuppe zugießen und alles zu einer schönen Sauce einkochen lassen. Nach Belieben die Sauce noch mit schnell eingerührten kalten Butterstückchen vollenden. Die Markstücke kurz einlegen und erwärmen, aber nicht mehr kochen lassen.

Die Entrecôtes auf vorgewärmten Tellern anrichten, je eine Markscheibe darauflegen und mit der Sauce beträufeln.

BEILAGENEMPFEHLUNG ~ Braterdäpfel, Pommes frites, junges in Butter geschwenktes Gemüse oder Spargel.

Schichtbraten nach russischer Art

ZUTATEN ~ 4 Rindsschnitzel / 100 g in Scheiben geschnittener durchzogener Speck / 3 Scheiben Schwarzbrot / 2 Zwiebeln / 1 Wurzelwerk / ½ Salatgurke 5–6 EL Sauerrahm / Zitronensaft / Wacholderbeeren / Rindsuppe zum Aufgießen gehackte Dille oder Petersilie / Salz, Pfeffer / Mehl zum Wenden / Pflanzenöl oder Schmalz

ZUBEREITUNG ~ Zunächst die Zwiebeln nicht zu fein hacken, das Brot sowie das Wurzelwerk in Würfel schneiden. Die zugeputzten Rindsschnitzel etwas einschneiden, mit Salz und Pfeffer würzen und auf beiden Seiten in Mehl wenden. In einer Pfanne reichlich Öl oder Schmalz erhitzen und die Schnitzel darin auf beiden Seiten bei kräftiger Hitze anbraten. Wieder herausheben. Das Wurzelwerk sowie die Zwiebeln zugeben, dabei bei Bedarf noch frisches Fett zugeben und alles kurz anrösten. Mit Salz und Pfeffer würzen.

Das Backrohr auf ca. 220 °C vorheizen. Eine passende Bratenpfanne (mit Deckel) mit den Speckscheiben auslegen. Nun das Gemüse abwechselnd mit dem Fleisch und den Brotwürfeln einschichten und dabei einige Wacholderbeeren untermengen. Etwas, aber nicht zu viel Rindsuppe darübergießen, den Deckel aufsetzen und die Rindsschnitzel zunächst 10–15 Minuten dünsten. Dann Hitze auf 100 °C reduzieren und das Fleisch langsam je nach Qualität ca. 2 ½ Stunden fertig garen. Während dieser Zeit ab und an überprüfen, ob noch genug Flüssigkeit im Topf ist, und bei Bedarf noch etwas Suppe nachgießen.

Die Gurke würfelig schneiden, mit Sauerrahm vermengen, mit Zitronensaft sowie Salz und Pfeffer würzen und etwa 20–30 Minuten vor Garungsende über den Braten verteilen und zugedeckt mitgaren. Den fertigen Braten mit gehackter Dille oder Petersilie bestreuen.

BEILAGENEMPFEHLUNG ~ Gekochte Salzerdäpfel.

Ochsenlende altwienerisch

ZUTATEN ~ 4 Scheiben Ochsenlende (Rindslungenbraten bzw. Steaks) zu je 150–180 g / ca. 500 g Erdäpfel / 1–2 Pkt. Blätterteig (oder selbstgemacht) Ei oder Eidotter zum Bestreichen / Salz, Pfeffer aus der Mühle / Pflanzenöl und Butter zum Anbraten / Mehl für die Arbeitsfläche

FÜR DIE FARCE ~ 2 Schalotten / 100 g Beinschinken (oder Geselchtes) 100 g Champignons / 1–2 EL fein gehackte Petersilie / 3 EL Butter / Salz, Pfeffer

ZUBEREITUNG ~ Die Lungenbratenscheiben rundum salzen und pfeffern, mit Öl bestreichen und etwa 10–15 Minuten ziehen lassen. Dann in sehr heißem Öl rasch auf beiden Seiten kräftig anbraten, gleich wieder aus der Pfanne heben und beiseite stellen. Die Erdäpfel schälen, blättrig schneiden und in einer anderen Pfanne in reichlich heißer Butter kurz beidseitig braten. Herausheben, mit Küchenkrepp trocken tupfen und salzen. Nun für die Farce die Schalotten sehr fein hacken. Champignons putzen, klein schneiden, Beinschinken ebenfalls kleinwürfelig schneiden. Butter in einer Kasserolle schmelzen lassen und darin zunächst die Schalotten glasig anschwitzen. Champignons zugeben und so lange rösten, bis die Flüssigkeit verdampft ist. Beinschinken untermengen, mit Petersilie, Salz und Pfeffer abschmecken und die Farce wieder auskühlen lassen.
Danach eine feuerfeste Form gut mit Butter ausstreichen und den Blätterteig auf einer bemehlten Arbeitsfläche so groß ausrollen, dass sowohl die Form damit völlig ausgelegt werden kann als auch noch genügend Teig für den Deckel und eventuelle Zierstreifen übrig bleibt. Die Form mit Blätterteig

auskleiden, den Boden mit Erdäpfelscheiben belegen, Ochsenlendenscheiben darauf drapieren und diese mit der vorbereiteten Farce bestreichen. Mit dem Teigdeckel abschließen und je nach Können und Geschick mit schmalen Teigstreifen dekorativ verzieren. Teigdeckel und Zierstreifen mit Eidotter bestreichen. Das Backrohr auf 180 °C vorheizen und die Ochsenlenden etwa 30–40 Minuten backen.
BEILAGENEMPFEHLUNG ~ Speckfisolen und Tomatensalat.

Der Klimagaren-Tipp von Miele

Verlässlichkeit für viele Jahre

Mit der Betriebsart Klimagaren bekommt das Gargut eine glänzende Oberfläche und bleibt innen saftig und aromatisch.

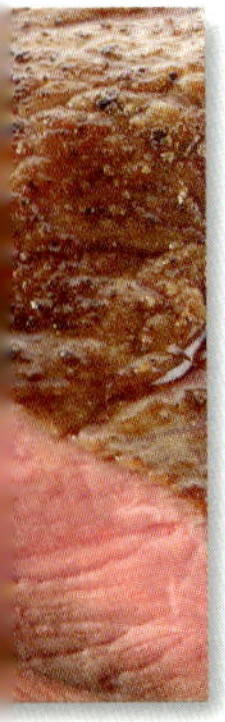

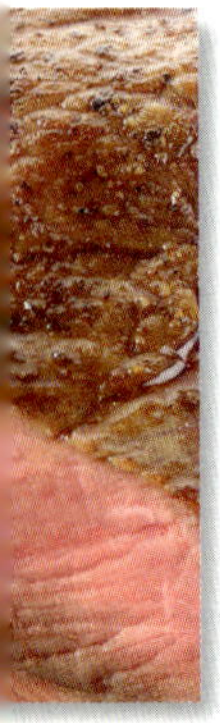

Girardirostbraten

ZUTATEN ~ 4 Scheiben gut abgelegener Rostbraten zu je 180–200 g (oder Beiried) 50 g durchwachsener, nicht zu fetter Speck / 150 g Champignons / 150–200 ml Weißwein / 1 KL Kapern / scharfer Senf / 1 Bund Jungzwiebeln / 1 EL Mehl / 2 EL Sauerrahm Zitronensaft / Rindsuppe zum Aufgießen / Pflanzenöl oder Butterschmalz / Salz, Pfeffer 1 EL fein gehackte Petersilie

ZUBEREITUNG ~ Die Rostbratenscheiben an den Rändern einschneiden, damit sie sich beim Braten nicht wölben, und das Fleisch sanft klopfen oder mit den Fingerknöcheln etwas weich massieren. Mit Salz und Pfeffer würzen. Das Backrohr auf 170–180 °C vorheizen. In einer passenden Bratenpfanne (mit Deckel) nicht zu wenig Öl oder Schmalz erhitzen, die Rostbraten einlegen und bei großer Hitze rasch auf beiden Seiten anbraten. Wieder herausheben. Den Bratenrückstand mit Weißwein ablöschen, einkochen lassen und mit etwas Rindsuppe aufgießen. Die Rostbratenstücke wieder einlegen und im vorgeheizten Backrohr bei geschlossenem Deckel je nach Qualität des Fleisches ca. 1 ½ Stunden oder länger weich garen. Dabei wiederholt überprüfen, ob noch genügend Flüssigkeit vorhanden ist und bei Bedarf Rindsuppe und eventuell auch Weißwein nachgießen. Fleischstücke ab und an wenden.

In der Zwischenzeit die Jungzwiebeln (ohne Grün) fein, die gut geputzten Champignons blättrig schneiden, den Speck kleinwürfelig hacken. Nun die Speckwürfel mit etwas Fett auslassen, Zwiebeln zugeben und hell anschwitzen, dann die Champignons unterrühren und bei guter Hitze mitbraten. Die Kapern leicht andrücken, zugeben und alles pikant mit wenig scharfem Senf, Salz, Pfeffer sowie Zitronensaft abschmecken. Ist die Mischung zu trocken, noch etwas Rindsuppe zugießen und aufkochen lassen. Den Sauerrahm mit Mehl glatt rühren, unterrühren und alles kurz aufkochen lassen. Den inzwischen fertig gegarten Rostbraten herausheben, die Würz-Mischung unter den Bratenrückstand rühren und nochmals etwa 10 Minuten sämig einkochen lassen. Rostbraten wieder einlegen, kurz ziehen lassen und vor dem Servieren mit gehackter Petersilie bestreuen.

BEILAGENEMPFEHLUNG ~ Bandnudeln, Semmelknödel und knackiger Salat.

Kalbsbraten

Kalbsnierenbraten

ZUTATEN ~ 1 Kalbsbraten von ca. 1 kg (Schulter, Karree, aber auch Stelze)
1 Kalbsniere im Fettkleid / Kalbsknochen / 1 gelbe Rübe / 1 kleine Karotte
2 Knoblauchzehen / gemischte Kräuter wie Rosmarin, Thymian, Petersilie, Liebstöckel etc. / Kümmel / Salz, Pfeffer / Kalbsfond oder Rindsuppe zum Aufgießen
Mehl und/oder einige eiskalte Butterflocken / Pflanzenöl

ZUBEREITUNG ~ Den Kalbsbraten waschen, trocken tupfen, gut zuputzen und mit einem Küchengarn oder Spagat zu einer schönen Rolle binden. (Die Kalbsstelze lediglich zuputzen, aber nicht in Form binden.) Von der Kalbsniere gerade so viel Nierenfett wegschneiden, dass die Niere noch rundum von einem so genannten „Fettranderl" umgeben ist. Das weggeschnittene Fett in Folie wickeln und aufbewahren.

Nun die Wurzeln würfelig schneiden, den Knoblauch fein hacken und alles mit den gehackten Kräutern sowie Kümmel vermengen. Mit Pflanzenöl aufgießen und den Kalbsbraten sowie die Niere damit rundum gut einstreichen. Am besten einige Stunden ziehen lassen. (Je länger, desto aromatischer wird der Braten.) Währenddessen ab und an wenden und mit Marinade bestreichen.

Dann das Backrohr auf 220 °C vorheizen. Das zur Seite gelegte Nierenfett feinwürfelig schneiden und bei milder Hitze auslassen. Den Braten aus der Marinade nehmen, trocken tupfen und kräftig mit Salz und Pfeffer würzen. Die Knochen in eine geeignete Bratenpfanne legen, den Kalbsbraten daraufsetzen und mit dem Nierenfett übergießen. Ins heiße Backrohr schieben. Nach ca. 15 Minuten die Hitze auf 170–180 °C reduzieren und noch knappe 2 Stunden fertig braten.

Währenddessen regelmäßig mit Bratensaft begießen und bei Bedarf Kalbsfond oder Suppe nachgießen. Die ungesalzene Niere im Fettkleid je nach Größe 30–45 Minuten vor Ende der Garzeit dazugeben und mitbraten. Dann Kalbsbraten und die Niere herausheben und in Alufolie gewickelt warm rasten lassen. Nach Belieben etwas Mehl über die Knochen streuen und bei großer Hitze nochmals durchrösten. Mit Fond oder Suppe aufgießen und alles noch kräftig einkochen lassen. Sauce abseihen und nach Belieben noch mit kalten Butterstückchen sämig binden. Kalbsbraten sowie Niere aufschneiden und anrichten. Mit etwas Sauce umgießen.

BEILAGENEMPFEHLUNG ~ Butterreis, Petersilerdäpfel, leichtes Gemüse und frischer Vogerlsalat.

TIPP ~ Die getrennte Garung von Niere und Braten garantiert, dass die Niere schön saftig bleibt. Die Kalbsniere kann freilich auch vor dem Braten in den aufgeschnittenen Kalbsbraten eingerollt und dann gemeinsam mit dem Fleisch gebraten werden.

Gebratene Kalbsstelze mit geschmorten Zwiebeln

ZUTATEN ~ 1 größere Kalbsstelze mit ca. 1,8–2 kg (oder 2 kleinere Stelzen) 100 g Wurzelwerk / 1 Zwiebel / 2 zerdrückte Knoblauchzehen / ca. 250 ml Weißwein 8–12 Jungzwiebeln / 2–3 geschälte, gewürfelte Tomaten / Tomatenmark / Salz, Pfeffer, Rosmarin / Butterschmalz, Nierenfett oder Pflanzenöl / Rindsuppe oder Wasser zum Aufgießen / kalte Butter zum Binden bei Bedarf

ZUBEREITUNG ~ Die Stelze gut zuputzen, dabei aber die Haut nicht entfernen, damit die Stelze beim Braten auch schön saftig bleibt. Mit Knoblauch, Salz, Pfeffer sowie Rosmarin fest einreiben und etwas ziehen lassen. Das Wurzelgemüse und die Zwiebel in grobe Stücke teilen. Etwas Butterschmalz in einer passenden Bratenpfanne erhitzen, die Stelze einlegen und rundum gut anbraten. Wieder herausheben. Wurzelwerk und Zwiebel zugeben, kurz durchrösten und etwas Tomatenmark einrühren. Mit wenig Wein aufgießen und die Kalbsstelze wieder hineingeben.
Inzwischen das Backrohr auf 160 °C vorheizen. Die Stelze unter wiederholtem Begießen mit Bratensaft mindestens 2 Stunden weich braten. Währenddessen immer wieder mit Wein, Suppe oder Wasser aufgießen und die Stelze einmal wenden. Etwa 30 Minuten vor Garungsende die Jungzwiebeln (ohne allzu viel Grün) zugeben und ebenfalls weich schmoren.
Die fertig gebratene Stelze herausheben und in Alufolie gewickelt warm stellen. Jungzwiebeln herausnehmen und ebenfalls warm halten. Den Bratensaft abseihen und bei großer Hitze einkochen lassen. Etwas Weißwein zugießen, abermals einkochen lassen, Tomatenwürfel zugeben und mit etwas Suppe aufgießen. Tomaten kurz durchschwenken und warm werden lassen. Die Sauce bei Bedarf noch mit einigen kalten Butterstückchen binden. Die Kalbsstelze auf einer vorgewärmten Platte anrichten, die geschmorten Jungzwiebeln darum gruppieren und mit der Sauce umgießen.
BEILAGENEMPFEHLUNG ~ Cremige Polenta.

Die Liebe isst nicht alles

Vom schwäbischen Dichter Ludwig Uhland, der nicht nur ein großer Romantiker war, sondern auch ein Liebhaber exquisiter Gaumenfreuden, erzählt man sich, dass seiner Frau Emilie – es war kurz nach der Hochzeit – ein Kalbsbraten misslungen war. Der heikle Dichter zog eine Miene, was seine junge, kochtechnisch noch unerfahrene Gattin sehr verletzte. Sie erinnerte ihn daher an die Worte des Pfarrers bei ihrer Trauung: „Die Liebe glaubt alles, hofft alles, duldet alles – die Liebe ist alles!“
„Ja“, meinte Uhland noch immer missvergnügt, „aber er hat nicht gesagt: Die Liebe ‚isst‘ alles.“

Kalbsbrust mit Schwammerl-Brät-Fülle

ZUTATEN ~ 1 untergriffene Kalbsbrust mit 1–1,5 kg / 300 g Schwammerln (Steinpilze, Eierschwammerln etc.) / 2 Jungzwiebeln / 1 Bratwurst / 3 Semmeln / Milch zum Weichen 2 Eier / 1 Eidotter / 2 EL zimmerwarme Butter / ½ EL gehackter Kerbel / Muskatnuss Salz, Pfeffer / Butter oder Pflanzenöl / Weißwein und Rindsuppe zum Aufgießen kalte Butter oder Maisstärke zum Binden

ZUBEREITUNG ~ Die Kalbsbrust waschen und trocken tupfen. Mit Muskatnuss, Salz und Pfeffer innen und außen würzen. Für die Fülle zunächst die Schwammerln gut putzen und in kleinere Stücke teilen. Die Jungzwiebeln fein hacken und in etwas Butter hell anschwitzen. Schwammerln zugeben und so lange dünsten, bis die Flüssigkeit verdunstet ist. Auskühlen lassen. Die Semmeln grobwürfelig schneiden, mit etwas Milch übergießen und quellen lassen.

Das Brät aus der Wursthaut herauslösen. Nun alles vermengen, Eier, Dotter, Kerbel sowie Butter unterrühren und gut abschmecken.

Das Backrohr auf 220 °C vorheizen. Die Schwammerlmasse in das Innere der Kalbsbrust füllen, die Öffnung mit Küchengarn vernähen und die Kalbsbrust in eine passende Bratenpfanne setzen. Mit reichlich zerlassener Butter beträufeln und zunächst etwa 15 Minuten braten. Dann Hitze auf 170–180 °C reduzieren und die Kalbsbrust unter wiederholtem Begießen noch ca. 1 ½ Stunden fertig braten. Währenddessen bei Bedarf noch Suppe oder Wasser nachgießen. Den fertigen Braten herausheben, in Alufolie gewickelt noch etwas rasten lassen. Den Bratenrückstand lösen, mit etwas Weißwein aufgießen und stark einkochen lassen. Etwas Suppe zugießen und abermals einkochen lassen. Nach Belieben mit etwas kalter Butter oder Maisstärke binden. Die gefüllte Kalbsbrust tranchieren und mit der Sauce umgießen.

BEILAGENEMPFEHLUNG ~ Risipisi, in Butter geschwenkte Kaiserschoten oder Romanescoröschen.

Gefüllte Kalbsbrust

ZUTATEN ~ 1 untergriffene Kalbsbrust von ca. 1–1,5 kg
ca. 300 g Kalbsknochen / 2 EL Butterschmalz oder Butter
Rindsuppe oder Wasser zum Aufgießen / Mehl zum Stauben für den Saft
Rosmarin / Salz, Pfeffer

FÜR DIE FÜLLE ~ 2 hart gekochte Eier / 250 g Semmelwürfel
2–3 Schalotten (oder 5 Jungzwiebeln) / 100 g Bein- oder Press-schinken / 2 Eier / 1 Eidotter / 125 ml Schlagobers / 125 ml Sauerrahm
1 EL gehackte Petersilie / Butterschmalz oder Butter / geriebene Zitronenschale / 1 EL Parmesan / Salz, Pfeffer

ZUBEREITUNG ~ Die untergriffene Kalbsbrust lauwarm waschen, mit Küchenkrepp gut trocken tupfen und innen sowie außen kräftig mit Rosmarin, Salz und Pfeffer würzen.
Für die Fülle die Schalotten sehr fein hacken, den Schinken in kleine Würfel schneiden. Etwas Butter oder Butterschmalz auf kleiner Flamme schmelzen lassen und die Schalotten hell anschwitzen. Schinken und Petersilie zugeben und beides kurz darin mitanschwitzen. Über die Semmelwürfel gießen.
In einer kleinen Schüssel Eier, Dotter, Schlagobers und Rahm glatt rühren. Ebenfalls über die Semmelwürfel gießen. Mit Zitronenschale, Parmesan, Salz sowie Pfeffer kräftig würzen. Die hart gekochten Eier schälen. Nun die Kalbsbrust mit etwa der Hälfte der vorbereiteten Masse füllen. Die Eier hineingeben und mit der restlichen Masse locker füllen. (Nicht zu viel Fülle hineinstopfen, da diese sonst während des Bratens herausquillt.)
Die Öffnung mit Küchengarn vernähen. Die Kalbsknochen in einer Bratenpfanne regelmäßig verteilen, die Kalbsbrust mit der „schönen" Seite nach unten daraufsetzen und mit dem zerlassenen Butterschmalz übergießen.

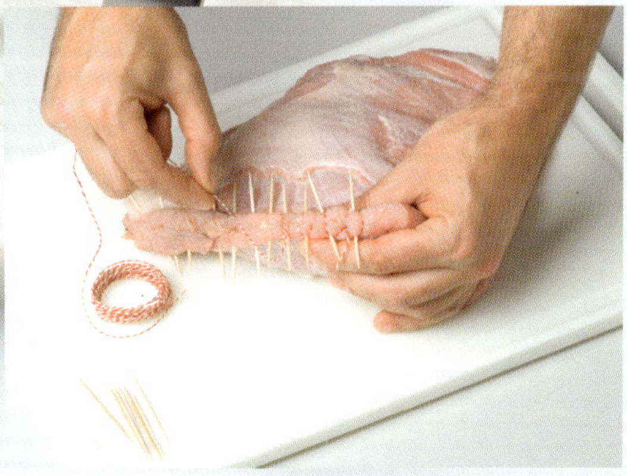

Im auf 200 °C vorgeheizten Backrohr und unter ständigem Begießen etwa 40–45 Minuten braten, wenden und eine gute Stunde weiterbraten. Währenddessen oftmals übergießen und bei Bedarf Suppe oder Wasser zugießen. Die fertig gebratene Kalbsbrust herausheben und mit Alufolie abgedeckt noch etwas rasten lassen. Die Knochen weiterrösten, mit Mehl stauben und mit etwas Rindsuppe oder Wasser aufgießen. Die Sauce bis zur gewünschten Konsistenz einkochen lassen und dann abseihen. Die gefüllte Kalbsbrust tranchieren und Sauce extra servieren.

BEILAGENEMPFEHLUNG ~ In Butter geschwenkte heurige Erdäpfel, Reis, Frühlingsgemüse und Blattsalat.

TIPP ~ Übrig gebliebene Fülle können Sie zu einem kleinen Laibchen formen, mit flüssigem Butterschmalz bestreichen und etwa eine halbe Stunde vor Garungsende mitbraten. Die gebackene Fülle entweder warm servieren oder kalt aufschneiden.

Gebratene Kalbsnuss mit Schwammerln gefüllt

ZUTATEN ~ 1 Kalbsnuss / 6–7 nicht zu dünn geschnittene Schinkenscheiben 200 g frische Schwammerln / gehackte Petersilie / Rindsuppe zum Aufgießen Weißwein / Zitronensaft / 2 EL Sauerrahm / ca. ½ EL Mehl / Butter und Pflanzenöl Salz, Pfeffer / Muskatnuss

ZUBEREITUNG ~ Zunächst die Schwammerln gut putzen, klein schneiden und in Butter so lange anschwitzen, bis die Flüssigkeit verdunstet ist. Mit Salz, Pfeffer und gehackter Petersilie abschmecken. Überkühlen lassen.

Nun die Kalbsnuss der Länge nach vier- bis fünfmal so tief einschneiden, dass Taschen entstehen, das Fleisch aber nicht ganz durchgeschnitten wird. Die Schinkenscheiben so in die Taschen füllen, dass diese wiederum mit den Schwammerln gefüllt werden können. Den Braten mit einem Küchenspagat der Quere nach wie einen Rollbraten zusammenbinden. Mit Salz, Pfeffer und wenig Muskatnuss rundum würzen.

Das Backrohr auf 170–180 °C vorheizen. In einer passenden Bratenpfanne etwas Öl und/oder Butter erhitzen und die Kalbsnuss rundum Farbe nehmen lassen. Etwas Rindsuppe zugießen und die Kalbsnuss im Backrohr unter wiederholtem Begießen mit Bratensaft etwa 1 ½ Stunden braten. Dabei laufend frische Rindsuppe zugießen, damit der Braten nicht austrocknet. Gerät die Oberfläche schon zu dunkel, mit Alufolie abdecken und fertig braten.

Den fertigen Braten herausheben und noch kurz in Alufolie rasten lassen. Inzwischen den Bratensatz lösen, mit einem kräftigen Schuss Weißwein ablöschen und einkochen lassen. Mit nicht zu wenig Rindsuppe aufgießen und alles nochmals gut aufkochen. Sauerrahm mit etwas Mehl glatt rühren, einrühren und die Sauce sämig einkochen lassen. Mit Zitronensaft abschmecken.

Nun den Braten der Quere nach in Scheiben schneiden, Spagat abziehen und auf vorgewärmten Tellern anrichten. Mit wenig Sauce umgießen und den Rest in einem Saucenkännchen extra auftragen.

BEILAGENEMPFEHLUNG ~ Reis, Spätzle, Erbsen oder frischer Spargel.

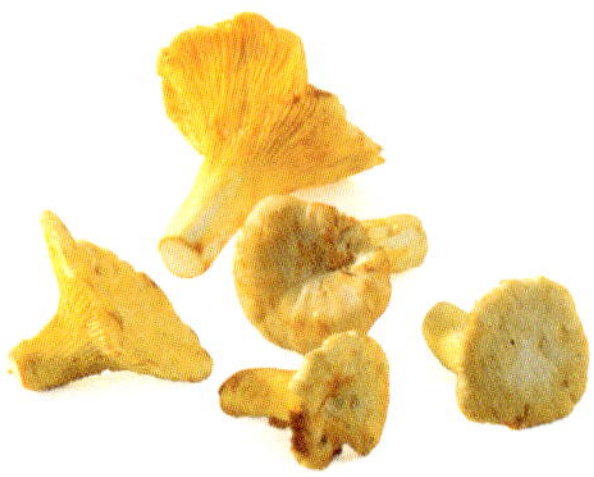

Im Ganzen gebratene Kalbsniere mit Parmesan-Béchamel-Sauce

ZUTATEN ~ **2 Kalbsnieren mit Fettmantel / Salz, Pfeffer aus der Mühle**

FÜR DIE SAUCE ~ **1 EL heiße Butter für die Einbrenn / 1 EL Mehl 250–300 ml Milch / 1–2 EL zimmerwarme Butter / 2 Eidotter / frisch geriebener Parmesan / Salz / Muskatnuss**

ZUBEREITUNG ~ Den Fettmantel von der Kalbsniere nicht entfernen, aber nach Belieben etwas reduzieren. (Nierenfett nicht wegwerfen, sondern auslassen und weiterverwenden, s. Tipp). Die Nieren rundum kräftig mit Salz und Pfeffer würzen. Das Backrohr auf ca. 200 °C vorheizen und eine passende Bratenpfanne gut erhitzen. Die Nieren rundum anbraten und anschließend unter wiederholtem Wenden vorerst 10–15 Minuten braten, dann Hitze auf 150 °C reduzieren und je nach gewünschtem Garpunkt 20–30 Minuten langsam fertig garen.
Für die Sauce die geschmolzene Butter und das Mehl zu einer lichten Einbrenn anschwitzen. Nach und nach mit Milch aufgießen und dabei ständig rühren, bis die Konsistenz schön sämig ist. Mit Salz und Muskatnuss gut abschmecken und vom Herd nehmen. Die Eidotter mit der zimmerwarmen Butter kurz glatt rühren. Zügig unter die Sauce rühren und mit Parmesan abschmecken. Die fertig gebratenen Nieren herausheben und in Alufolie gehüllt noch etwas rasten lassen. Dann die Nieren aufschneiden, dabei das Fett ganz nach Belieben lassen oder entfernen. Die Nierenscheiben anrichten und mit der vorbereiteten Sauce umgießen.
BEILAGENEMPFEHLUNG ~ Al dente gekochter Risotto.

TIPP ~ Die gebratene Kalbsniere schmeckt auch ohne extra zubereitete Sauce sehr fein. In diesem Fall wird der Bratensatz mit etwas Madeira oder Cognac gelöst, mit Suppe aufgegossen und noch stark eingekocht. Das roh weggeschnittene Nierenfett sollte man nicht wegwerfen, sondern auslassen und zum Kochen von Kalbfleischgerichten oder Gulyás verwenden.

Glasierte Kalbsvögerl

ZUTATEN FÜR 4–5 PORTIONEN ~ 1 kg Kalbsvögerl (ausgelöste Kalbsstelze) / 100 g durchzogener Speck einige Kalbsknochen / etwas Wurzelwerk / 1 Zwiebel 1 Lorbeerblatt / Wacholderbeeren / Butter, Öl oder Nierenfett / reichlich Rindsuppe oder Wasser zum Aufgießen / Salz, Pfeffer aus der Mühle / kalte Butterstückchen oder Mehl-Butter-Kugel

ZUBEREITUNG ~ Die Kalbsvögerl zuputzen, dabei die Haut allerdings nicht entfernen. (Sie verhindert später beim Braten das Austrocknen der Kalbsvögerl.) Mit Salz und Pfeffer aus der Mühle rundum kräftig würzen. Das Wurzelwerk ebenso wie den Speck grobwürfelig schneiden, die Zwiebel vierteln.

Das Backrohr auf ca. 160 °C vorheizen. Butter, Öl oder Nierenfett in einer passenden Bratenpfanne erhitzen und die Vögerl darin rundum anbraten. Wieder herausnehmen und zur Seite stellen. Speck, Gemüse und die Knochen zugeben und ebenfalls kurz, aber kräftig anrösten. Die Kalbsvögerl wieder hineinlegen, Wacholderbeeren und Lorbeerblatt zugeben und etwas Suppe zugießen. Ins heiße Rohr schieben und unter häufigem Begießen mindestens 2 ½ Stunden weich braten. Dabei wiederholt frische Suppe oder Wasser zugießen, damit die Vögerl schön saftig bleiben. Die Vögerl herausheben, die Sauce abseihen und auf die gewünschte Konzentration einkochen lassen. Ist die Sauce noch zu dünn, mit eingerührten kalten Butterstückchen oder einer kleinen Mehl-Butter-Kugel sämig binden. Die Kalbsvögerl in der Sauce servieren.

BEILAGENEMPFEHLUNG ~ Nockerln, Reis, etwa Champignon- oder Erbsenreis und Fisolensalat.

TIPP ~ Etwas aufwändiger, allerdings auch noch eindrucksvoller ist die Zubereitung der Kalbsvögerl, wenn man sie vor dem Braten mit Speck und/oder Karottenstreifen spickt.

Klassisch gebratene Kalbsschulter

ZUTATEN FÜR 4–5 PORTIONEN ~ 1 kg Kalbsschulter frischer Rosmarin / Salz, Pfeffer aus der Mühle Kalbs- oder Rindsuppe zum Aufgießen / Weißwein zum Aufgießen / flüssiges Butterschmalz oder Pflanzenöl

ZUBEREITUNG ~ Die Kalbsschulter gut zuputzen und nach Belieben mit Spagat in Form binden. Den Rosmarin fein hacken. Das Fleisch rundum mit Rosmarin, Salz und Pfeffer kräftig würzen. Das Backrohr auf 220 °C vorheizen. Eine geeignete Bratenpfanne mit etwas Weißwein und Suppe ausgießen und die Kalbsschulter hineingeben. Mit reichlich flüssigem Butterschmalz übergießen und im heißen Rohr etwa 15–20 Minuten braten.

Dann die Hitze nach und nach bis auf 150° C reduzieren und die Schulter insgesamt 2 ½–3 Stunden weich braten. Währenddessen die Kalbsschulter regelmäßig mit Bratensaft übergießen und dafür wiederholt warme Suppe und/oder Weißwein nachgießen. Das Fleisch darf während des Bratens keinesfalls austrocknen! Den Braten auch ab und an wenden.

Den fertigen Braten herausheben und kurz in Alufolie gewickelt warm stellen. Den Bratensatz lösen, etwas Weißwein zugießen und diesen stark einkochen lassen. Nach Belieben noch mit mehr oder weniger Suppe aufgießen und einkochen lassen. Das Fleisch tranchieren, mit etwas Saft umgießen und den Rest in einem extra Saucenkännchen servieren.

BEILAGENEMPFEHLUNG ~ Klassische Beilagen sind Reis und zarte, in Butter geschwenkte Gemüse wie gebratene Erdäpfelscheiben, Karotten, Erbsen, Kohlrabi oder Karfiolröschen.

Der Klimagaren-Tipp von Miele

Verlässlichkeit für viele Jahre

Mit der Betriebsart Klimagaren bekommt das Gargut eine glänzende Oberfläche und bleibt innen saftig und aromatisch.

Ossobuco

ZUTATEN ~ 4–6 dicke Scheiben (etwa 2–3 cm dick) von der Kalbsstelze 50–80 g durchzogener Speck / 1 kleine Zwiebel / ½ EL Tomatenmark / 4–5 geschälte Tomaten oder 1 kl. Dose Pelati / 4–5 EL gemischte frische Kräuter wie Petersilie, Kerbel, Estragon / 2 EL gehackte Petersilie zum Garnieren / Zitronensaft / Weißwein Rindsuppe / Mehl / Olivenöl und Butter / Salz, Pfeffer, Thymian

ZUBEREITUNG ~ Den Speck in kleine Würfel schneiden, die Zwiebel fein hacken. Das Fleisch gut waschen, trocken tupfen und mit Salz, Pfeffer sowie Thymian gut würzen. Mit wenig Mehl bestreuen. In einer passenden Bratenpfanne mit Deckel reichlich Olivenöl und Butter erhitzen. Fleisch einlegen und auf beiden Seiten bei guter Hitze anbraten. Wieder herausheben. Speck- sowie Zwiebelwürfel zugeben und beides kurz anschwitzen, aber die Zwiebeln nicht zu dunkel werden lassen. Tomatenmark einrühren und mit etwas Weißwein ablöschen.
Das Backrohr auf ca. 140–150 °C vorheizen. Das Fleisch wieder einlegen, mit so viel Rindsuppe aufgießen, dass die Bratenpfanne etwa fingerhoch bedeckt ist, den Deckel aufsetzen und 1 ½–2 ½ Stunden weich dünsten. Währenddessen die Fleischstücke wiederholt wenden und bei Bedarf noch Suppe nachgießen. Etwa 30 Minuten vor Garungsende die würfelig geschnittenen Tomaten sowie die frisch gehackten Kräuter zugeben und mitdünsten.
Die weich gekochten Ossobuco-Scheiben aus der Bratenpfanne heben und in Alufolie gehüllt warm stellen. Die Tomatensauce nochmals kurz kräftig aufkochen lassen, mit Salz, Pfeffer und einem Spritzer Zitronensaft abschmecken. Die Scheiben wieder einlegen, alles kräftig mit Petersilie bestreuen und am besten in der Bratenpfanne auftragen.
BEILAGENEMPFEHLUNG ~ Risotto, Erbsenreis oder al dente gekochte Nudeln wie Tagliatelle, Farfalle etc.

TIPP ~ Zwar nicht ganz so mediterran, allerdings etwas dezenter schmeckt der Ossobuco, wenn Sie die Tomaten weglassen und das Fleisch nur in einer dezent mit Kräutern aromatisierten Weißweinsauce garen. In diesem Fall können Sie cremige Polenta als Beilage dazu servieren.

Überbackenes Kalbskotelett

ZUTATEN ~ 4 Kalbskoteletts / 4 Scheiben Prosciutto oder anderer Schinken 1 Kugel Büffelmozzarella / getrockneter Thymian / 2–3 Rosmarinzweige / Salz Oliven- oder Pflanzenöl / Butter oder Öl für die Form / Schuss Grappa und Weißwein Rindsuppe zum Aufgießen

ZUBEREITUNG ~ Die Kalbskoteletts gut zuputzen, die Ränder etwas einschneiden, damit sie sich beim Braten nicht wölben, und beidseitig kräftig mit Thymian sowie Salz einreiben. Kurz rasten lassen. In heißem Öl auf beiden Seiten kurz, aber kräftig anbraten und wieder herausheben.
Das Backrohr auf 170 °C vorheizen. Eine passende Bratenform gut mit Öl oder Butter ausstreichen und die Rosmarinzweige einlegen. Die Koteletts darauf drapieren. Den verbliebenen Bratensatz mit etwas Weißwein und Grappa lösen, aufkochen und über die Koteletts gießen. Im Backrohr je nach Stärke der Koteletts 15–20 Minuten garen. Etwa 10 Minuten vor Garungsende jedes Kotelett mit Prosciutto belegen und mit dem in kleine Würfelchen geschnittenen Mozzarella abdecken. Im heißen Rohr schmelzen lassen. Die fertigen Koteletts herausheben und den Bratensatz noch rasch mit etwas Suppe oder Weißwein lösen. Einkochen lassen und jeweils etwas Sauce über die Koteletts träufeln.
BEILAGENEMPFEHLUNG ~ Risotto, etwa verfeinert mit Spargel oder Erbsen.

Wer billig kauft, kauft teuer

Bei kaum einem anderen Fleischeinkauf gilt diese alte Volksweisheit in jenem Ausmaße, wie beim Kauf eines saftigen Kalbsbratens. All zu sehr auf schnellen Profit ausgerichtete Fütterungs- und Mastmethoden lassen zwar den Preis für Kalbfleisch mitunter in den Keller rasseln, aber dann keineswegs ein Topkotelett in der Pfanne prasseln. Ganz im Gegenteil. Glücklicherweise gehören die Skandalgeschichten rund um die mit Wachstumshormonen gefütterten Kälber mittlerweile der Vergangenheit an, doch Qualität hat speziell beim Kalbfleisch nach wie vor ihren Preis. Wer allerdings darauf hofft, damit dem legendären Schrumpfen des Kalbsbratens in der Pfanne ein Schnippchen zu schlagen, der irrt gewaltig. Auch biologisch einwandfreies Kalbfleisch macht aus dem sprichwörtlichen „Dieb im Kochtopf" keinen Samariter!

Kalbskotelett aus dem Rohr

ZUTATEN ~ 4 Kalbskoteletts / 1 kleine Melanzani / 1–2 Paprikaschoten beliebiger Farbe / 1 Zucchini / ½ Zwiebel / Olivenöl / Salz, Pfeffer Oregano / Salbei

ZUBEREITUNG ~ Das Backrohr auf 180 °C vorheizen. Das gut geputzte Gemüse in mundgerechte Streifen oder Scheiben schneiden. Die gut zugeputzten Kalbskoteletts an den Fetträndern einschneiden (so wölben sie sich nicht während des Bratens) und mit Salz sowie Pfeffer würzen.
Etwas Olivenöl in einer passenden Bratenpfanne erhitzen und die Koteletts darin beidseitig kurz anbraten. Etwas Salbei zugeben, ins heiße Rohr schieben und die Koteletts je nach Dicke etwa 10–15 Minuten braten. Herausheben, in Alufolie wickeln und noch weitere 10 Minuten warm rasten lassen.
Nun das Gemüse im verbliebenen Bratenfond bei großer Hitze rasch anbraten (es soll noch al dente bleiben). Dabei bei Bedarf noch frisches Olivenöl zugießen. Das Gemüse mit Salz, Pfeffer und Oregano abschmecken. Die Koteletts auf das Gemüse legen und nochmals kurz im heißen Backrohr erhitzen. (Aber nicht zu lange, damit das Fleisch schön saftig bleibt.)

BEILAGENEMPFEHLUNG ~
Rosmarinerdäpfel und gebratene Polentascheiben.

Die Tücken des Alltags – Und wenn das Bratrohr einmal ausfällt …

Vor kurzem habe ich am Naschmarkt eine Spanferkelkeule gekauft. Gut, es war keine Milchferkelkeule, sie stammte, an die vier Kilo schwer, schon von einer veritablen kleinen Sau, der Preis war jedenfalls beträchtlich, und ich spürte die Kruste schon voll Vorfreude zwischen meinen Zähnen krachen. Allein: Mein wunderbarer Hightech-Herd machte mir einen Strich durch die Rechnung. Die Elektronik fiel aus und er blinkte, statt zu braten. Was also tun? Ich vertiefte mich in meine Kochbuchsammlung und fand in einem Exemplar aus dem vorvorigen Jahrhundert ein Rezept für eine gedämpfte Schweinsstelze, das ich einigermaßen umzusetzen versuchte. Glücklicherweise hatte gerade erst eine Flasche meines Lieblingshausweins, ein Blauer Zweigelt, gekorkt. Im Gegensatz zu anderslautenden (Vor)urteilen kommt der Korkgeschmack beim Schmoren keineswegs durch. Also setzte ich meine geschröpfte Spanferkelkeule (ich hatte sie zuvor halbiert, wir reden also von ca. 2 kg) in einen Topf, begoss sie mit der Flasche korkenden Weins und goss so viel Rindsuppe nach, dass die Keule, die ich zuvor mit Knoblauch, Wacholderbeeren, Pfefferkörnern, etwas grobkörnigem Meersalz, Neugewürz und Lorbeer gespickt hatte, bis obenhin von Flüssigkeit bedeckt war. Ich fügte noch einen Bund Wurzelwerk sowie eine mit Nelken und etwas Zimt gespickte Zwiebel hinzu und ließ mein Keulchen unter halbstündigem Wenden zart blubbernd und zugedeckt schmoren. Nach etwa drei Stunden sah meine Keule so lila aus wie ein Krake. Ich hob das Keulchen in eine andere Pfanne, ließ es mit etwas Sud zugedeckt weiterköcheln und den restlichen Sud inzwischen kräftig einkochen. Dann machte ich eine Einbrenn und goss diese mit dem einreduzierten Sud so lange auf, bis eine sämige Sauce entstand, in die ich meine Spanferkelkeule mit der Schwarte nach unten einlegte und – unter Zugabe von etwas Madeira und einem Schuss Cognac – noch einmal eine gute halbe Stunde zugedeckt schmoren ließ. In der Zwischenzeit bereitete ich Blaukraut und Erdäpfelnudeln zu. Nach fast vier Stunden Kochzeit war das Fleisch wundersam zart, der Saft gallertig und die Schwarte so weich durchgekocht, dass sie als Pulpo ebenso wie als Kalbskopf durchgegangen wäre. Ich zog die Schwarte also ab, schnitt sie in Streifen und richtete sie gemeinsam mit ein paar in Butter gebratenen Steinpilzen und etwas Aceto Balsamico auf Vollkorntoasts an. Es war ein echter Hit und meine anfängliche Angst, das Spanferkel würde ohne die knusprige Kruste nur ein Schatten seiner selbst sein, verflog spätestens, nachdem ich die Sauce noch mit einem Schuss Grand Marnier verfeinert hatte. Was lernen wir daraus? – Auch wenn die Technik versagt, ist noch nicht alle Hoffnung verloren.

Schweinsbraten

Schweinsbraten

ZUTATEN ~ 1 kg Schweinsbraten mit Schwarte vom Schopfbraten, Karree oder Bauchfleisch / einige Schweinsknochen / 4–6 zerdrückte Knoblauchzehen / ½ EL Mehl Rindsuppe / Salz, Kümmel, Majoran

ZUBEREITUNG ~ Damit die Schwarte des Schweinsbratens auch wirklich knusprig wird, zunächst eine geeignete Pfanne so hoch mit Wasser auffüllen, dass der mit der Schwarte nach unten eingelegte Braten so tief im Wasser liegt, dass lediglich die Schwarte von Wasser umspült wird. (Das Fleisch selbst sollte nicht im Wasser liegen.) Das Wasser kräftig salzen, aufkochen lassen und den Braten einlegen. Schwach wallend rund 10 Minuten ziehen lassen. Dann den Schweinsbraten herausheben und die Schwarte mit einem scharfen Messer der Länge und der Breite nach fest einschneiden (schröpfen). Dabei darf das Fleisch aber nicht eingeschnitten werden, da es sonst beim Braten austrocknet. Rundum gut mit Salz und zerdrücktem Knoblauch einreiben, mit Kümmel sowie Majoran bestreuen.

Das Backrohr auf 220 °C vorheizen. Die Schweinsknochen in eine passende Bratenpfanne geben, Schweinsbraten mit der Schwarte nach oben hineinlegen und ins Rohr schieben.

Nach 10–15 Minuten Hitze auf 170–180 °C reduzieren und den Braten insgesamt gute 2–2 ½ Stunden braten. Währenddessen den Braten wiederholt mit Bratensaft begießen. Dafür ab und an Suppe oder Wasser unter-, aber nicht direkt über den Braten gießen. Etwa 40–50 Minuten vor Ende der Garzeit die Schwarte kräftig mit Salz bestreuen und nun nicht mehr übergießen.

Sobald beim Anstechen mit einem kleinen Bratenspießchen nur mehr klarer Saft und kein Blut austritt, den Braten herausheben und in Alufolie noch etwas warm rasten lassen. Inzwischen überschüssigen Bratrückstand abgießen, Knochen mit etwas Mehl stauben, bei starker Hitze rasch anrösten und mit etwas Rindsuppe oder Wasser aufgießen. Saft so lange einkochen, bis er die gewünschte Konsistenz erreicht hat. Saft in ein Saucenkännchen abseihen. Den Schweinsbraten aufschneiden und anrichten.

BEILAGENEMPFEHLUNG ~ Traditionellerweise Erdäpfel- oder Semmelknödel, Sauerkraut oder warmer bzw. kalter Krautsalat.

Gefülltes Schweinskarree auf Budapester Art

ZUTATEN FÜR 5–6 PORTIONEN ~ 1 ausgelöstes Schweinskarree (ca. 1 kg) 150–200 ml ungarischer Weißwein oder anderer gehaltvoller Weißwein / Rindsuppe zum Aufgießen / Schmalz oder Öl / Speisestärke oder Mehl-Butter-Kugel für die Sauce

FÜR DIE FÜLLE ~ 250 g Sauerkraut (oder Weißkraut) / 250 g gekochter Reis 80–100 g nicht zu fetter Räucherspeck / 1 Ei / gehackte Petersilie / Salz, Pfeffer

ZUBEREITUNG ~ Das Schweinskarree beim Fleischhauer nicht nur auslösen, sondern auch so zuschneiden lassen, dass man das Fleisch wie eine flache Platte auflegen kann. Zu Hause das Karree dann gut zuputzen, den Speck kleinwürfelig und das Sauerkraut einige Male durchschneiden.
Für die Fülle Sauerkraut mit Speck, gekochtem Reis, Ei sowie gehackter Petersilie vermengen und mit Salz sowie Pfeffer abschmecken. Das Fleisch auflegen, salzen, pfeffern, die Fülle auftragen und das Karree einrollen. Mit Küchenspagat gut zusammenbinden. Fleisch auch außen mit Salz und Pfeffer würzen.
Das Backrohr auf 180–200 °C vorheizen. Eine Bratenform mit Schmalz oder Öl ausstreichen, das gefüllte Karree hineinsetzen und 1 ½–2 Stunden braten. Währenddessen wiederholt mit Bratensaft übergießen, dafür ab und an Weißwein und warme Suppe nachgießen. Das Karree einmal wenden. Fertiges Karree herausheben und einige Minuten warm rasten lassen. Den Bratenrückstand lösen, mit Weißwein ablöschen, einkochen lassen und nach Belieben Suppe zugießen. Die Sauce mit angerührter Speisestärke oder einer eingerührten kleinen Mehl-Butter-Kugel binden.
Den Faden vom Karree lösen, den Braten tranchieren und mit der Sauce umgießen.
BEILAGENEMPFEHLUNG ~ Serviettenknödel oder Braterdäpfel, Letscho oder gebratene Paprikaschoten.

Schweinskarree mit mitgebratenen Heurigen

ZUTATEN ~ 1 Schweinskarree von ca. 1,5 kg (wenn möglich mit Schwarte) 500–700 g Heurige (junge Erdäpfel) / 5–6 Knoblauchzehen / Kümmel / Pflanzenöl Rindsuppe / Salz, Pfeffer

ZUBEREITUNG ~ Die Knochen vom Fleischhauer wenn möglich entfernen lassen, aber zum Braten mitnehmen! Die Knoblauchzehen fein schneiden oder zerdrücken. Mit reichlich Kümmel und etwas Öl vermengen und das Schweinskarree damit rundum gut einstreichen.
In Frischhaltefolie hüllen und mindestens 2–3 Stunden, am besten über Nacht, ziehen lassen. Dann Folie entfernen und – so vorhanden – die Schwarte mit einem sehr scharfen Messer der Länge und der Breite nach so weit einschneiden, dass das Fett zwar „geschröpft" wird, das Fleisch aber unberührt bleibt. Das Karree gut mit Salz und Pfeffer einreiben.
Das Backrohr auf 220 °C vorheizen. Eine Bratenform etwa fingerhoch mit Rindsuppe auffüllen, die Knochen einlegen und das Karree mit der Schwarte nach oben daraufsetzen. Ins Rohr schieben und etwa 15 Minuten braten, dann Hitze auf 150 °C reduzieren und ca. 3–4 Stunden langsam weiterbraten. Währenddessen wiederholt mit dem Bratensaft begießen und dafür auch bei Bedarf mit frischer Suppe oder Wasser nachgießen.
Inzwischen die Heurigen nach Belieben schälen oder in der Schale lassen. Zu große Erdäpfel halbieren. Nach etwa 2 Stunden rund um das Karree gruppieren, mit Bratensaft bestreichen und unter mehrmaligem Wenden mitbraten. Etwa 30 Minuten vor Ende der Garzeit die Hitze nochmals steigern (oder Oberhitze zuschalten) und das Karree knusprig braten. Nun die Schwarte nicht mehr begießen, damit sie schön knusprig werden kann.
Das fertig gebratene Schweinskarree herausheben und in

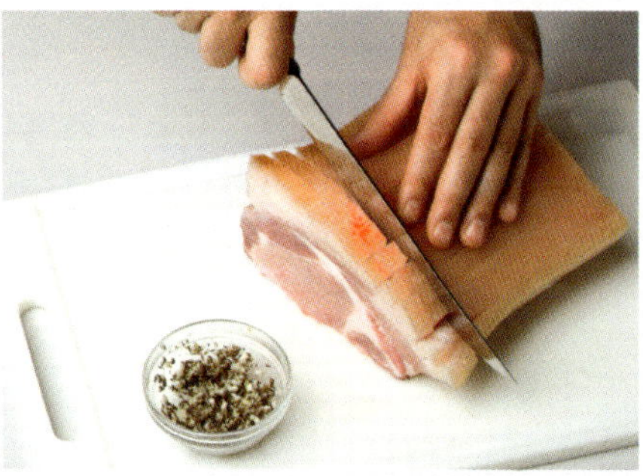

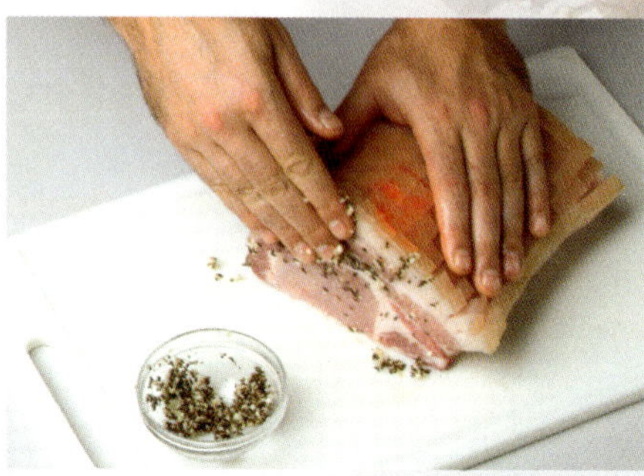

Alufolie noch rasten lassen. Die Mitgebratenen in eine vorgewärmte Schüssel legen und abdecken. Das Bratensaftl durch ein Sieb seihen, entfetten und nochmals kräftig einkochen lassen. (Ist zu wenig Saft vorhanden, vor dem Einkochen noch mit Suppe aufgießen.) Das Karree tranchieren und auf einer heißen Vorlegeplatte anrichten. Die mitgebratenen Erdäpfel rundum legen, das Saftl in einem Saucenkännchen extra auftragen.

BEILAGENEMPFEHLUNG ~ Warmer oder kalter Krautsalat mit knusprigen Speckwürferln.

Gefülltes Schweinsbrüstl

ZUTATEN ~ 1 untergriffene Schweinsbrust von ca. 1 kg (inkl. Schwarte) / Kümmel zerdrückter Knoblauch / Salz, Pfeffer / Malzbier und Rindsuppe zum Aufgießen etwas Mehl zum Stauben

FÜR DIE FÜLLE ~ 250 g Semmelwürfel / 100 g nicht zu fetter Speck / 1 kleine Zwiebel 2–3 Knoblauchzehen / 3 Eier / 2 EL Sauerrahm / 1 EL fein gehackte Petersilie Muskatnuss / Salz, Pfeffer / Milch nach Bedarf / Butter oder Butterschmalz

ZUBEREITUNG ~ Die untergriffene Schweinsbrust gut waschen und trocken tupfen. Die Schwarte mit einem sehr scharfen Messer der Länge und der Breite nach einschneiden (schröpfen). In einer Bratenpfanne fingerhoch Salzwasser erhitzen und die Schweinsbrust mit der Schwarte nach unten so einlegen, dass nur die Schwarte von Wasser bedeckt ist. Etwa 15 Minuten köcheln lassen. Wieder herausheben und kurz überkühlen lassen.

Das Schweinsbrüstl innen sowie außen kräftig mit Salz und Pfeffer würzen. Außen auch noch mit Kümmel und zerdrücktem Knoblauch gut einreiben. Das Fleisch etwas ziehen lassen.

Währenddessen für die Fülle den Speck und die Zwiebel feinwürfelig schneiden, die Knoblauchzehen sehr fein schneiden. In einer Pfanne etwas Butter oder Butterschmalz erhitzen und den Speck gemeinsam mit den Zwiebeln hell anschwitzen (nicht zu dunkel werden lassen), dann Knoblauch sowie Petersilie zugeben und kurz mitschwenken. Über die Semmelwürfel gießen. Die Eier mit Sauerrahm und einem kräftigen Schuss Milch gut verquirlen und ebenfalls über die Semmelwürfel gießen. Mit Salz, Pfeffer und Muskatnuss abschmecken. Ist die Masse zu fest, noch etwas Milch zugießen. Die Fülle etwas rasten lassen.

Nun die Semmelfülle in die Schweinsbrust füllen und die Öffnung mit Küchengarn vernähen. (Achtung: Nicht zu viel Fülle hineingeben, da sich diese während des Bratens ausdehnt und dann herausquellen würde.) Das Backrohr auf 220 °C vorheizen.

Danach die Schweinsbrust mit der Schwarte nach oben in eine Bratenpfanne setzen und unter gelegentlichem Begießen mit Malzbier insgesamt 90–100 Minuten braten. Nach einer Viertelstunde die Hitze auf 180 °C reduzieren und fertig braten. Gegen Ende der Bratzeit die Kruste allerdings nicht mehr begießen, da sie sonst nicht knusprig wird.

Die fertig gebratene Schweinsbrust noch etwa 10 Minuten lang warm rasten lassen. Den Bratensatz lösen, etwas Mehl darüber stauben, bei Bedarf noch etwas Suppe zugießen und das Saftl gut einkochen lassen. Das Schweinsbrüstl tranchieren und mit dem Saftl auftragen.

BEILAGENEMPFEHLUNG ~ Häuptelsalat mit ausgelassenen Speckgrammeln.

Gebratenes Milchferkel

Dieses Rezept ist Karl E. Eschlböck zu verdanken, der es in den frühen Achtzigerjahren bei besonderen Gelegenheiten in seinem legendären Restaurant am Mondsee seinen Freunden servierte.

ZUTATEN ~ **1 Milchferkel von ca. 8 kg / 300 ml Bier / 125 ml Läuterzucker 2 EL flüssiges Butterschmalz / Meer- oder Ursalz / Pfeffer, Majoran**

ZUBEREITUNG ~ Das Milchferkel vom Fleischhauer ausweiden lassen. (Das Beuschel und die Leber – beide gelten als besondere Leckerbissen – werden nicht mitgebraten, sondern getrennt zubereitet.) Die Vorderfüße und den Rüssel des Ferkels mit Küchengarn zusammenbinden. Ohren und Schwanz mit Alufolie umwickeln, damit diese während des Bratens nicht austrocknen. Das Bier mit Läuterzucker und flüssigem Butterschmalz vermengen und die Haut des Ferkels damit rundum bestreichen. Den Bauchraum des Ferkels mit Salz, Pfeffer und Majoran würzen. Ein Backrohr, das groß genug ist, auf 180 °C Umluft vorheizen. Das Milchferkel hineinschieben und etwa 30 Minuten braten. Danach die Hitze auf 150 °C reduzieren und das Milchferkel ca. 4 ½–5 Stunden weiterbraten. Währenddessen möglichst häufig, im Idealfall alle 15 Minuten, mit der Bier-Zucker-Lösung bestreichen. Das fertig gebratene Milchferkel aus dem Backrohr nehmen und am besten im Ganzen auftragen. Erst bei Tisch tranchieren.
BEILAGENEMPFEHLUNG ~ Semmel- oder Erdäpfelknödeln sowie Kraut- oder Erdäpfelsalat.

Die wichtigsten Tipps beim Brateneinkauf

1. *Grundregel Nr. 1 ist beste Qualität. Das bedeutet nicht zwingend, dass Sie nur zu teurem Fleisch greifen müssen. Mitunter ist preisgünstiges Fleisch, man denke nur an saftiges Bauchfleisch oder zarte Kalbsbrust, dem höherpreisigen durchaus vorzuziehen. Fütterung, Tierhaltung, Schlachtung und schließlich Verarbeitung sind hier wichtige Aspekte – kaufen Sie Ihren Braten bei einem Fleischhauer, der Ihnen auch erzählen kann, woher seine Schweine und Kälber kommen.*

2. *Wenn Sie keine andere Einkaufsquelle als den Supermarkt zur Verfügung haben, so achten Sie darauf, dass Ihr Schweinsbraten nicht zu hell, farblos und anämisch aussieht. Eine etwas ins angenehme Rot gehende Färbung sowie ein vernünftiges Maß an Fett lassen einen saftigen Braten vermuten. Auch Kalbfleisch sollte nicht weißlich und blass aussehen, freilich auch keine graugelbe Verfärbung aufweisen. Rindslungenbraten und Beiried wiederum versprechen perfekten Genuss, wenn ihre leicht dunkelrote Färbung auf eine etwas längere Reifungszeit schließen lässt, die das Fleisch zart und mürbe macht. (Gourmets werden sogar Rindfleisch bevorzugen, das bereits durch einen leicht dunklen Schimmer auf ein besonders langes Abhängen hinweist.)*

3. *Wenn Sie vor der Wahl stehen, Fleisch mit oder ohne Fetteindeckung zu kaufen, entscheiden Sie sich am besten immer für die fettreichere Variante. Das gilt speziell für Schweinsbraten, Kalbsniere im Ganzen oder Roastbeef. Entfernen Sie die Fetteindeckung keinesfalls vor dem Braten – das Fett verleiht dem Fleisch sowohl ein Plus an Saftigkeit als auch an Geschmack. Das Fett kann je nach persönlicher Vorliebe und Fleischsorte mitgegessen werden – wer würde auch auf die knusprige Schweinsbratenkruste freiwillig verzichten? – oder vor dem Servieren bzw. vor dem Verzehr entfernt werden (etwa das „Randerl" auf dem gebratenen Entrecôte).*

Kümmelbratl
klimagegart

Beim Klimagaren werden durch gezielte Dampfstöße in der ersten Hälfte des Garprozesses Bratenstücke durch die erhöhte Feuchtigkeitszugabe noch besser ausgebraten, wodurch in der Folge eine appetitliche Kruste entsteht, während das Fleisch im Innern zart und saftig bleibt.

ZUTATEN FÜR 8–10 PORTIONEN ~ **1 Schweinsbraten vom Schopfbraten, Brüstl oder Bauchfleisch mit Schwarte von ca. 1,7–2 kg / Salz, Pfeffer reichlich ganzer Kümmel / Knoblauch nach Belieben / Suppe oder Schwartl-Kochsud zum Aufgießen / 1 kg Erdäpfel / Bier zum Aufgießen / 250 ml Wasser für die Dampfstöße**

ZUBEREITUNG ~ In einer passenden großen Pfanne oder Bratenform etwa zwei Finger hoch Salzwasser aufkochen lassen. Den rohen Kümmelbraten mit der Schwartenseite nach unten einlegen – die Schwarte sollte im Wasser liegen, das Fleisch nicht – und ca. 15 Minuten sanft köcheln lassen. Den Braten wieder herausheben und die gekochte Schwarte mit einem scharfen Messer in Fingerbreite der Länge und der Breite nach einschneiden (schröpfen). Den Braten rundum mit Salz, Pfeffer, Kümmel sowie klein geschnittenem oder zerdrücktem Knoblauch kräftig einreiben. Den Kümmelbraten in eine geeignete Bratpfanne legen, etwas Suppe oder Kochwasser angießen und ins nicht vorgeheizte Rohr schieben. Das Fleisch dann bei 170 °C ca. 2 Stunden lang garen und den Backofen dabei auf drei Dampfstöße programmieren (s. r.).
Währenddessen die Erdäpfel schälen, halbieren und nach etwa einer Stunde Garzeit in die Pfanne einlegen. Erdäpfel salzen und mitbraten. Den fertig gegarten Kümmelbraten herausheben, die Erdäpfel ebenfalls herausgeben und den Bratenrückstand mit Bier kräftig aufgießen. Einkochen lassen, nochmals mit etwas Suppe aufgießen und das Saftl einkochen lassen.
BEILAGENEMPFEHLUNG ~ Lauwarmer Krautsalat mit frisch ausgelassenen Speckgrammeln.

Der Klimagaren-Tipp von Miele
Verlässlichkeit für viele Jahre

Bei fettreichem Fleisch bzw. Fleisch mit Schwarte zu Beginn Dampf zugeben, damit das Fett besser ausbrät und eine appetitliche Kruste entsteht. Mageres Fleisch ebenfalls mit Dampfzugabe zu Beginn zubereiten, damit es nicht austrocknet.

1. Dampfstoß nach ca. 20 Minuten
2. Dampfstoß nach weiteren 15 Minuten
3. Dampfstoß nach weiteren 15 Minuten

TIPP ~ Ohne Klimagarung wird der Braten wie gewohnt im vorgeheizten Backrohr unter wiederholtem Begießen bei 170 °C gebraten, wobei die Kerntemperatur am Ende ca. 85 °C betragen sollte.

Mostviertler Sonntagsbraten im Netz

ZUTATEN ~ 1 Schopfbraten (ca. 1 kg) / Schweinsknochen / 1 gewässertes Schweinsnetz / 2 Lorbeerblätter / Wacholderbeeren, Pfefferkörner / Knoblauch nach Belieben 1 gelbe Rübe / 1 Karotte / 2 Zwiebeln / ca. 750 ml Most zum Aufgießen / Rindsuppe oder Butter und Mehl für die Sauce / Salz, Pfeffer

ZUBEREITUNG ~ Ganz nach Geschmack mehr oder weniger Knoblauchzehen fein hacken oder zerdrücken. Den Schopfbraten rundum gut mit Salz, Pfeffer sowie Knoblauch einreiben und mindestens 1 Stunde ziehen lassen. Währenddessen das Schweinsnetz gut wässern, trocken tupfen und auf einer Arbeitsfläche auflegen. In die Mitte die Lorbeerblätter, Wacholderbeeren und Pfefferkörner gruppieren oder den Braten mit den Gewürzen spicken. Den Schopfbraten mit der „schönen Seite" nach unten darauflegen und gut in das Netz einwickeln. Gelbe Rübe, Karotte und die Zwiebeln in grobe Stücke teilen und gemeinsam mit den Knochen in eine passende Bratenpfanne legen. Das Backrohr auf 170–180 °C vorheizen. Nun den Braten mit der „schönen Seite" nach oben auf die Knochen und das Gemüse setzen und unter ständigem Begießen mit Bratensaft etwa 1 ½–2 Stunden weich braten. Währenddessen wiederholt Most zugießen. Sollte der Braten gegen Ende der Bratzeit noch nicht schön goldbraun und knusprig sein, kurz noch etwas Oberhitze zuschalten. Den Braten herausheben und warm rasten lassen. Den Bratensaft abseihen, mit etwas Rindsuppe einkochen lassen und ganz nach Belieben noch zusätzlich mit einer lichten Einbrenn aus Mehl sowie Butter verrühren und erst dann sämig einkochen lassen. Den Braten tranchieren und mit der fertigen Mostsauce servieren.

BEILAGENEMPFEHLUNG ~ Semmel-, Servietten- oder Erdäpfelknödel sowie Krautsalat.

Knuspriges Spanferkel mit Erdäpfel-Kraut-Puffer

ZUTATEN FÜR 4–6 PORTIONEN ~ **1 ganzer Spanferkelrücken (mit Schwarte) mit ca. 2 kg / 2 große Zwiebeln / 1 Wurzelwerk / 6 Knoblauchzehen / 2 KL Kümmel Salz, Pfeffer / ca. 250 ml Bier / Rindsuppe zum Aufgießen**

FÜR DIE ERDÄPFEL-KRAUT-PUFFER ~ **600–700 g Erdäpfel / 100 g Geselchtes oder nicht zu fetter Speck / 300 g Sauerkraut / 1 kleine Zwiebel / 3 Eier / Paprikapulver Salz, Pfeffer / 3 EL Mehl / Öl oder Butterschmalz zum Herausbacken**

ZUBEREITUNG ~ Den Knoblauch fein hacken oder zerdrücken und mit reichlich Salz, Pfeffer sowie dem Kümmel vermengen. Den Spanferkelrücken damit rundum gut einreiben und einige Stunden gut abgedeckt ziehen lassen. Dann die Schwarte schröpfen, das heißt mit einem scharfen Messer in regelmäßigen Abständen der Länge und der Quere nach einschneiden. (Das Fleisch dabei aber nicht anschneiden, da der Braten sonst austrocknet!) Die Zwiebeln vierteln oder achteln, das Wurzelwerk in grobe Stücke teilen und in eine Bratenpfanne gruppieren. Das Backrohr auf 220 °C vorheizen.

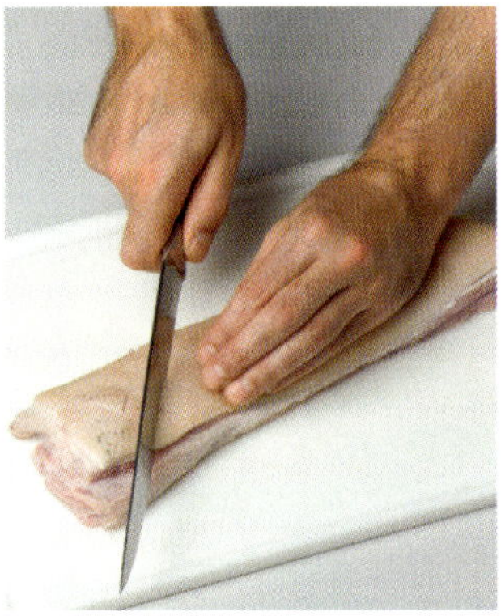

Nun den Spanferkelrücken auf das Gemüse setzen und etwa 15 Minuten braten. Hitze auf 170–180 °C reduzieren und 1 ½–1 ¾ Stunden braten. Währenddessen wiederholt mit Bratensaft übergießen und dafür auch regelmäßig Bier und Suppe zugießen. Etwa 20–30 Minuten vor Garungsende die Schwarte allerdings nicht mehr übergießen, damit sie richtig knusprig gebraten wird.

In der Zwischenzeit für die Erdäpfel-Kraut-Puffer die Zwiebel sowie das Geselchte bzw. den Speck fein hacken und beides in etwas Butterschmalz hell anschwitzen, aber keinesfalls zu dunkel werden lassen. Das Sauerkraut etliche Male durchschneiden, zugeben und einige Minuten mitanschwitzen. Wieder vom Herd nehmen und überkühlen lassen. Nun die Erdäpfel fein reiben, mit dem Sauerkraut,

Mehl sowie den Eiern vermengen und mit mehr oder weniger Paprikapulver, Salz und Pfeffer abschmecken. In einer großen, tiefen Pfanne reichlich Öl oder Butterschmalz erhitzen, aus der Masse mit Hilfe von zwei Suppenlöffeln Puffer hineinsetzen und diese unter einmaligem Wenden goldbraun herausbacken.

Das mittlerweile fertig gebratene Spanferkel herausheben, warm rasten lassen und den Bratensaft abseihen. Nochmals mit Bier und Suppe aufgießen, einkochen lassen. Das Spanferkel am besten im Ganzen auftragen und erst bei Tisch tranchieren. Saftl und Erdäpfelpuffer extra auftragen.

Glasierter Spanferkelbraten

ZUTATEN FÜR 6 PORTIONEN ~ **1 Schweinsbraten vom Spanferkel (junges, zartes Schwein) mit Schwarterl bzw. Haut von ca. 1,5 kg / 2 Knoblauchzehen / 1 große Zwiebel 1 Karotte / 1 gelbe Rübe / ½ Sellerieknolle / 4 EL Honig / Bier und Rindsuppe zum Aufgießen / Butter und Öl / Salz, Pfeffer**

ZUBEREITUNG ~ Die Haut des Spanferkels mit einem sehr scharfen Messer in regelmäßigen Abständen der Länge und der Quere nach einschneiden, ohne dabei aber das Fleisch anzuschneiden. Das Fleisch gut mit Salz sowie Pfeffer würzen, den Knoblauch zerdrücken und sanft einmassieren. Spanferkel in Folie wickeln und einige Zeit ziehen lassen.

Inzwischen die Zwiebel vierteln oder achteln, Karotte, gelbe Rübe und Sellerieknolle grobwürfelig schneiden. Das Backrohr auf 200 °C vorheizen. In einer geeigneten Bratenpfanne reichlich Butter und Öl erhitzen und das Spanferkel auf beiden Seiten kurz anbraten. Wieder herausheben. Das vorbereitete Gemüse ebenfalls kurz anbraten. Mit einem kräftigen Schuss Bier ablöschen, einkochen lassen und das Spanferkel mit der Hautseite zuerst nach unten in die Form setzen.

Im heißen Backrohr zunächst 10 Minuten braten, dann die Hitze auf 160 °C reduzieren und weitere 1 ½ Stunden braten. Währenddessen wiederholt Bier und Rindsuppe nachgießen, den Braten mit Bratensaft übergießen und nach der Hälfte der Garzeit wenden. Ab nun die Haut des Spanferkels oftmals mit erwärmtem und mit etwas warmem Wasser verrührtem Honig bestreichen.

Ist die Haut zu Garungsende noch nicht richtig goldbraun, kurz Oberhitze zuschalten und knusprig braten. Spanferkel herausheben, warm rasten lassen und den Bratensatz mit etwas Bier und Suppe lösen. Aufkochen lassen und abseihen. Das Spanferkel auf einer vorgewärmten Platte im Ganzen auftragen und erst bei Tisch tranchieren. Die Sauce in einer extra Saucière servieren.

BEILAGENEMPFEHLUNG ~ Erdäpfelknödel und kalter oder warmer Krautsalat.

Böhmischer Schweinsbraten

ZUTATEN FÜR 4–5 PORTIONEN ~ 1 Schweinsbraten ohne Schwarte (ca. 1 kg) 4–5 Knoblauchzehen / 2 kleine Zwiebeln / ca. 1 Flasche Budweiser oder anderes kräftiges Bier / 1 Scheibe Vollkorntoast oder Schwarzbrot / Zucker / Salz, Pfeffer, Kümmel / Pflanzenöl und flüssiges Schmalz

ZUBEREITUNG ~ Den Knoblauch in einem Mörser gemeinsam mit Salz, Pfeffer und Kümmel zerstoßen. Mit etwas flüssigem Schmalz vermischen und den Schweinsbraten damit gut einreiben. Mindestens 2–3 Stunden abgedeckt rasten lassen. Währenddessen die Zwiebeln in Ringe schneiden, das Brot entrinden. Dann in einer passenden Bratenpfanne wenig Öl oder Schmalz erhitzen und das Fleisch bei nicht zu großer Hitze rundum anbraten (sonst wird der Knoblauch zu dunkel). Wieder herausheben und warm stellen. Das Backrohr auf 170–180 °C vorheizen. Nun die Zwiebelringe hell anschwitzen, das Fleisch wieder hineinlegen und kräftig mit Bier aufgießen. Das entrindete Brot zwischen den Fingern zerkrümeln, in das Bier einrühren und den Schweinsbraten 1 ½–2 Stunden langsam garen. Währenddessen wiederholt wenden und das Fleisch mit dem Bratensaft übergießen. Eventuell noch etwas Wasser oder Bier nachgießen. Den weich gebratenen Braten herausheben und vor dem Tranchieren noch warm rasten lassen. Inzwischen den Bratensaft lösen, bei Bedarf noch etwas Flüssigkeit zugießen und den Saft auf die gewünschte mollige Konsistenz einkochen lassen. Mit Salz, Pfeffer sowie wenig Zucker abschmecken. Die Sauce nach Wunsch noch durch ein Sieb seihen. Den Braten aufschneiden und mit der Biersauce auftragen.

BEILAGENEMPFEHLUNG ~ Erdäpfelknödel oder böhmische (mit Germ zubereitete) Semmelknödel.

Die besten Tipps für eine knusprige Bratenkruste

- *Wenn Sie Wert auf eine knusprige Kruste legen, so müssen Sie in jedem Fall einen Schweinsbraten mit Schwarte kaufen. Bratenstücke ohne Schwarte werden allenfalls durch mitgebratene Speckscheiben knusprig.*
- *Schröpfen Sie die Schwarte vor dem Braten. Dafür den Braten mit der Schwarte nach unten in etwa einen Finger hohes gewürztes, siedendes Wasser einlegen und ca. 15-20 Minuten ziehen lassen. Dann die Schwarte mit einem scharfen Messer der Quere und der Länge nach regelmäßig einschneiden (schröpfen) und nach EINEM der folgenden Tipps knusprig braten (nicht alles anwenden!).*
- *Etwa 40 Minuten bevor der Braten fertig ist die Schwarte mit Salz bestreuen und nicht mehr übergießen. Fertig braten.*
- *Etwa 20–30 Minuten vor Bratende die Schwarte nicht mehr mit Flüssigkeit übergießen, dafür mit leicht erwärmtem Honig einstreichen und fertig braten.*
- *Etwa 10 Minuten vor dem Ende der Bratzeit maximale Oberhitze oder die Grillschlange zuschalten und unter Beobachtung knusprig braten (die Kruste kann rasch zu dunkel werden!).*
- *Sobald die Schwarte wässrig aussieht, Backofentüre leicht geöffnet halten, damit die Feuchtigkeit entweichen kann und die Kruste schön knusprig wird. Unter Begießen mit Bier fertig braten.*

Florentiner Rosmarinbraten mit Erdäpfeln

ZUTATEN ~ 1 Schweinsbraten mit Knochen vom Karree oder Schopfbraten (ca. 1,5–1,8 kg) / 1 kg Erdäpfel / 1 Bund Rosmarinzweiglein / 3 Knoblauchzehen Rindsuppe oder Wasser / Weißwein / Salz und Pfeffer / Olivenöl

ZUBEREITUNG ~ Die Knochen vom Fleisch lösen oder dies gleich beim Fleischhauer vorbereiten lassen. Etwa die Hälfte des Rosmarins abzupfen und fein hacken oder in einem Mörser zerstoßen. Knoblauch fein schneiden oder pressen und mit dem Rosmarin sowie etwas Olivenöl zu einer Marinade verrühren. Kräftig salzen und pfeffern. Das Fleisch rundum mit der Marinade einstreichen und mindestens eine Stunde abgedeckt rasten lassen.

Das Backrohr auf 200 °C vorheizen. Die abgelösten Knochen in eine geeignete Bratenpfanne legen, den restlichen Rosmarin darauf verteilen und das Fleisch wieder auf die Knochen setzen. Ins heiße Rohr schieben und zunächst 10 Minuten braten, dann die Hitze auf 170–180 °C reduzieren und unter ständigem Begießen mit Bratensaft etwa 1 ½–2 Stunden weich braten. Dabei bei Bedarf mit etwas Rindsuppe oder Wasser aufgießen.

Inzwischen die Erdäpfel etwa 8 Minuten vorkochen und eine gute halbe Stunde vor Garungsende mitbraten. Den fertig gegarten Rosmarinbraten herausheben und noch kurz warm rasten lassen. Inzwischen die Erdäpfel ebenfalls warm stellen und den Bratensaft abseihen. Mit etwas Weißwein aufkochen. Braten tranchieren, anrichten, mit etwas Bratensaft beträufeln und mit den gebratenen Erdäpfeln auftragen.

TIPP ~ Noch aromatischer schmeckt diese mediterrane Variante des Schweinsbratens, wenn Sie das Fleisch vor dem Braten mit Rosmarin spicken.

Geschmortes Bauchfleisch auf Wildbret-Art

ZUTATEN FÜR 4–5 PORTIONEN ~ 1 kg Bauchfleisch / 1 Bund Jungzwiebeln 3 Knoblauchzehen / 1 gelbe Rübe / 1 Karotte / ½ Petersilwurzel / ½ Sellerieknolle 1 Lorbeerblatt / Tomatenmark / Wacholderbeeren, Pfefferkörner / ca. 500 ml kräftiger, gehaltvoller Rotwein / Rindsuppe zum Aufgießen / Salz, Pfeffer / Speisestärke (Maizena) zum Binden / Pflanzenöl oder Schmalz

ZUBEREITUNG ~ Die Jungzwiebeln (ohne Grün) der Länge nach vierteln, das Wurzelgemüse in grobe Stücke teilen, die Knoblauchzehen halbieren. Das Backrohr auf 170–180 °C vorheizen. In einer passenden Bratenpfanne etwas Öl oder Schmalz erhitzen und das gut zugeputzte Bauchfleisch darin bei großer Hitze rundum kurz anbraten.
Wieder herausnehmen und zur Seite stellen. Das vorbereitete Gemüse mit den Jungzwiebeln und dem Knoblauch in der Bratenpfanne ebenfalls anbraten und bei Bedarf noch frisches Fett zugeben. Mit Rotwein ablöschen, einkochen lassen und etwas Tomatenmark unterrühren. Lorbeerblatt, Wacholderbeeren sowie Pfefferkörner zugeben und das Bauchfleisch wieder hineinlegen. Mit so viel Rindsuppe aufgießen, dass das Fleisch bis etwa zur Hälfte bedeckt ist und je nach Qualität 1 ½–2 Stunden weich garen. Währenddessen das Bauchfleisch wiederholt übergießen, einmal wenden und bei Bedarf frische Suppe nachgießen. Das fertig gegarte Bauchfleisch herausheben und warm rasten lassen. Die Sauce durch ein Sieb passieren, stark einkochen lassen und mit etwas mit Wasser angerührter Speisestärke leicht binden. Nochmals mit Salz und Pfeffer abschmecken. Das Bauchfleisch nach Belieben in Scheiben oder wie für eine Ragout würfelig schneiden und mit der Sauce auftragen.

BEILAGENEMPFEHLUNG ~
Semmelknödel, Erdäpfelkroketten, Rotkraut, Krautsalat und Preiselbeeren.

TIPP ~ Diese reizvolle Spielart des sonst recht deftigen Bauchfleisches eignet sich auch hervorragend für die Zubereitung im Römertopf.

Schweinsbraten auf Székely-Art

ZUTATEN FÜR 4–6 PORTIONEN ~ 1 Schweinsbraten ohne Schwarte (ca. 1 kg) vom Schopf oder von der Schulter / 2 Knoblauchzehen / Rindsuppe / Kümmel Salz, Pfeffer / Schmalz und Öl

FÜR DAS PAPRIKAKRAUT ~ 750 g Sauerkraut / 1–2 Erdäpfel / 1 Zwiebel 2 Knoblauchzehen / Tomatenmark / 1–2 EL edelsüßes Paprikapulver / 125 g Sauerrahm Rotweinessig / Rindsuppe / Schmalz oder Öl / Salz, Pfeffer

ZUBEREITUNG ~ Den Schweinsbraten wie den böhmischen Schweinsbraten (s. S. 99) vorbereiten und 2–3 Stunden abgedeckt rasten lassen. Das Backrohr auf 180 °C vorheizen. Anschließend in einer passenden Bratenpfanne in etwas Öl oder Schmalz anbraten, wenig Rindsuppe zugießen und im heißen Backrohr unter wiederholtem Begießen und einmaligem Wenden 1 ½–2 Stunden weich braten.

Währenddessen für das Paprikakraut die Zwiebel fein hacken und in Schmalz oder Öl langsam anschwitzen, aber nicht zu dunkel werden lassen. Knoblauch fein hacken, zugeben, Tomatenmark und Paprikapulver einrühren. Rasch mit einem Spritzer Essig ablöschen, durchrühren, etwas Suppe zugießen und den Ansatz sämig einkochen lassen. Das Sauerkraut einige Male durchschneiden, unterrühren und alles halb zugedeckt unter oftmaligem Umrühren 20–30 Minuten köcheln lassen. Wenn nötig, noch etwas Suppe zugießen. Dann die rohen Erdäpfel darüberreiben, unterrühren und noch einige Minuten durchkochen lassen.

Inzwischen den fertig gebratenen Schweinsbraten in Scheiben schneiden. Die Hälfte des Paprikakrauts in die Bratenpfanne geben, die Schweinsbratenscheiben darauflegen und wieder mit Paprikakraut abdecken. Ins heiße Rohr schieben und noch 10–15 Minuten bei maßvoller Hitze (140–150 °C) ziehen lassen. Den Schweinsbraten auf einer vorgewärmten Platte anrichten, den Sauerrahm unter das Kraut rühren, mit Salz und Pfeffer abschmecken und noch einige Minuten dünsten. Die Bratenscheiben damit umkränzen.

Knuspriges Bauchfleisch mit Apfel-Erdäpfeln

ZUTATEN FÜR 4–5 PORTIONEN ~ **1 kg Bauchfleisch / 500–600 g Erdäpfel 2 saure Äpfel / 2–3 EL Honig / Knoblauch nach Belieben / Salz, Pfeffer, Kümmel Muskatnuss, Gewürznelken / Rindsuppe zum Aufgießen**

ZUBEREITUNG ~ Je nach Vorliebe mehr oder weniger Knoblauch sehr fein schneiden oder zerdrücken. Das Bauchfleisch mit Salz, Pfeffer, Kümmel und Knoblauch auf der fleischigen Seite kräftig einreiben und mindestens 30 Minuten ziehen lassen. Eine Pfanne etwa einen Finger hoch mit kochendem Salzwasser auffüllen, das Bauchfleisch mit der Schwartenseite nach unten hineinlegen und ca. 15 Minuten schwach wallend köcheln lassen. Bauchfleisch wieder herausheben, die Schwarte gut trocken tupfen und schröpfen, das heißt in regelmäßigen Abständen der Länge und der Quere nach einschneiden. Das Backrohr auf 220 °C vorheizen. Das Bauchfleisch in eine passende Bratenpfanne setzen und etwa 10 Minuten braten. Hitze auf 140–150 °C reduzieren und noch etwa 2 Stunden weich braten. Dabei wiederholt mit Bratensaft übergießen und frische Suppe nachgießen. Ungefähr eine halbe Stunde vor Ende der Garzeit die Schwarte mit dem leicht erwärmten Honig einstreichen und ab nun nicht mehr übergießen, damit sie schön knusprig wird. Eventuell auch ziemlich gegen Ende Oberhitze zuschalten.
Währenddessen die Erdäpfel vierteln und in Salzwasser ca. 8 Minuten vorkochen. Die Äpfel ebenfalls in Spalten schneiden und mit den Erdäpfeln vermengen. Mit Salz, Pfeffer und einer Prise Muskatnuss abschmecken. Einige Gewürznelken daruntermischen und etwa eine halbe Stunde vor Ende der Garzeit rund um das Bauchfleisch gruppieren. Das fertige Bauchfleisch vor dem Aufschneiden noch kurz warm rasten lassen.

Paprika und Puszta

Die ungarische Küche ist mit den Begriffen Paprika und Puszta so eng verwoben wie die Wiener Küche mit dem gleichnamigen Schnitzerl und Apfelstrudel. Dabei dominiert Paprika noch gar nicht so lange das Küchengeschehen unserer östlichen Nachbarn, und die Puszta wiederum klingt bei weitem romantischer als ihr Ursprung vermuten ließe. Um mit der feurigen, roten Gewürzbombe zu beginnen: Die zur Familie der Nachtschattengewächse gehörende Pflanze war in Mexiko zwar bereits seit tausenden Jahren bekannt, konnte in Ungarn allerdings erst gegen Ende des 18. Jahrhunderts Eingang in die bürgerliche Küche finden. Ab dann allerdings im großen Stil. Ungarische Städte fochten Kämpfe um den Titel der „Hauptstadt des Paprikas" aus, und Albert Szent-Györgyi (1893–1986) verdankt seinen Nobelpreis einzig und allein der Erforschung des Paprikas in Bezug auf seinen Vitamingehalt. Die „Puszta" wiederum war den Ungarn schon knappe 300 Jahre früher ein Begriff. Leider. Denn sie bezeichnet nichts anderes als ein durch die Türkeneinfälle verwüstetes Dorf, das von der flüchtenden Bevölkerung verlassen wurde. Eine wahrhaft seltsame Metamorphose von Zerstörung zum Symbol ungarischer Idylle, die mit Pusztaschnitzerl, Pusztaspieß und Pusztapalatschinke auch in völlig entfremdetem Umfeld strapaziert wird, sei's in Recklinghausen oder Grieskirchen. Aber den Wienern geht es ja auch nicht anders mit ihrem Schnitzerl – oder?

Ripperlfleisch
(Spareribs)

ZUTATEN ~ 2 kg Schweinsripperln / 2 Zwiebeln / 8–10 Knoblauchzehen 1–2 EL Schmalz / Kümmel / Salz, Pfeffer

ZUBEREITUNG ~ Die Schweinsripperln zuputzen und in beliebig große Stücke teilen. Kräftig mit Salz, Pfeffer und Kümmel einreiben und eine gute halbe Stunde ziehen lassen. Währenddessen die Zwiebeln in grobe Stücke teilen und das Backrohr auf 180 °C vorheizen. Eine passende Bratenpfanne mit Deckel mit etwa ½ Liter Wasser ausgießen. Schmalz, Zwiebeln sowie die geschälten Knoblauchzehen zugeben und die Ripperln einordnen.
Den Deckel aufsetzen und die Ripperln ca. 15–20 Minuten schmoren.
Dann den Deckel entfernen und die Ripperln noch etwa 20–30 Minuten fertig braten.

BEILAGENEMPFEHLUNG ~ Braterdäpfel, eingelegte Paprikaschoten, Essiggurken oder Knoblauchbrot.

Schweinsrippchen mit knuspriger Polenta

ZUTATEN ~ 2 kg Schweinsripperln / 200 g Polenta (Maisgrieß) / 1 mediterranes Gewürzsträußchen (Salbei, Thymian, Rosmarin etc.) / Salz, Pfeffer aufgeschäumte Butter / Oliven- und Pflanzenöl

ZUBEREITUNG ~ Die Schweinsripperln gut mit Salz sowie Pfeffer einreiben und eine gute halbe Stunde ziehen lassen. In möglichst großen Stücken in heißem Olivenöl auf beiden Seiten scharf anbraten und danach auf ein mit Öl ausgestrichenes Backblech legen.
Das Backrohr auf nicht mehr als 75 °C vorheizen. Die Kräuter fein hacken und über die Ripperln streuen. Ins warme Rohr schieben und je nach Qualität des Fleisches 2–3 Stunden weich braten.
Währenddessen die Polenta nach Anleitung zubereiten, dabei darauf achten, dass die Polenta nicht zu flüssig, sondern eher fest gerät.
Die Polentamasse in eine mit kaltem Wasser ausgespülte Schüssel umfüllen, fest drücken und abkühlen lassen. Erkaltete Polentamasse stürzen, in Scheiben schneiden und in Olivenöl auf beiden Seiten knusprig braten.
Die fertig gegarten Ripperln auf einer vorgewärmten Platte anrichten, mit der aufgeschäumten Butter beträufeln.
Mit den gebratenen Polentaschnitten auftragen.

TIPP ~ Besonders fein schmecken die Ripperl, wenn Sie die Trüffelsaison nutzen und am Ende einige Scheiben einer weißen Trüffel über die Polentascheiben hobeln.

Surbraten

ZUTATEN FÜR 4–6 PORTIONEN ~ **1 Surbraten (ca. 1 kg) vom Schopfbraten, Karree oder Stelze / 2 EL Mehl / Rindsuppe oder Wasser zum Aufgießen / Pflanzenöl oder Schmalz**

ZUBEREITUNG ~ Das Backrohr auf 170–180 °C vorheizen. Den Surbraten in einer geeigneten Bratenpfanne in nicht zu wenig Öl oder Schmalz rundum gut anbraten. Etwas Mehl über den Braten streuen und nochmals kurz von allen Seiten her anbraten. In das heiße Backrohr schieben und 1 ½–2 Stunden braten. Nach etwa 10–15 Minuten etwas Rindsuppe oder Wasser zugießen und den Surbraten während der Garzeit wiederholt mit Bratensaft begießen. Einmal wenden und bei Bedarf Wasser nachgießen.
Den weich gegarten Surbraten herausheben, warm rasten lassen und den Bratensatz mit Wasser lösen. Aufkochen lassen und dezent abschmecken. Nach Belieben abseihen. (Achtung: Durch das Suren gerät der Braten meist ohnehin recht würzig und verträgt kein allzu intensiv gewürztes Saftl.) Den Surbraten aufschneiden und mit dem Saftl umgießen.
BEILAGENEMPFEHLUNG ~ Grieß- oder Semmelknödel, kalter Kraut- oder Gurkensalat mit Rahm.

TIPP ~ Wenn Sie vielleicht mit zu stark gesurten Braten schlechte Erfahrungen gemacht haben (der Braten schmeckt dann zu intensiv und salzig), ist es empfehlenswert, das Fleisch vor dem Braten mit kaltem Wasser abzuspülen.

Wachauer Surbraten

ZUTATEN FÜR 4–6 PORTIONEN ~ **1 Surbraten (ca. 1 kg) vom Schopfbraten oder Karree, möglichst mild gesurt / 150 g dünn geschnittener Selch- oder Räucherspeck getrocknete Marillen nach Belieben / Marillenschnaps für die Sauce / Rindsuppe oder Wasser zum Aufgießen**

ZUBEREITUNG ~ Die getrockneten Marillen in längliche Streifen schneiden und den Surbraten damit spicken. Dazu mit einem langen, spitzen Messer Höhlungen in das Fleisch stechen und die Marillenstücke hineinstecken. Den Surbraten rundum gut mit Speck umhüllen. In eine geeignete Bratenpfanne setzen.
Das Backrohr auf 170–180 °C vorheizen. Den gespickten Surbraten in das heiße Backrohr schieben und 1 ½–2 Stunden braten. Nach etwa 10–15 Minuten etwas Rindsuppe oder Wasser zugießen. Den Surbraten während der Garzeit wiederholt mit Bratensaft begießen. Einmal wenden und bei Bedarf Wasser nachgießen.
Fertigen Surbraten herausnehmen, in Alufolie gehüllt kurz warm stellen und währenddessen den Bratensatz mit einem kräftigen Schuss Marillenschnaps ablöschen. Einkochen lassen und eventuell noch mit Wasser aufgießen. Abschmecken und mit dem tranchierten Surbraten servieren.
BEILAGENEMPFEHLUNG ~ Erdäpfelpuffer und weißer oder grüner Spargel.

Schweinsfilets mit Pusztagemüse
klimagegart

ZUTATEN ~ 4 kleine Schweinsfilets à ca. 200 g (Schweinslungenbraten) / 50 g Räucherspeck / 1 rote Paprikaschote / 1 gelbe Paprikaschote / 1 grüne Paprikaschote / 1 kleine Chilischote / 6 geschälte Tomaten (oder 1 kleine Dose Pelati) / 2–3 Knoblauchzehen / edelsüßes und scharfes Paprikapulver / Rindsuppe zum Aufgießen / Schmalz (Butter- oder Schweineschmalz) oder Pflanzenöl / Salz, Pfeffer / Maisstärke nach Bedarf / 150 ml Wasser für die Dampfstöße

ZUBEREITUNG ~ Die Schweinsfilets gut zuputzen, allfällige Sehnen und Häutchen entfernen. Mit Salz, Pfeffer und edelsüßem Paprikapulver rundum würzen. Paprikaschoten und Chilischote waschen, entstielen sowie entkernen und in mundgerechte Streifen schneiden. Tomaten nach Belieben schälen (dafür kurz blanchieren und Haut abziehen) und kleinwürfelig schneiden. Den Knoblauch sehr fein hacken, den Speck in feine Würfel schneiden.
In einer geeigneten Bratenpfanne nicht zu wenig Schmalz oder Öl erhitzen und die Schweinsfilets rundum kurz anbraten. Wieder herausheben. Bei Bedarf noch etwas frisches Fett zugeben und die Speckwürfel anbraten. Paprika- sowie Chilischoten unterrühren, Knoblauch zugeben und nur noch ganz kurz anbraten, bis die Paprikaschoten ein wenig Farbe genommen haben. Tomaten einmengen, das Gemüse kräftig mit Salz, Pfeffer und scharfem Paprika abschmecken. Ist das Pusztagemüse zu wenig flüssig, noch etwas Rindsuppe zugießen.
Nun die Schweinsfilets in das Gemüse setzen, danach mit flüssigem Schmalz beträufeln und im nicht vorgeheizten Backrohr bei 150–170 °C mit 2 Dampfstößen 35–45 Minuten klimagaren (s. u.). Die gegarten Schweinsfilets herausheben, warm rasten lassen und das Pusztagemüse bei Bedarf noch mit etwas in Wasser angerührter Maisstärke binden. Filets im Ganzen auf vorgewärmten Tellern anrichten oder vorher tranchieren, das Pusztagemüse rundum gruppieren.
BEILAGENEMPFEHLUNG ~ Tarhonya (ungarische Teigware) oder Spätzle.

1. Dampfstoß nach 6 Minuten
2. Dampfstoß nach weiteren 15 Minuten

TIPP ~ Das Pusztagemüse kann noch durch die Zugabe von gekochten Maiskörnern verfeinert werden.

Schindelbraten aus dem Römertopf

ZUTATEN ~ 4 Filets vom Schweinslungenbraten zu je ca. 180–200 g / 600 g Erdäpfel 100 g nicht zu dünn geschnittener Räucherspeck / 4 Jungzwiebeln / 2 große Zwiebeln 2 Knoblauchzehen / Pflanzenöl oder Butterschmalz / edelsüßes Paprikapulver Salz / Pfeffer

ZUBEREITUNG ~ Zunächst den Römertopf wässern. Inzwischen die Erdäpfel in Scheiben schneiden und ca. 6–8 Minuten lang vorkochen. Abseihen. Die Jungzwiebeln in längliche Streifen schneiden, Knoblauch fein hacken und beides in nicht zu wenig Butterschmalz oder Öl hell (!) anschwitzen. Mit den Erdäpfeln vermengen und kräftig mit Paprikapulver, Salz sowie Pfeffer würzen. Die Erdäpfel-Zwiebel-Mischung in den Römertopf geben.
Den Schweinslungenbraten rundum gut mit Salz und Pfeffer einreiben. Im verbliebenen Fett bei hoher Hitze rundum kräftig anbraten. (Bei Bedarf vorher noch etwas frisches Schmalz oder Öl zugeben.) Die Filets herausheben, auf das Erdäpfelbett platzieren und den Bratensaft darüberträufeln. Den Römertopf verschließen und bei 160 °C je nach gewünschtem Garungsgrad 20–25 Minuten garen.
In der Zwischenzeit die Zwiebeln in Ringe schneiden und in einer Pfanne in reichlich Öl goldgelb braten, herausheben und abtropfen lassen. Den Speck in einer anderen Pfanne in wenig Fett knusprig ausbraten. Die fertig gebratenen Schweinsfilets in Scheiben schneiden und auf vorgewärmten Tellern schindelartig anrichten. Mit den knusprigen Zwiebelringen sowie den Speckscheiben garnieren und die gebratenen Erdäpfel rundum gruppieren.
BEILAGENEMPFEHLUNG ~ Als weitere Garnitur Senfgurken oder eingelegte Paprika .

TIPP ~ Steht kein Römertopf zur Verfügung, so brät man die Filets im heißen Rohr ca. 10–15 Minuten bei 180 °C.

Süß-sauer marinierte Schweinsripperln

ZUTATEN ~ **2 kg Schweinsripperln / Salz / Rindsuppe nach Belieben zum Aufgießen**

FÜR DIE MARINADE ~ **125 ml Rindsuppe / 3–4 Jungzwiebeln / 1 kleines Stück Ingwer / 3–4 EL leicht erwärmter Honig / 40 ml Chilisauce / 80 ml dunkle Sojasauce 80 ml Reisessig / 50 ml Reiswein / Salz**

ZUBEREITUNG ~ Die zugeputzten Schweinsripperln nach Belieben in kleinere oder größere Stücke teilen. In einem passenden Topf oder einer Kasserolle reichlich Salzwasser aufkochen lassen und die Ripperln darin kurz (etwa 5 Minuten) ziehen lassen. Herausheben und abtropfen lassen. Inzwischen für die Marinade die Jungzwiebeln in feine Würfel schneiden. Den Ingwer schälen und ebenfalls sehr fein schneiden oder reiben. Nun in einer kleineren Schüssel alle Zutaten für die Marinade miteinander vermengen. Die Marinade über die Ripperln gießen und diese unter mehrmaligem Wenden mindestens eine Stunde, aber besser noch länger, ziehen lassen.
Das Backrohr auf ca. 160 °C vorheizen. Ripperln abtropfen lassen und auf ein Backblech oder ein Gitter legen. Im heißen Backrohr ca. 40 Minuten unter ständigem Begießen mit Marinade und etwas Wasser braten. Nach der Hälfte der Garzeit wenden. Kurz vor dem Servieren bei großer Oberhitze oder unter der Grillschlange nochmals knusprig braten. Die Ripperln herausnehmen und anrichten. Zurückgebliebenen Bratenrückstand gut lösen und nach Belieben noch mit etwas Rindsuppe aufkochen lassen. Abgießen und in kleinen Schüsselchen extra servieren.
BEILAGENEMPFEHLUNG ~ Gekochter Reis und Chilisaucen aller Schärfegrade.

TIPP ~ Bei dieser exotischen Variante der gebratenen Schweinsripperln ist es wichtig, darauf zu achten, dass die Temperatur nicht zu hoch ist, da die mit Honig und Sojasauce marinierten Ripperln sonst rasch eine zu dunkle Farbe bekommen.

Faschierte Braten

Tiroler Ofenleber

ZUTATEN FÜR 4–5 PORTIONEN ~ 500 g Kalbs- oder Schweinsleber / 100 g Schweins- od. Kalbsschulter / 100 g Kalbs- oder Schweinsherz / 100 g dünn geschnittener Räucherspeck / 1 mittlere Zwiebel / 4 altbackene Semmeln / 150–200 ml Milch / 3 kleine Erdäpfel 3 EL Weizenmehl / 2 Eier / gehackte Petersilie / Salz, Pfeffer, Majoran / Butter

ZUBEREITUNG ~ Die Innereien und das Fleisch am besten gleich beim Fleischhauer faschieren lassen. (Noch am selben Tag verarbeiten!) Die Semmeln in Stücke schneiden und in Milch einweichen. Die Zwiebel fein hacken, in etwas aufgeschäumter Butter hell anschwitzen, gehackte Petersilie zugeben und noch kurz durchrösten. Vom Herd nehmen. Semmeln ausdrücken und durch ein Sieb passieren. Die Erdäpfel schälen, reiben und rasch mit dem Faschierten, Zwiebeln, Eiern, Semmeln, Mehl, Salz, Pfeffer sowie Majoran vermengen.
Das Backrohr auf 180 °C vorheizen. Eine Bratenform gut mit Butter ausstreichen, die Masse einfüllen und mit Speckscheiben abdecken. Ins heiße Rohr schieben und 50–70 Minuten backen. Herausnehmen, in Scheiben schneiden und – so Sie die Ofenleber nicht, wie in Tirol mancherorts noch üblich, in der heißen Nudelsuppe servieren – mit Sauerkraut und Erdäpfelrösti auftragen.
BEILAGENEMPFEHLUNG ~ Sauerkraut und Erdäpfelrösti.

Faschierter Truthahn-Pistazien-Braten

ZUTATEN ~ 600 g faschiertes saftiges Truthahnfleisch (Keule) / 100 g geräucherter Truthahnschinken / 50 g dünn geschnittener Räucherspeck / 2 Eier / 1–2 EL eingeweichte getrocknete Marillen (oder Zwetschken) / 2 EL Pistazien (ersatzweise Pinienkerne) 1–2 Semmeln vom Vortag / Milch zum Einweichen / ca. 3 EL Semmelbrösel ½ Bund Jungzwiebeln / 1 Knoblauchzehe / 1 Zweig Currykraut oder ½ KL Currypulver Salz, Pfeffer / Butter und Pflanzenöl

ZUBEREITUNG ~ Semmeln in Milch einweichen, Currykraut sehr fein hacken oder im Mörser zerstoßen. Jungzwiebeln fein schneiden, den Knoblauch fein hacken. In einer kleinen Pfanne die Jungzwiebeln in etwas Butter oder Öl hell anschwitzen, Knoblauch zugeben, Currykraut einrühren und alles kurz durchschwenken. Vom Herd nehmen. Die eingeweichten Marillen kleinwürfelig schneiden, die Pistazien zerkleinern. Semmeln ausdrücken und mit den Zwiebeln, Pistazien und Marillen unter das faschierte Truthahnfleisch mischen. Eier zugeben, salzen, pfeffern und so viel Semmelbrösel zugeben, dass ein kompakter Fleischteig entsteht. Nochmals würzig abschmecken.
Das Backrohr auf 180 °C vorheizen. Den Schinken in kleine Würferl schneiden. Eine Rehrücken- oder Kastenform gut mit Butter ausstreichen und die Schinkenwürferl einstreuen. Die Fleischmasse auftragen, gleichmäßig festdrücken und mit Speckscheiben abdecken. Im heißen Backrohr 45–55 Minuten braten. Herausnehmen und kurz rasten lassen, dann stürzen und aufschneiden.
BEILAGENEMPFEHLUNG ~ Am besten Erdäpfelpüree, gratinierte Oberserdäpfel, Cremespinat oder feines Gemüse wie Spargel, Erbsenschoten oder Romanescoröschen.

Klassischer faschierter Braten

ZUTATEN FÜR 6 PORTIONEN ~ 800 g Faschiertes (am besten Kalb-, Schweine- und Rindfleisch gemischt) / 2 altbackene Semmeln oder entsprechend viel Weißbrot Milch zum Einweichen / 2 Eier / 3 Schalotten / 2 Knoblauchzehen / 1 EL Semmelbrösel gehackte Petersilie / 1 TL scharfer Senf / ½ TL fein gehackter Ingwer / 150 ml Sauerrahm und 1 KL Mehl oder kalte Butterflocken für die Sauce / Majoran, Muskatnuss Salz, Pfeffer / Speckscheiben oder Brösel zum Abdecken / Rindsuppe zum Aufgießen Butter oder Butterschmalz

ZUBEREITUNG ~ Die Schalotten fein hacken, den Knoblauch sehr fein hacken. In einer Pfanne etwas Butterschmalz oder Butter erhitzen und die Schalotten hell anschwitzen. Knoblauch und gehackte Petersilie zugeben und kurz mitrösten lassen. Vom Herd nehmen und abkühlen lassen. Die Semmeln in kleinere Stücke teilen, in Milch einweichen, ausdrücken und durch ein Sieb passieren.

Nun das Faschierte mit den passierten Semmeln, Schalotten, Eiern, Senf, fein gehacktem Ingwer sowie den Gewürzen gut verarbeiten. Mit Semmelbröseln binden und je nach Bedarf noch etwas kaltes Wasser oder Brösel zugeben, damit eine gut knetbare Masse entsteht. Dabei die Fleischmasse mit den Händen gut durcharbeiten.

Das Backrohr auf 180–200 °C vorheizen. Eine passende Bratenform mit flüssigem Butterschmalz ausstreichen. Die Fleischmasse zu einem Striezel formen und diesen in die Form setzen. Die Oberfläche entweder mit Speckscheiben abdecken oder zuerst mit Bröseln bestreuen und dann großzügig mit Butterflocken belegen. Ins heiße Backrohr schieben und ungefähr eine Stunde (je nach Höhe des Striezels) braten. Wird der Braten ohne Speck gebraten, währenddessen wiederholt mit Bratensaft übergießen und ab und an frische Suppe nachgießen. Den fertigen Braten herausheben, in Alufolie gehüllt warm stellen und den Bratensatz mit etwas Rindsuppe lösen. Aufkochen lassen. Den Sauerrahm mit Mehl glatt rühren und unter ständigem Rühren zügig unter den Saft mengen – oder die Sauce mit rasch eingerührten eiskalten Butterflocken binden. Den Braten tranchieren und den Saft dazu extra in einem Saucenkännchen auftragen.

BEILAGENEMPFEHLUNG ~ Braterdäpfel, Rösterdäpfel, Erdäpfelpüree, junges Gemüse wie Erbsen, Babykarotten und frischer Salat.

TIPP ~ Faschierte Laibchen lassen sich nach demselben Rezept zubereiten. Sie werden zunächst in der Pfanne an- und im Backrohr fertig gebraten. Für Pljeskavica formen Sie die Masse zu sehr großen, flachen Laibchen, die übrigens auch mit Schafkäsewürfelchen gefüllt werden können, braten diese ebenso zuerst in der Pfanne an und lassen sie unter ständigem Begießen mit Butterschmalz im Backrohr braun werden. Die fertigen Laibchen mit Zwiebelringen und Braterdäpfeln servieren.

Gefüllter faschierter Braten im Netz

ZUTATEN ~ 600 g gemischtes Faschiertes / 1 Schweinsnetz (oder Speckscheiben) 1 ½ altbackene Semmeln / 150–200 ml Milch zum Einweichen / 1 Zwiebel 50 g nicht zu fetter Speck / 1–2 Eier / gehackte Petersilie / Salz, Pfeffer, Majoran 1 EL Semmelbrösel bei Bedarf / Tomatenmark / Rindsuppe oder Wasser zum Aufgießen 200 ml Sauerrahm / 1 EL Mehl / Öl oder Butterschmalz

FÜR DIE FÜLLE ~ 2 hartgekochte Eier / 2 Essiggurkerl 3–4 EL fein gehacktes gekochtes Selchfleisch oder Beinschinken

ZUBEREITUNG ~ Das Schweinsnetz wässern. Die Semmeln in grobe Stücke teilen und in Milch einweichen. Speck und Zwiebel fein hacken. In heißem Öl oder Butterschmalz Speck und Zwiebel hell anrösten, Petersilie zugeben, kurz durchrösten und überkühlen lassen. Semmeln ausdrücken und durch eine Flotte Lotte passieren (oder im Mixer pürieren). Faschiertes, Speck-Zwiebel-Masse, passierte Semmeln, Eier, Salz, Pfeffer sowie Majoran zu einer gut knetbaren Masse vermengen. Ist die Masse noch zu weich, etwas Semmelbrösel unterrühren, ist sie zu fest, noch ein Ei oder wenig Wasser einarbeiten.
Das Backrohr auf 220 °C vorheizen, das Netz abtupfen und auf eine Arbeitsfläche auflegen.
Die faschierte Masse zu einem länglichen Striezel formen und der Länge nach eine Einkerbung hineindrücken. Für die Fülle die Eier schälen, die Essiggurkerl nach Belieben in Scheiben schneiden oder ganz lassen und in die Vertiefung legen. Mit Selchfleischwürfeln bestreuen und mit Faschiertem wieder bedecken. Mit nassen Händen zu einem schönen Striezel formen und den Braten nun rundum gut in das Netz einschlagen (oder die Oberfläche gut mit Speckscheiben abdecken). In eine Bratenform setzen und zunächst 15 Minuten braten, dann Hitze auf 180 °C reduzieren und noch weitere 45–55 Minuten braten. Währenddessen wiederholt mit Bratensaft übergießen und frische Rindsuppe nachgießen.
Ist das Netz schön glasig, Braten herausnehmen und warm stellen. In den Bratrückstand etwas Tomatenmark einrühren, mit Rindsuppe oder Wasser aufgießen und kräftig aufkochen lassen. Rahm mit Mehl glatt rühren, einrühren und bis zur gewünschten Molligkeit der Sauce verkochen lassen. Den Netzbraten aufschneiden und mit der fertigen Sauce servieren.

BEILAGENEMPFEHLUNG ~ Erdäpfelpüree.

Gefüllte Paprika

ZUTATEN FÜR 5–6 PORTIONEN ~ 5–6 Paprikaschoten / 160 g bereits gekochter Reis 500 g Faschiertes / 80 g gehackte Zwiebeln / 2 gehackte Knoblauchzehen 50 g Semmelwürfel / 1 Ei / 1 Eidotter / Milch zum Einweichen (ca. 50–80 ml) / Salz, Pfeffer, Majoran, Muskatnuss / frisch gehackte Petersilie / Semmelbrösel nach Bedarf Salz, Pfeffer / Butter und/oder Öl

ZUBEREITUNG ~ Für die faschierte Masse zunächst die gehackten Zwiebeln gemeinsam mit Knoblauch in etwas Butter oder Öl hell anschwitzen. In einer großen Schüssel die Semmelwürfel in Milch einweichen. Das Faschierte untermengen, Zwiebel-Knoblauch-Masse zugeben, Ei sowie Dotter untermengen und mit Salz, Pfeffer, Majoran, Muskatnuss und Petersilie gut abschmecken. Den gekochten Reis mit der faschierten Grundmasse vermengen. Nochmals abschmecken und bei Bedarf die Masse eventuell noch mit etwas Bröseln binden. Von den Paprikaschoten die Deckel abschneiden, Kerne entfernen und die Schoten gut auswaschen. Faschierte Masse einfüllen und die Schoten mit den umgedrehten Deckeln verschließen. Gefüllte Paprika in eine gefettete Form setzen und im vorgeheizten Backrohr je nach Größe 40–55 Minuten braten.

BEILAGENEMPFEHLUNG ~ Eine klassische Tomatensauce sowie Salzerdäpfel oder Reis.

TIPP ~ Die gefüllten Paprikaschoten können auch von Beginn an – oder nach etwa der Hälfte der Garungszeit – in reichlich Tomatensauce gesetzt und während des Bratens wiederholt damit übergossen werden. So schmecken die Schoten saftiger.

Crépinetten mit Crêpe

Was in der französischen Küche unter dem wohlklingenden Namen „Crépinette“ bekannt ist und mit den ähnlich klingenden Crêpes nichts gemeinsam hat, außer dem Umstand, dass beide Gerichte ein schmackhaftes Innenleben bergen, lässt sich rasch und unkompliziert auch auf österreichisch zubereiten. Rund ein halbes Kilogramm beliebiges Fleisch (Geflügel, Kalb oder Schwein, aber auch Wild) mit 100 Gramm Speck faschieren, eine eingeweichte Semmel, Salz, Pfeffer und frische Kräuter (Petersilie, Estragon, Kerbel etc.) sowie zwei Eidotter einrühren und nach Belieben mit fein gehackten Waldpilzen und einigen fein geschnittenen Jungzwiebeln abrunden. Die Masse mit befeuchteten Händen zu kleinen Würstchen formen und diese in zurechtgeschnittene Stücke vom Schweinsnetz gut einwickeln. In eine gebutterte Bratenform setzen und im heißen Rohr rundum braten, bis die Würstchen knusprig und durchgebraten sind. Dazu servieren Sie am besten Erdäpfelpüree mit braun gebratenen Zwiebelringen und danach – wie könnte es anders sein? – sollten doch Crêpes auf wienerisch, sprich: flaumige Palatschinken, folgen.

Krautrouladen unter der Rahmhaube

ZUTATEN ~ 600–700 g faschierte Masse (siehe Klassischer faschierter Braten S. 117)
1 Kopf Kraut / 50 g durchzogener Speck im Ganzen / 100 g Champignons
Rindsuppe bei Bedarf / Butterschmalz oder Butter

FÜR DEN GUSS ~ 250 ml Sauerrahm / 1 Ei / Salz, Pfeffer, Muskatnuss

ZUBEREITUNG ~ Den Speck sowie die Champignons kleinwürfelig schneiden. In einer Pfanne wenig Butterschmalz erhitzen und die Speckwürfel darin auslassen. Champignons zugeben und so lange durchrösten, bis die Flüssigkeit verdunstet ist. Salzen, pfeffern. Das Kraut zuputzen (Strunk sowie Außenblätter entfernen), einzelne Blätter lösen und diese kurz in siedendem Wasser überbrühen, trocken tupfen und den Strunk herausschneiden. Die Blätter auf einer Arbeitsfläche auflegen und mit Salz sowie Pfeffer würzen. Jeweils etwas von der Speck-Champignon-Mischung sowie von der faschierten Masse auftragen und die Blätter so einrollen, dass die Fülle nicht austreten kann. (Kurz einrollen, unteres Ende einschlagen und fertig einrollen.)
Das Backrohr auf 180 °C vorheizen. Eine Bratenform gut mit heißem Fett ausstreichen, die Krautrouladen einlegen und insgesamt eine knappe Stunde braten. Dabei bei Bedarf etwas Rindsuppe zugießen und die Rouladen mit Bratensaft übergießen. Etwa 20 Minuten vor Garungsende den Sauerrahm mit dem Ei, Salz, Pfeffer sowie Muskatnuss glatt rühren und über die Rouladen gießen. Fertig braten.

Überbackene Melanzani

ZUTATEN ~ 4 Melanzani / ca. 500 g Faschiertes / 2 Schalotten / 2 Knoblauchzehen
Thymian, Muskatnuss / 1 Kugel Mozzarella oder 200 g geriebener Käse / Salz, Pfeffer
Butterschmalz oder Öl

ZUBEREITUNG ~ Die Melanzani halbieren, das Fruchtfleisch etwa einen Finger breit vom Rand weg rundum einschneiden und mit einem Löffel herauslösen. Dabei darauf achten, dass die Schale nicht verletzt wird. Das Fruchtfleisch in kleine Würfel schneiden und beiseite legen. Das Backrohr auf 180 °C vorheizen und die Melanzanihälften darin ca. 15 Minuten braten.
Währenddessen die Schalotten sowie den Knoblauch fein hacken. Zunächst die Schalotten in heißem Fett hell anschwitzen, Knoblauch sowie Faschiertes zugeben und alles einige Minuten durchrösten. Melanzaniwürfel zugeben, durchrühren und die Masse mit Salz, Pfeffer, Muskatnuss und Thymian würzen. Nun die Melanzanihälften mit der Masse füllen, mit dem in Würfel geschnittenen Mozzarella belegen (oder Reibkäse darüberstreuen). Im heißen Backrohr noch ca. 15 Minuten überbacken, bis der Käse schön geschmolzen und goldbraun geworden ist. Die fertigen Melanzani anrichten.
BEILAGENEMPFEHLUNG ~ Tomatensauce und Salzerdäpfel.

Leberschädel

ZUTATEN ~ 600–700 g faschierte Kalbs- oder Schweinsleber und Schweinefleisch gemischt (im Verhältnis 2:1 oder nur faschierte Leber) 250 ml Milch / 4 altbackene Semmeln / 2 Eier / 1 Zwiebel / gehackte Petersilie Salz, Pfeffer, Majoran / geriebene Zitronenschale / 2 EL Semmelbrösel bei Bedarf / 1 gewässertes Schweinsnetz / Butter

ZUBEREITUNG ~ Das Schweinsnetz wässern. Die altbackenen Semmeln in grobe Stücke teilen und in Milch weichen. Ausdrücken und durch eine Flotte Lotte passieren bzw. im Mixer pürieren. Die Zwiebel fein hacken und in etwas Butter hell anschwitzen. Gehackte Petersilie unterrühren und wieder vom Feuer nehmen. Nun die faschierte Leber mit der Semmelmasse, Zwiebeln, Eiern, Salz, Pfeffer, Majoran sowie etwas geriebener Zitronenschale vermengen. Ist die Masse noch zu flüssig, mit Semmelbröseln binden.
Das Backrohr auf 160–170 °C vorheizen. Das gewässerte Schweinsnetz trocken tupfen und eine passende Bratenform so damit auslegen, dass die Lebermasse auch damit bedeckt werden kann. Lebermasse einfüllen, Netz darüberschlagen und etwa 40–50 Minuten backen, bis sich das Netz schön ausgebraten hat und die Oberfläche braun ist. Den fertigen Leberschädel herausnehmen, aufschneiden und servieren.

BEILAGEN-EMPFEHLUNG ~ Braterdäpfel und Sauerkraut.

Falscher Hasenrücken

ZUTATEN FÜR 6 PORTIONEN ~ 1 kg Faschiertes / 1 kleine Zwiebel / 2 Semmeln 100 g Räucher- oder Selchspeck / 2 EL Sauerrahm für die Masse / 200 ml Sauerrahm für die Sauce / 2 Eidotter / 1–2 KL Mehl / 1–2 Knoblauchzehen / 1 EL Preiselbeeren Zesten von 1 unbehandelten Limette / Salz, Pfeffer, Muskatnuss / Rindsuppe zum Einweichen / Butterschmalz oder Öl / Butter für die Form

ZUBEREITUNG ~ Die Semmeln grob zerschneiden und in etwas Rindsuppe einweichen. Ausdrücken und passieren. Die Knoblauchzehen fein schneiden oder hacken. Die Zwiebel fein schneiden und in heißem Butterschmalz oder Öl hell anschwitzen. Knoblauch zugeben, kurz durchrösten und wieder vom Herd nehmen. Überkühlen lassen. In einer großen Schüssel das Faschierte mit den passierten Semmeln, Zwiebeln, Sauerrahm, Eidottern und Salz, Pfeffer sowie Muskatnuss zu einem g'schmackigen Fleischteig vermengen. Den Speck in möglichst regelmäßige, kurze Stifte oder Streifen schneiden.

Nun die faschierte Masse zu einem länglichen Wecken, der in etwa einem geduckten Hasen ähnelt, formen. Die Speckstifte so in die Masse stecken, dass es aussieht, als wäre der Hasenrücken gespickt. Das Backrohr auf 180 °C vorheizen. Den Hasenrücken in eine gut gebutterte Bratenform setzen (oder diese mit Backpapier auslegen) und im heißen Backrohr eine gute Stunde braten. Währenddessen wiederholt mit flüssigem Butterschmalz und Bratensaft bestreichen. Wenn nötig, noch etwas warme Suppe zugießen. Den fertigen Hasenrücken herausheben und noch kurz warm rasten lassen. Inzwischen den Bratensatz mit etwas Suppe lösen, aufkochen lassen. Das Mehl mit dem Rahm glatt rühren und in die Sauce einrühren. Preiselbeeren einmengen und die Sauce sämig einkochen lassen. Mit Salz und Pfeffer abschmecken. Den Hasenrücken tranchieren, mit den Limettenzesten bestreuen und mit der Preiselbeersauce auftragen.

BEILAGENEMPFEHLUNG ~ Schupfnudeln, gekochte Hörnchen- oder Röhrennudeln sowie Erdäpfelpuffer.

Falscher und echter Hase

Exquisites Wild hat seinen Preis. Das war auch in früheren Zeiten so, als Rehfilet und Hasenrücken nur zu besonderen Anlässen auf dem Speiseplan bürgerlicher Haushalte standen. Zudem ist die Verfügbarkeit von Hasenfleisch ja an bestimmte Zeiten gebunden, in denen Meister Lampe auch geschossen werden darf. Um aber wenigstens ab und zu ein Gericht auf dem Tisch zu haben, das zumindest äußerlich einem Hasen gleicht, formte man also einen hasenrückenähnlichen Braten aus wesentlich preisgünstigerem faschiertem Fleisch – und der „falsche Hase“ war geboren. Wann und wo das der Fall war, darüber geben kulinarhistorische Quellen keine Auskunft. Tatsache ist hingegen, dass heute wohl kaum ein findiger Koch auf die Idee käme, ein politisch völlig korrektes Gericht wie den faschierten Braten mit einem Namen zu schmücken, der aus der zumindest für Tierschützer und Jagdskeptiker nicht unbedenklichen Jägerei stammt. Wie sich die Zeiten ändern!

Lamm- & Ziegenbraten

Lammbraten im Brotmantel
klimagegart

ZUTATEN FÜR 6 PORTIONEN ~ 1 ausgelöste Lammschulter oder -keule von ca. 1,5 kg / 1–1,5 kg Brotteig (fertig oder selbstgemacht) / 1 Karotte / 1 gelbe Rübe ½ Sellerieknolle / kräftiger Rotwein / 600 ml Lammfond oder Rindsuppe zum Aufgießen je 1 Rosmarin- und Thymianzweig / 1–2 Knoblauchzehen / Rosmarin, Thymian / Salz Pfeffer / Olivenöl / kalte Butterstückchen nach Belieben / ca. 250 ml Wasser für die Dampfstöße

ZUBEREITUNG ~ Das ausgelöste Lammfleisch waschen, trocken tupfen und kräftig mit Salz, Pfeffer, Rosmarin und Thymian würzen. Den Knoblauch fein schneiden oder zerdrücken und das Lammfleisch damit einreiben. Am besten eine gute Stunde bei Zimmertemperatur ziehen lassen. Dann mit Küchengarn wie einen Rollbraten in Form binden.

Nun in einer Pfanne Olivenöl erhitzen und das Lammfleisch rundum anbraten und wieder herausheben. Das in grobe Würfel geschnittene Gemüse zugeben und kurz anrösten. Einen recht großzügigen Schuss Rotwein zugießen, bei starker Hitze fast völlig einkochen lassen, dann mit Lammfond oder Suppe aufgießen und abermals aufkochen lassen. Die Kräuterzweige zugeben, das Lammfleisch wieder einlegen und alles gute 10–15 Minuten zugedeckt bei schwacher Hitze ziehen lassen.

Inzwischen den vorbereiteten Brotteig ausrollen. Das Lammfleisch herausheben, kurz abtropfen lassen und gut in den Brotteig hüllen. Dabei die Enden sorgfältig festdrücken! In eine gefettete oder mit Backpapier ausgelegte Backform legen und im nicht vorgeheizten Backrohr bei 170–190 °C etwa 1 ½–1 3/4 Stunden braten. (Die mit einem Bratenthermometer gemessene Kerntemperatur sollte ungefähr 85 °C betragen.) Den Backofen dabei auf 3 Dampfstöße programmieren (s. u.). Kurz vor Garungsende den zurückgebliebenen Bratenfond abseihen, bei Bedarf noch etwas Fond oder Suppe zugießen, nochmals kräftig aufkochen lassen und nach Belieben mit eingerührten kalten Butterstückchen abrunden. Den Lammbraten im Brotteig aufschneiden und die Sauce dazu extra servieren.

BEILAGENEMPFEHLUNG ~ Knackige Gemüse wie Erbsenschoten oder Karotten, grüner Blatt- oder Rucolasalat mit Speckkrusteln.

Der Klimagaren-Tipp von Miele

Verlässlichkeit für viele Jahre

Bei Brot und Gebäck einen Dampfstoß zu Beginn zum besseren Aufgehen zugeben. Die Stärke verkleistert besser und die Oberfläche trocknet nicht aus. Ein weiterer Dampfstoß am Ende der Garzeit bewirkt eine schöne Kruste, die auch lange kross bleibt.

1. Dampfstoß nach 6 Minuten
2. Dampfstoß nach weiteren 15 Minuten
3. Dampfstoß nach weiteren 15 Minuten

TIPP ~ Wenn Sie den Lammbraten vor dem Anbraten mit einem Küchenspagat wie einen Rollbraten in Form binden, den Faden allerdings vor dem Einwickeln in den Brotteig wieder entfernen, dann sieht der Braten noch besser aus. Nach demselben Rezept können Sie auch gekochten Schinken in Brotteig zubereiten, wobei sich in diesem Fall die Garungszeit wesentlich verringert.

Junglamm nach Art der Insel Cres

ZUTATEN ~ 1 Junglammschulter (ersatzweise 1 Keule vom / Junglamm)
1 kg Heurige (junge Erdäpfel) / 200 g Jungzwiebeln / 3–4 Knoblauchzehen
Rosmarinpulver, Meersalz / Pfeffer aus der Mühle / 1–2 Rosmarinzweige
100 ml trockener Weißwein (z. B. Zlahtina oder Malvazia) / 400 ml Olivenöl
Wasser oder Fond zum Aufgießen

ZUBEREITUNG ~ Das Fleisch unter kaltem Wasser gut waschen und trocken tupfen. Etwa die Hälfte des Öls mit frisch geriebenem Meersalz, Pfeffer und Rosmarin vermengen und das Fleisch damit rundum gut einstreichen. Etwa 15 Minuten lang ziehen lassen.
Das Backrohr auf 180–200 °C vorheizen. Eine Bratenpfanne erhitzen und das Lammfleisch darin kräftig anbraten. Pfanne ins heiße Backrohr stellen und das Lamm etwa 40–45 Minuten lang braten. Währenddessen wiederholt Wasser oder Fond zugießen und die Schulter mit Bratenflüssigkeit übergießen. Mittlerweile im Rest des Öls die ungeschälten Erdäpfel rundum anbraten. Sobald sie Farbe genommen haben, Erdäpfel rund um die gewendete Lammschulter gruppieren. Die Rosmarinzweige und die geviertelten Knoblauchzehen zugeben, alles mit Weißwein beträufeln und etwa weitere 40 Minuten braten, bis beim Anstechen der Schulter kein Blut, sondern nur mehr klarer Saft austritt. Von den Jungzwiebeln je nach Geschmack mehr oder weniger Grün entfernen. Die Zwiebeln kurz vor Garungsende hinzufügen und so lange mitgaren, dass sie noch knackig schmecken. Dann das Backrohr ausschalten, einen Spalt öffnen und das Fleisch noch ca. 10 Minuten rasten lassen.

TIPPS ~ Die Erdäpfel könnten auch vorgekocht und erst zu einem späteren Zeitpunkt zugegeben werden.
Die recht großzügige Dimensionierung der Olivenölzugabe orientiert sich am mediterranen Geschmack, kann freilich auch reduziert werden, was das Gericht allerdings wiederum weniger authentisch werden lässt.

Französischer Festtags-Lammbaron

ZUTATEN ~ 1 Lammbaron (die gesamte hintere Lammhälfte mit Lammrücken und beiden Keulen, ca. 8 kg) / 1 Bund getrocknete provençalische Kräuter (Thymian, Salbei, Rosmarin, 1 Lorbeerblatt, Lavendel etc.) / 3–4 Rosmarinzweige zum Mitbraten 1 Wurzelwerk / 2 Stangen Porree / 1 Knoblauchknolle / 1 l kräftiger französischer Rotwein / 1,5 l Lammfond oder kräftige Rindsuppe / eiskalte Butterflöckchen für die Sauce / Olivenöl / Salz, Pfeffer

ZUBEREITUNG ~ Die Lammniere mit ihrem Fett auslösen und gesondert, etwa in einer feinen Cognac-Obers-Sauce, zubereiten. Die getrockneten Kräuter abzupfen und mit reichlich Olivenöl, Salz sowie Pfeffer in einem Mörser fein zerstoßen, den Lammbaron damit rundum gut einreiben. Eine Stunde ruhen lassen. Das Backrohr in der nötigen Größe auf 200 °C vorheizen.

Das Wurzelwerk und den Porree in grobe Stücke teilen, die Knoblauchknolle der Breite nach einmal durchschneiden und dann in kleinere Stücke brechen. Alles in eine passende Bratenpfanne einordnen. Etwas Rotwein und Lammfond zugießen und den Lammbaron daraufsetzen. Den Rosmarin rundherum legen und den Lammbaron 30–40 Minuten braten. Hitze auf 140–150 °C reduzieren und das Fleisch weitere 4–4 ½ Stunden, je nach gewünschtem Garungsgrad, zartrosa oder völlig durchgebraten garen. Währenddessen wiederholt mit Bratensaft begießen und jeweils frischen Wein und Lammfond nachgießen. Den fertig gebratenen Lammfond herausheben und noch etwas warm rasten lassen.

Inzwischen den Saft abseihen, entfetten, bei Bedarf noch etwas Suppe oder Wein zugießen und nochmals einkochen lassen. Die Sauce abschmecken und mit rasch eingerührten kalten Butterflöckchen binden. Den Lammbaron nach Möglichkeit auf einer geeigneten Vorlegeplatte im Ganzen auftragen und erst bei Tisch tranchieren. Die Sauce eigens in einer Saucière servieren.

BEILAGENEMPFEHLUNG ~ Rosmarinerdäpfel, Couscous, mediterrane Gemüse wie Ratatouille, Zucchini-Tomaten-Gemüse, gebratene Melanzani und frischer Tomaten- oder Blattsalat.

Verehrung, Baron Lamm!

Die Entwicklung von der Groß- zur Kleinfamilie und nunmehr in Richtung Singlehaushalt bringt vielfältigste Veränderungen mit sich. Auch in kulinarischer Hinsicht. Vorbei sind die Zeiten, in denen sich eine zwölfköpfige Tischrunde freudig um einen gargantuesken Festtagsbraten scharte. Heute schmaust man alleine, zu zweit, vielleicht zu dritt. Überall? Nein, nicht überall. In Frankreich hat sich in vielen Familien bis heute noch der Brauch erhalten, an großen Festtagen einen ganzen Lammbaron aufzutischen. Damit bezeichnet man jenes ganze Hinterviertel eines Lamms, das sowohl Lammrücken als auch beide Keulen miteinschließt und schon seine acht Kilogramm auf die Waage bringt. Ein wahrhaft adeliges Stück Lamm!

Gebratene Lammschulter auf Erdäpfel-Tomaten-Bett

**ZUTATEN FÜR CA. 6 PORTIONEN ~ 1 Schulter vom Milchlamm (1,2–1,5 kg)
3–4 Knoblauchzehen zum Marinieren / 4 große Fleischtomaten / 750–1000 g Erdäpfel
Lammfond oder Rindsuppe / 1 Rosmarinzweiglein / Wermut zum Aufgießen
eiskalte Butterflocken zum Binden / Olivenöl / Salz, Pfeffer**

**FÜR DIE OLIVENKRUSTE ~ eine Handvoll entkernte Oliven / 3 Knoblauchzehen
Meersalz, Pfefferkörner / Olivenöl**

ZUBEREITUNG ~ Für die Marinade den Knoblauch fein schneiden oder hacken und in einer kleinen Schüssel mit Salz, Pfeffer sowie einigen Esslöffeln Olivenöl vermengen. Die Lammschulter zuputzen und mit dem aromatisierten Öl rundum gut einreiben. Etwa 1–2 Stunden marinieren lassen. Währenddessen die Tomaten kurz in siedendem Wasser überbrühen, die Haut abziehen und das Fruchtfleisch in kleine Würfel schneiden. Die Erdäpfel in Scheiben oder Spalten schneiden. Etwas Öl erhitzen, die Erdäpfel sanft anbraten und rasch mit einem kräftigen Schuss Lammfond oder Suppe aufgießen. Zugedeckt einige Minuten köcheln lassen. Die Tomatenwürfel unterrühren, Rosmarin zugeben und alles nochmals kurz köcheln lassen. Mit Salz und Pfeffer abschmecken.
Das Backrohr auf 220 °C vorheizen. Eine passende Bratenform mit Öl ausstreichen, das Tomaten-Erdäpfel-Gemüse hineingeben und die Lammschulter mit der „schönen" Seite nach unten einlegen. Etwa 15–20 Minuten braten, dann Hitze reduzieren auf 180 °C und die Lammschulter eine weitere gute Stunde braten. Währenddessen einmal wenden und das Fleisch wiederholt mit Bratensaft übergießen, bei Bedarf Fond oder Suppe nachgießen.
Inzwischen für die Olivenkruste die Oliven fein schneiden, den Knoblauch fein hacken und beides in einem Mörser mit einem kräftigen Schuss Olivenöl, Meersalz und Pfefferkörnern zu einer Paste zerstoßen (oder cuttern). Etwa 15–20 Minuten vor Garungsende die Paste auf die Schulter auftragen und das Fleisch fertig braten, bis es innen noch leicht rosa und zart ist. Die fertig gebratene Lammschulter herausheben und warm rasten lassen. Das Gemüse herausheben und abtropfen lassen. Ebenfalls warm halten. Den zurückgebliebenen Bratensaft bei Bedarf entfetten, mit einem Schuss Wermut ablöschen, einkochen lassen und noch etwas frischen Lammfond oder Suppe zugießen. Auf die gewünschte Konsistenz einkochen lassen und die Sauce nach Belieben mit rasch eingerührten eiskalten Butterstückchen binden. Die Lammschulter tranchieren, die Scheiben auf vorgewärmten Tellern anrichten und das Erdäpfel-Tomaten-Gemüse rundum anrichten. Wenig Sauce über das Fleisch träufeln und den Rest in einem Extrakännchen servieren.

Gefüllte Lammbrust auf maghrebinische Art

ZUTATEN ~ 1 untergriffene Lammbrust (ca. 1 kg) / 2–3 Semmeln (je nach Größe der Brust) / Milch zum Einweichen / 1 EL getrocknete und eingeweichte Marillen 1 KL in Süßwein marinierte Rosinen / 2 EL Pinienkerne oder grob gehackte blanchierte Mandeln / ½ Bund Jungzwiebeln / 1 EL gehackte Petersilie / 2 Eier / 1 EL Honig Lammfond oder Rindsuppe / Schuss Süßwein / Zimt- und Nelkenpulver / Muskatnuss Salz, Pfeffer / Butter oder Pflanzenöl / Mehl zum Stauben

ZUBEREITUNG ~ Wenn die Lammbrust noch nicht untergriffen ist, mit einem langen, scharfen Messer knapp über den Knochen eine Tasche einschneiden. Die Lammbrust innen und außen mit Salz, wenig Pfeffer sowie Muskatnuss würzen. Die Semmeln grob schneiden, mit etwas Milch übergießen und weichen lassen, anschließend gut ausdrücken und nach Belieben auch noch passieren. Die Jungzwiebeln sehr fein hacken und mit der gehackten Petersilie in heißer Butter langsam hell anschwitzen. Wieder vom Herd nehmen. Die eingeweichten Marillen fein wiegen. Das Backrohr auf 200 °C vorheizen.
Nun in einer Schüssel die ausgedrückte Semmelmasse mit Jungzwiebeln, gehackten Marillen, Rosinen und Pinienkernen vermengen. Eier unterrühren und die Masse mit Salz, wenig Pfeffer, kräftig Muskatnuss und je einer Prise Zimt und Nelken würzen. Zu einer kompakten Masse verarbeiten und bei Bedarf noch etwas Mehl oder ein zusätzliches Ei(dotter) zugeben. Die Lammbrust mit der Masse gleichmäßig füllen, aber nicht zu viel hineinstopfen, da die Fülle während des Bratens aufgeht und die Naht platzen würde. Die Öffnung mit einem Küchengarn vernähen.
Eine passende Bratenform mit Öl ausstreichen, die gefüllte Lammbrust hineinsetzen und zunächst 15 Minuten braten. Dann die Temperatur auf 170–180 °C reduzieren und die Brust unter wiederholtem Begießen mit Bratensaft noch ca. eine weitere Stunde langsam fertig braten. Bei Bedarf frischen Fond oder Suppe nachgießen. Etwa 15 Minuten vor Garungsende den Honig mit etwas Suppe leicht erwärmen, die Brust auf der Fleischseite damit einstreichen und goldbraun braten. Herausheben und in Alufolie gehüllt warm rasten lassen. Den zurückgebliebenen Bratenfond mit etwas Mehl stauben, scharf anrösten, mit einem kräftigen Schuss Süßwein ablöschen, einkochen lassen und noch mit etwas Suppe aufgießen. Den Saft bis auf die gewünschte Konsistenz einkochen lassen. Die Lammbrust entlang der Rippen tranchieren, auf vorgewärmten Tellern anrichten und mit der Sauce umgießen.

BEILAGENEMPFEHLUNG ~ Rahm-Gurken-Salat mit Koriander oder Tomaten-Gurken-Salat mit viel frisch gehackter Petersilie.

TIPP ~ Weniger abenteuerlustige Gaumen werden die Lammbrust vielleicht lieber konventionell wie die gefüllte Kitzbrust (s. S. 148) bevorzugen.

Lammragout nach Mostviertler Art aus dem Römertopf

ZUTATEN ~ 750 g Lammschulter / 100 g Räucherspeck / 600 g Erdäpfel 2 knackige Äpfel / 2 große Zwiebeln / Butter oder Öl / getrockneter Thymian, Rosmarin etc. / 300 ml Most (oder kräftiger Weißwein) / Lammfond oder kräftige Rindsuppe nach Bedarf / 1 KL Maismehl (nach Belieben) / Salz, Pfeffer

ZUBEREITUNG ~ Den Römertopf wässern. Die Lammschulter zuputzen, Sehnen etc. entfernen und das Fleisch wie für ein Gulasch in Würfel schneiden. Mit Salz, Pfeffer, Thymian sowie Rosmarin würzen und kurz stehen lassen. Den Speck feinwürfelig, die Erdäpfel sowie Äpfel in kleine Würfel schneiden. Die Zwiebeln in Ringe schneiden. Nun das Fleisch in heißer Butter oder Öl rundum kurz anbraten.

Nun in den Römertopf abwechselnd Speck, Erdäpfel, Fleisch, Äpfel und Zwiebelringe hineingeben und dazwischen jeweils gut würzen. Den Most und Lammfond bzw. Rindsuppe etwa bis zu einem Drittel oder zur Hälfte zugießen, Deckel aufsetzen und den Lammtopf je nach Fleischqualität 3–4 Stunden weich garen. Währenddessen ab und an durchrühren und bei Bedarf Flüssigkeit nachgießen. Den fertigen Lammtopf nochmals abschmecken und nach Belieben einen mit wenig Wasser glatt gerührten Kaffeelöffel Maismehl einrühren und nochmals kurz zurück ins Rohr stellen.

Im Römertopf auftragen.

Lawinenschutz: Schaf

Die Kurve geht rasant aufwärts. Nämlich jene des heimischen Lammfleischkonsums, gilt doch das zarte, saftige Fleisch junger Schafe unter Gourmets als extrem g'schmackig. Da reiben sich auch Ernährungsmediziner die Hände, denn Lammfleisch ist reich an Vitaminen, Kalium, Calcium Natrium, Eiweiß sowie Eisen und punktet auch in Sachen gesunder Cholesterinwerte. Allein, es hat seine Zeit gedauert, ehe in den Köpfen österreichischer Feinschmecker das Vorurteil, dass Lamm unangenehm „lamperlt, muffelt und nach altem Hammel schmeckt", verblasst ist. Daran waren nicht zuletzt die keineswegs lukullischen Erfahrungen mit altem Schaffleisch der Nachkriegsgeneration beteiligt. Ambitionierte Schafzüchter, die vom Aussterben bedrohte alte Schafrassen, wie etwas das Kärntner Brillenschaf, nunmehr wiederbelebten, läuteten allerdings eine Trendwende ein. Zarte Lammmedaillons und rosa gebratene Klammkrone stehen auf fast jeder Speisekarte gehobener gastronomischer Etablissements, die steigende Nachfrage auch nach Schafmilch und -joghurt lässt die Schafbauern aus dem Boden schießen wie die sprichwörtlichen Schwammerln. In manchen bäuerlichen Regionen stieg ihre Zahl in den letzten Jahren um ein veritables Drittel – und damit freilich auch die Zahl an Schafen, die da in Gottes freier Natur auf bergigen Weiden grasen. Zum Glück, sei gesagt! Denn nicht „abgefressene" steile Wiesen in Bergregionen bergen eine weitaus größere Lawinengefahr als sauber abgegraste Hänge. Dem Schaf, unserem Lawinenschutz, sei Dank!

Provençalische Lammkeule

ZUTATEN FÜR CA.6–8 PORTIONEN ~ 1 ganze Lammkeule (2–2,5 kg) / 80–100 g Räucherspeck / 6–8 Knoblauchzehen frische provençalische Kräuter (Salbei, Rosmarin, 1 Lorbeerblatt, Lavendel etc.) / Salz, Pfeffer / Lammfond oder Rindsuppe Olivenöl

ZUBEREITUNG ~ Zunächst den Knoblauch sehr fein hacken oder schneiden. Die frischen Kräuter verlesen und ebenfalls sehr fein wiegen oder hacken. In einer kleinen Schüssel etwas Olivenöl mit dem gehackten Knoblauch, den Kräutern, Salz und Pfeffer gut vermengen. Den Räucherspeck in kleine Würferl schneiden. Nun die Lammkeule waschen, trocken tupfen und mit einem scharfen Messer am Knochen entlang eine etwa 5–6 cm tiefe Tasche schneiden. Kräuteröl und Speckwürfel in die Tasche füllen und die Lammkeule auch außen gut mit dem Kräuteröl einreiben. Mindestens eine Stunde ziehen lassen. Die Lammkeule nach Belieben mit Küchengarn in Form binden. Das Backrohr auf 200–220 °C vorheizen. Die Keule in eine Bratenform mit Rost legen und insgesamt ca. 1 ½–2 Stunden braten. Die Hitze nach 15 Minuten auf 180 °C reduzieren, die Keule während des Bratens einmal wenden und ständig mit Bratensaft übergießen. Dafür bei Bedarf Lammfond oder Suppe nachgießen. Die Keule auf den gewünschten Garpunkt braten und dafür die Druckprobe mit den Fingern anwenden (s. S.17) oder die Kerntemperatur mit einem Bratenthermometer messen (75 °C Kerntemperatur ist ziemlich rosa, 85 °C völlig durchgebraten). Die fertig gebratene Lammkeule herausheben, in Alufolie gehüllt noch warm rasten lassen. Den Bratensatz lösen, mit Suppe oder Fond aufgießen und den Saft kräftig einkochen lassen. Die Keule auf eine vorgewärmte Platte legen und erst bei Tisch tranchieren. Den Bratensaft extra dazu servieren.

BEILAGENEMPFEHLUNG ~ Mitgebratene Erdäpfel, Erdäpfelgratin, Fisolen oder provençalisches Gemüse wie Ratatouille.

TIPP ~ Die Keule kann auch nur mit der Länge nach halbierten Knoblauchzehen gespickt werden (dafür einfach kleine Löcher bohren und den Knoblauch hineinstecken) und mit dem Kräuteröl gut eingerieben werden. In diesem Fall sollte die Keule allerdings vor dem Braten länger (3–5 Stunden) ziehen.

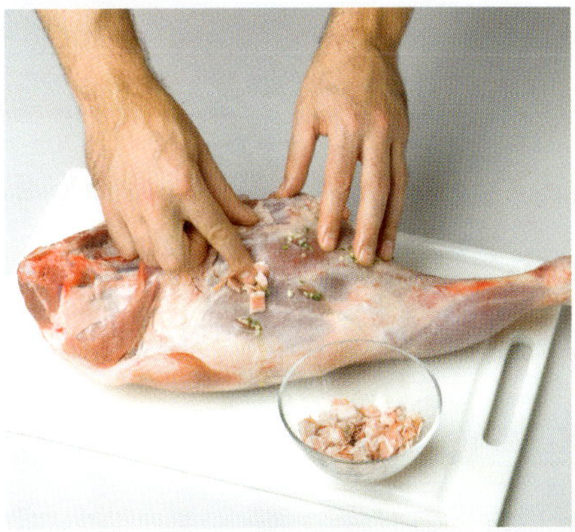

Lammrollbraten mit mediterranem Gemüse

ZUTATEN ~ 800–1000 g ausgelöste Lammkeule / 1 große oder 2 kleine Melanzani 2–3 Zucchini / 2 große Zwiebeln / 2–3 geschälte Tomaten / 2 Knoblauchzehen 2 EL Pinienkerne / 1 Handvoll schwarze Oliven / 1 Bund frisches Basilikum 1 Rosmarinzweig / kräftiger Rosé- oder Weißwein / Lammfond oder Rindsuppe Thymian / Salz, Pfeffer / Olivenöl / eiskalte Butter für die Sauce Basilikum zum Garnieren

ZUBEREITUNG ~ Das Lammfleisch gut zuputzen, waschen und trocken tupfen. Nach Möglichkeit noch so präparieren (zuschneiden), dass das Fleisch flach aufgelegt und danach zusammengerollt werden kann. Die Oliven entkernen und sehr fein hacken, Pinienkerne grob hacken, Basilikum wiederum fein hacken. Mit Olivenöl und etwas Salz zu einer Paste verarbeiten.
Das Backrohr auf 150 °C vorheizen. Das Lammfleisch auf beiden Seiten salzen und pfeffern, auf der Innenseite mit der Paste bestreichen und wie einen Rollbraten einrollen. Mit Küchengarn zusammenbinden. In einer passenden Bratenpfanne in heißem Olivenöl rundum kräftig anbraten. Etwas Lammfond oder Suppe zugießen und unter ständigem Begießen im Rohr etwa 2–2 ½ Stunden langsam braten.
Inzwischen die Melanzani schälen und ebenso wie die Zucchini würfelig schneiden, die geschälten Tomaten vierteln oder achteln. Den Knoblauch fein hacken, die Zwiebeln in Ringe schneiden.
In einem Topf zunächst die Zwiebelringe in reichlich Olivenöl hell anschwitzen, aber nicht dunkel werden lassen. Knoblauch zugeben, durchrühren und Melanzani, Zucchini sowie Tomaten untermengen. Mit Salz, Pfeffer und Thymian kräftig würzen, Rosmarinzweig hineinlegen und das Gemüse halb zugedeckt 15–20 Minuten dahinköcheln lassen. Nochmals abschmecken.
Den fertig gebratenen Rollbraten herausheben und warm rasten lassen. Den Bratensatz lösen, mit einem Schuss Wein ablöschen und etwas frischen Lammfond oder Rindsuppe zugießen. Aufkochen lassen und mit einigen zügig eingerührten kalten Butterflöckchen sämig binden. Den Lammrollbraten tranchieren, dabei das Garn entfernen und mit dem mediterranen Gemüse auf vorgewärmten Tellern anrichten. Gemüse vor dem Servieren noch mit frischem Basilikum bestreuen.
BEILAGENEMPFEHLUNG ~ Rosmarinerdäpfel oder knuspriges Stangenbrot.

Gebratener Lammrücken in der Kräuterkruste

ZUTATEN ~ 1 Lammrücken (ca. 1,2–1,5 kg) / Salz, Pfeffer / Olivenöl zum Braten Lammfond oder Wasser zum Aufgießen

FÜR DIE KRÄUTERKRUSTE ~ 50 ml Schlagobers / 1 KL Maisstärke / 1 Eidotter 60 g zimmerwarme Butter / 3 Jungzwiebeln / 1 Knoblauchzehe / 100 g Brösel von frisch entrindetem Toastbrot / 1 EL frisch gehackte Kräuter (Rosmarin, Salbei, Estragon etc.) 1 KL englischer Senf / Salz, Pfeffer / Olivenöl zum Anschwitzen

ZUBEREITUNG ~ Für die Kräuterkruste zunächst das Obers in einem Topf mit der Maisstärke glatt rühren und unter ständigem Rühren mit dem Schneebesen auf- und kurz einkochen lassen. Den Dotter in eine Schüssel schlagen und bei kleinster Hitze mit dem Schneebesen zügig in die heiße Masse rühren. Den Topf vom Feuer nehmen, in ein kaltes Wasserbad stellen und die Masse kalt rühren. Nun die zimmertemperierte Butter mit dem Schneebesen langsam einschlagen.
Die Jungzwiebeln und die Knoblauchzehe fein hacken und beides in heißem Olivenöl anschwitzen. Überkühlen lassen und dann unter die Buttermasse rühren. Kräuter, Senf und so viel Brösel einmengen, dass eine kompakte Kräutermasse entsteht. Mit Salz sowie Pfeffer abschmecken.
Das Backrohr auf 200 °C vorheizen.
Beim Lammrücken von den langen Knochen Fleisch und Sehnen abschaben, den Rücken gut zuputzen (oder vom Fleischhauer gleich vorbereiten lassen). Das Fleisch rundum salzen, pfeffern und die fleischige Seite des Rückens in einer passenden Bratenpfanne in heißem Olivenöl scharf anbraten. Den Lammrücken ins heiße Backrohr schieben und je nach gewünschtem Garungsgrad 12–18 Minuten rosa braten. Den Rücken herausheben und die Kräutermasse gleichmäßig auftragen. Maximale Oberhitze oder Grillschlange zuschalten und die Kräuterkruste kurz überbacken. Dann herausheben, behutsam in Alufolie einschlagen und noch 5 Minuten rasten lassen. Den Bratenrückstand mit etwas Lammfond oder Wasser lösen, auf- und einkochen lassen. Den Lammrücken portionieren, auf vorgewärmten Tellern anrichten und mit etwas Lammsaftl übergießen.

BEILAGENEMPFEHLUNG ~ In Kräuterbutter geschwenkte Schupfnudeln, Erdäpfelgratin, Ratatouille oder griechischer Gurken-Tomaten-Salat mit Schafkäse.

Lammrücken in Blätterteig

ZUTATEN ~ 1 ausgelöster Lammrücken (ca. 600–700 g) / 1 Pkt. Blätterteig 50 g dünn aufgeschnittener Schinkenspeck / 2–3 Knoblauchzehen / 1 Bund frische Kräuter (Thymian, Petersilie, Kerbel etc.) / englischer Senf / Pfefferkörner 1 Msp. Sardellenpaste / Olivenöl / Salz, Pfeffer / Ei zum Bestreichen

ZUBEREITUNG ~ Den Lammrücken gut zuputzen, salzen, pfeffern und in etwas heißem Olivenöl rundum kräftig anbraten. Wieder herausheben. Die Kräuter verlesen, den Knoblauch grob hacken und beides im Mörser mit Senf, Sardellenpaste, Salz, Pfefferkörnern und Olivenöl zu einer pikanten Paste zerstoßen (oder mixen). Das Backrohr auf 200 °C vorheizen.
Den Blätterteig auf einer bemehlten Arbeitsfläche so groß ausrollen, dass das Fleisch darin gut eingewickelt werden kann. (Eventuell etwas Teig als Dekor beiseite legen.) Die Schinkenspeckblätter auflegen und mit der Kräuterpaste bestreichen. Das Fleisch auflegen und gut in Schinkenspeck sowie Blätterteig einwickeln. Den Teigrand dabei mit Ei bestreichen und sorgfältig festdrücken. Nach Können und Geschick auch noch mit Blätterteigstreifen dekorativ verzieren. Auf ein mit Backpapier belegtes Backblech setzen und je nach gewünschtem Garpunkt 35–45 Minuten backen. Vor dem Servieren noch ca. 10 Minuten warm rasten lassen. Erst bei Tisch mit einem sehr scharfen Messer tranchieren.
BEILAGENEMPFEHLUNG ~ Erdäpfelgratin oder Erdäpfelpüree, Fisolen mit Speck, Erbsen mit Schinken oder Spargel.

TIPP ~ Äußerst delikat schmeckt dieses Gericht, wenn Sie statt Lammrücken die zarten Lammfilets (Lungenbraten) verwenden. In diesem Fall wäre es jedoch empfehlenswert, jeweils kleinere Blätterteig-Päckchen mit ein, zwei Filets vorzubereiten.

Lammkuddelmuddel

Ein Hammel ist kein Lamm, nicht jeder Hammel auch ein Schöps, aber jeder Schöps ist ein Hammel, ein Kastraun ist sehr wohl ein Schöps, muss aber kein Hammel sein, war aber sicher einmal ein Lamm. Das Spiel ließe sich noch endlos mit Begriffen wie „Aue, Zibbe, Bock, Jährling oder Zutreter" fortsetzen. Was sie alle verbindet? Sie gehören samt und sonders zur Familie des Hausschafs, das der Mensch bereits seit rund 9000 Jahren nicht nur wegen des wertvollen Fleisches, sondern auch aufgrund der nicht minder geschätzten Wolle, seines Fells und der Milch für feine Käse und Joghurt hegt und pflegt. Was Hammel, Lamm & Co. unterscheidet, ist vor allem ihr Alter, mitunter auch das Geschlecht. So liefert das Milchlamm, das bereits nach maximal 8 Wochen geschlachtet wird, naturgemäß das zarteste Fleisch. Wahre Feinschmecker hingegen bevorzugen das Fleisch von Junglämmern, also von Lämmern mit bis zu 6 Monaten, die sich ihre Nahrung auf saftigen Weiden bereits selber suchen und dadurch besonders aromatisches Fleisch liefern. Top-Favorit unter ihnen: das französische Presalé-Lamm, das auf salzhältigen Weiden nahe dem Meer grasen darf und folglich besonders würzig schmeckt. Was in der Alterspyramide danach kommt, hat in der gehobeneren Feinschmeckerei weniger Bedeutung, was allerdings nicht bedeutet, dass die regionale, deftige Küche auf Hammel-, Schöps- und Schaffleisch verzichten würde. Gründliches Marinieren, ausreichend lange Garzeiten und das Schmoren in der saftigen Umgebung von feinen Saucen machen auch aus einem zweijährigen Hammel (kastrierte männliche oder weibliche Schafe), einem Schöps (kastriertes männliches Schaf) oder einem Schaf, das mehr als 2 Jahre auf dem wolligen Buckel hat, durchaus ein schmackhaftes Gericht.

Ziegenschmorbraten in Malzbiersauce

ZUTATEN FÜR 6 PORTIONEN ~ **2 Keulen vom Ziegenkitz / 100 ml Malzbier 250 ml Kalbs- oder Rindsfond / 2 Eidotter / 2 EL Bieressig (ersatzweise Weißweinessig) 1 fein gehackte Jungzwiebel / 1–2 EL gemischte gehackte Kräuter (Majoran, Petersilie etc.) / 1/2 TL fein geriebene Zitronenschale / Pflanzenöl zum Anbraten Salz, Pfeffer / Mehl zum Wenden**

ZUBEREITUNG ~ Die Kitzkeulen auslösen (oder bereits vom Fleischhauer auslösen lassen), waschen, trocken tupfen und innen mit Salz sowie Pfeffer würzen. Jeweils zu einer Roulade einrollen und mit Küchengarn fixieren. Nun auch außen salzen, pfeffern und in Mehl wenden. Etwas Pflanzenöl in einer geräumigen Bratpfanne erhitzen und die Kitzrouladen kräftig anbraten, bis das Fleisch eine leichte Bräunung erhalten hat. Malzbier angießen, zum Kochen bringen und einkochen lassen, bis die Hälfte der Flüssigkeit verdampft ist. Den Kalbsfond angießen und ebenfalls zum Kochen bringen. Inzwischen das Backrohr auf 220 °C vorheizen. Den Bratentopf verschließen und den Kitzbraten im heißen Backrohr 40–50 Minuten weich dünsten. Danach Fleisch aus der Sauce heben und warm stellen. Die Sauce gründlich entfetten und in eine geeignete Kasserolle umgießen. Sauce nach Belieben einkochen lassen. Dann die Hitze auf das absolute Minimum reduzieren. Eidotter, Bieressig und Zitronenschale mit den gehackten Kräutern sowie den Jungzwiebeln verquirlen und den Bratensaft unter ständigem Rühren damit binden. Die Flüssigkeit sollte dabei knapp unter dem Siedepunkt ziehen, darf aber auf keinen Fall kochen, da sonst der Dotter ausflockt.

BEILAGENEMPFEHLUNG ~ Salzerdäpfel und knackig gekochtes Wurzelgemüse mit frisch gerissenem Kren.

Jüdisches Pessachkitz

ZUTATEN FÜR 4–6 PORTIONEN ~ 1,5 kg Kitzkoteletts (oder andere Teile vom Ziegenkitz) / 1 Knoblauchzehe / 2 EL gehackte Petersilie 2 Eidotter Saft von 1 Zitrone / Lammfond oder kräftige Rindsuppe Salz, Pfeffer / Olivenöl

FÜR DIE CAPONATA ~ 2 Melanzani / je 1 rote, gelbe und grüne Paprikaschote / 1 große Zwiebel / 1 Karotte oder gelbe Rübe 4–6 große Fleischtomaten / 1 Selleriestange / 1 Knoblauchzehe 1 Handvoll gehackte Oliven / 1 EL gehackte Petersilie / Schuss Rotweinessig / Prise Zucker / 1 KL gehackte Kapern / Salz, Pfeffer Olivenöl / gehacktes Basilikum zum Bestreuen

ZUBEREITUNG ~ Die Kitzkoteletts waschen und trocken tupfen.
Etwas Öl mit Salz, Pfeffer, gehacktem Knoblauch und Petersilie vermengen und die Koteletts damit auf beiden Seiten bestreichen. Eine Stunde lang ziehen lassen.
Inzwischen die Caponata vorbereiten. Dafür die Melanzani schälen und würfelig schneiden. Die Paprikaschoten entstielen, Kerne entfernen und kleinwürfelig schneiden. Die Zwiebel und Karotte feinwürfelig schneiden. Die Tomaten oben kreuzweise einschneiden, kurz in siedendem Wasser überbrühen, schälen und ebenfalls in kleine Würfel schneiden. Sellerie in Scheiben oder Würfel schneiden, den Knoblauch fein hacken. Nun in einer Pfanne reichlich Öl erhitzen und zuerst die Zwiebel mit dem Stangensellerie anrösten, dann Paprika, Melanzani, Knoblauch sowie Karotte zugeben und unter gelegentlichem Umrühren etwa 10 Minuten bei mäßiger Hitze anschwitzen. Dann Tomaten, Oliven, Essig, Zucker und gehackte Petersilie untermengen.
Nun die Koteletts in einer Pfanne bei sehr milder Hitze sanft anbraten.
Das Backrohr auf 180 °C vorheizen. Die Caponata in eine Bratenpfanne (mit Deckel) geben, die Koteletts darauflegen und zugedeckt im heißen Rohr etwa 50–60 Minuten garen. Die weich gegarten Kitzkoteletts herausheben und in Alufolie gehüllt warm halten. Die Kapern in die Caponata einrühren, nochmals abschmecken, Gemüse abgießen und warm stellen. Den zurück gebliebenen Saft nach Bedarf noch mit Lammfond oder Rindsuppe aufgießen und kurz einkochen lassen. Die Eidotter mit dem Zitronensaft versprudeln und bei minimaler Hitze die Sauce damit binden.
Die Caponata mit gehacktem Basilikum bestreuen und mit den Kitzkoteletts anrichten. Etwas von der Sauce über die Koteletts träufeln, den Rest extra servieren.

Gefüllte Kitzbrust mit Wurzelsauce

ZUTATEN ~ 1 Brust vom Ziegenkitz (ca. 1 kg) / 250 g gemischtes Faschiertes 2 Semmeln / Milch zum Einweichen / 1 Ei / 1 kleines Stück Porree / 1 Wurzelwerk 1–2 kleine mehlige Erdäpfel / 1 KL Kapern / 1 TL Sardellenpaste / 1–2 Knoblauchzehen Salz, Pfeffer / 1 Msp. scharfes Paprikapulver / Butter und Pflanzenöl / Rindsuppe zum Aufgießen / Salz, Pfeffer

ZUBEREITUNG ~ Die Semmeln grob schneiden, mit etwas Milch übergießen und weichen lassen, anschließend gut ausdrücken und nach Belieben auch noch passieren. Wenn die Kitzbrust noch nicht untergriffen ist, mit einem langen, scharfen Messer knapp über den Knochen eine Tasche einschneiden. Die Kitzbrust innen und außen mit Salz und Pfeffer würzen. Den Knoblauch fein hacken, den Porree klein schneiden und beides in heißer Butter hell anschwitzen. Wieder vom Herd nehmen. Die Kapern leicht andrücken.

In einer Schüssel das Faschierte mit Porree, Semmelmasse, Ei, Salz, Paprikapulver, Kapern und etwas Sardellenpaste gut vermengen und zu einer kompakten Masse verarbeiten. Die Kitzbrust mit der Masse füllen, aber nicht zu viel hineinstopfen, da die Fülle während des Bratens aufgeht und die Naht platzen würde. Die Öffnung mit einem Küchengarn vernähen. Das Wurzelwerk sowie die Erdäpfel in grobe Stücke schneiden.

Das Backrohr auf 180 °C vorheizen. In einer passenden Bratenpfanne etwas Öl erhitzen und die Kitzbrust rundum kräftig anbraten, wieder herausnehmen. Wurzelwerk und Erdäpfel darin ebenfalls kräftig anbraten, mit wenig Rindsuppe aufgießen und die Kitzbrust daraufsetzen. Im heißen Backrohr etwa 70–90 Minuten braten. Währenddessen ständig mit Bratensaft begießen und bei Bedarf frische Suppe nachgießen.

Die fertig gebratene Kitzbrust herausheben und warm rasten lassen. Das Gemüse mit Bratensaft in einen Topf umstechen und mit dem Standmixer pürieren. Eventuell noch etwas Rindsuppe zugießen und die Sauce auf die gewünschte Konsistenz einkochen lassen. Abschmecken. Die Kitzbrust entlang der Knochen tranchieren und auf vorgewärmten Tellern anrichten. Mit etwas Sauce umgießen, den Rest extra servieren.

BEILAGENEMPFEHLUNG ~ Braterdäpfel, Erdäpfelpüree und Salat nach Wahl.

Brathühner, Wachteln & Stubenküken

Klassisches Brathuhn

ZUTATEN ~ 2 kleine Henderln à ca. 1 kg (oder 1 großes mit ca. 1,8 kg)
Hühnersuppe oder Wasser / edelsüßes Paprikapulver / Salz, Pfeffer
flüssiges Butterschmalz oder Pflanzenöl / eiskalte Butterflöckchen nach Belieben

ZUBEREITUNG ~ Die küchenfertigen Hühner waschen, trocken tupfen und innen sowie außen mit Pfeffer und Salz würzen. Außen zusätzlich noch mit Paprikapulver einreiben. Das Backrohr auf 200 °C vorheizen. Eine Bratenform mit Öl ausstreichen (oder eine Form mit Gitterrost verwenden), die Henderln mit der Brustseite nach unten einlegen und mit flüssigem Butterschmalz oder Öl beträufeln. Etwa 15–20 Minuten braten, dann die Henderln wenden und noch etwa 40–50 Minuten, je nach Größe, fertig braten. Dabei ständig mit Bratensaft bestreichen und nur dann wenig Suppe oder Wasser zugießen, wenn wirklich keine Flüssigkeit mehr vorhanden ist. (Das Huhn sollte keinesfalls in Flüssigkeit liegen, da die Haut sonst nicht knusprig wird.) Die fertigen Hühner herausheben und kurz warm rasten lassen. Währenddessen den Bratensatz lösen, etwas Hühnersuppe zugießen und das Saftl gut einkochen lassen. Nach Belieben den Saft vom Herd nehmen und mit rasch eingerührten Butterflöckchen abrunden. Die Henderln tranchieren, d. h. je nach Belieben halbieren oder vierteln, auf vorgewärmten Tellern anrichten und das Saftl dazu extra reichen.
BEILAGENEMPFEHLUNG ~ Traditionell Reis, Erbsenreis, in Butter gedünstete Erbsen und Gurkensalat mit Rahm.

Die 10 besten Tipps für knuspriges Geflügel

1. *Steht ein Brathenderl oder eine gebraten Ente auf dem Speiseplan, so wählen Sie beim Einkauf getrost ein etwas mit Fett unterfüttertes Exemplar aus. Das Fett verleiht dem Geflügel einen herzhaften Geschmack und brät sich während des Bratvorgangs ohnehin völlig aus.*

2. *Geflügel, das im Ganzen gebraten wird, sollte vorher „dressiert" werden. Dafür werden die Keulen und Flügerl mit einem Küchengarn in Form gebunden, um zu verhindern, dass diese Teile während des Bratens zu trocken werden.*

3. *Lassen Sie Ihre Gans oder Ente durch einen „gespickten" Apfel oder eine Zwiebel saftiger werden. Dafür stecken Sie etwa ein gutes Dutzend Gewürznelken in einen Apfel oder eine Zwiebel und füllen damit den Bauchraum des Geflügels. Beim Gansl dürfen es auch zwei Äpfel oder Zwiebeln sein.*

4. *Stupfen Sie fettes Geflügel! Dafür stechen Sie die Ente oder Gans mit einer Gabel vor dem Braten mehrmals in die Fettreservoirs an der Brustseite. Das Fett kann so während des Bratens besser austreten.*

5. *Brathühner, die vor dem Braten zusätzlich mit etwas Paprikapulver eingerieben werden, bekommen dadurch eine appetitliche rötliche Farbe.*

6. *Setzen Sie das Geflügel auf einen Gitterrost. Das Fett kann so besser abfließen und die Haut bleibt knusprig.*

7. *Geflügel zuerst mit der Brustseite nach unten in die Bratenform setzen, dann wenden und während des Bratens bis knapp vor Ende der Garzeit eifrig mit Bratensaft begießen. Bei Bedarf frische Flüssigkeit (Suppe, Fond, Wasser) nachgießen.*

8. Gießen Sie bei fettem Geflügel möglichst wenig Wasser oder Suppe zu – so wird das nach dem Braten zurückbleibende Fett nicht verwässert. Fett einfach in ein Töpfchen gießen, mit Salz, Pfeffer und fein geschnittenen Zwiebeln abschmecken und als feinen Aufstrich servieren. Oder als Ganslschmalz natur genießen!

9. Ist das Brathenderl kurz vor Ende der Garzeit noch nicht richtig knusprig, so bestreichen Sie es mit flüssigem Butterschmalz oder auch Öl, schalten maximale Oberhitze zu (oder die Grillschlange) und lassen es einfach noch rasch bräunen.

10. Fertig gebratenes Geflügel vor dem Tranchieren stets etwas warm rasten lassen, damit sich die Säfte setzen können.

Brathenderl mit Osterschinken-Pistazien-Fülle

ZUTATEN ~ **2 kleine Henderln mit Innereien à ca. 1 kg (oder 1 großes mit ca. 1,8 kg) 100 g Osterschinken (gekochtes Geselchtes oder Beinschinken) / 100–150 g Semmelwürfel / 2 EL Pistazien / 1–2 Eier / 1 Eidotter / 120–150 ml Schlagobers (oder Sauerrahm) Semmelbrösel nach Bedarf / Thymian / Hühnersuppe / trockener Weißwein / Eiskalte Butterflöckchen / Salz, Pfeffer / Butter und Pflanzenöl**

ZUBEREITUNG ~ Zunächst die Fülle zubereiten. Dafür den Osterschinken in gleichmäßige Würferl schneiden, die Pistazien nach Belieben grob hacken oder ganz lassen. In einer Pfanne etwa einen Esslöffel Butter schmelzen lassen, Schinkenwürferl zugeben und kurz anbraten. Die Pistazien zugeben und ebenfalls kurz anbraten. Vom Herd nehmen und überkühlen lassen. Die Semmelwürfel in eine Schüssel geben, mit dem Schinken, Eiern, Eidotter und Schlagobers vermengen. Mit Salz, Pfeffer und Thymian abschmecken. Eine gute Viertelstunde rasten lassen. Danach die Konsistenz der Füllmasse bei Bedarf noch durch die Zugabe von Bröseln oder Schlagobers korrigieren. Währenddessen die Hühner waschen, trocken tupfen, innen und außen mit Salz sowie Pfeffer gut einreiben und den Bauchraum der Hühner wie beim Gefüllten Altwiener Brathuhn auf Seite 152 beschrieben füllen. Die gefüllten Henderln insgesamt 1 ¼–1 ½ Stunden knusprig braten. Die gebratenen Henderln herausheben und warm rasten lassen. Den Bratensaft lösen, mit einem kräftigen Schuss Weißwein ablöschen, einkochen lassen und mit etwas Hühnersuppe aufgießen. Nochmals einkochen lassen. Sobald das Saftl konzentriert genug ist, vom Herd nehmen und unter kräftigem Rühren die eiskalten Butterflocken einrühren. Die gefüllten Henderln tranchieren, auf einer heißen Vorlegeplatte anrichten und die Weißweinsauce dazu extra servieren.

BEILAGENEMPFEHLUNG ~ Gekochte, mit brauner Butter beträufelte Erbsenschoten, junge Karotten oder gebratene Maiskölbchen.

Gefülltes Altwiener Brathendl

ZUTATEN ~ 2 kleine Henderln mit Innereien à ca. 1 kg (oder 1 großes mit ca. 1,8 kg) 1-2 zusätzliche Hühnerlebern nach Belieben / 1 EL gehackte Petersilie / 1 Schalotte 120–150 g Semmelwürfel / 1–2 Eier / 1 Eidotter / 150–200 ml Schlagobers (oder Sauerrahm) / Semmelbrösel nach Bedarf / geriebene Zitronenschale / 1 EL Parmesan Muskatnuss / Hühnersuppe / Salz, Pfeffer / Butter und Pflanzenöl

ZUBEREITUNG ~ Die Innereien herausnehmen und das Herz sowie die Leber(n) klein schneiden. Die Schalotte fein hacken. In einer Pfanne etwas Butter aufschäumen lassen, die Schalottenwürferl mit den Innereien zugeben und einige Minuten braten. Die gehackte Petersilie unterrühren, salzen, pfeffern und wieder vom Herd nehmen. Kurz überkühlen lassen und mit den Semmelwürfeln, Eiern, Eidotter und Schlagobers gut verrühren. Mit Parmesan, Salz, Pfeffer und Muskatnuss sowie etwas abgeriebener Zitronenschale abschmecken. Die Masse etwa 15–20 Minuten ziehen lassen. Hat die Masse danach noch nicht die optimale Konsistenz, mit Semmelbröseln kompakter oder durch Schlagobers weicher werden lassen. Nun die Hendln waschen, trocken tupfen, innen und außen mit Salz sowie Pfeffer gut einreiben. Die Bauchhöhle der Hendln mit der Semmelmasse nicht zu prall füllen (die Naht kann sonst platzen!) und die Öffnung mit Küchengarn vernähen. Die Henderln nach Belieben noch in Form binden, indem man die Haxerln vorne zusammenbindet. Eine recht kräftige Prise Muskatnuss mit etwas Pflanzenöl verrühren und die Hühner damit rundum einstreichen.

Das Backrohr auf 200 °C vorheizen. Eine passende Bratenpfanne mit Öl ausstreichen, Hühner mit der Brustseite nach unten hineinsetzen und etwa 15 Minuten braten. Dann die Temperatur auf 180 °C drosseln, etwas Hühnersuppe zugießen und die Henderln noch 1–1 ¼ Stunden weiter braten. (Oder Henderln in ein Backblech mit Rost setzen und bei ca. 170 °C Umluftgrill knusprig grillen.) Währenddessen wiederholt mit Bratensaft begießen, einmal wenden und bei Bedarf frische Hühnersuppe nachgießen. Die fertig gebratenen Brathenderln herausheben und in Alufolie gehüllt warm rasten lassen. Den Bratensaft lösen, mit Hühnersuppe aufgießen und nochmals einkochen lassen. Die Henderln tranchieren, auf einer heißen Vorlegeplatte anrichten und den Saft dazu extra servieren.

BEILAGENEMPFEHLUNG ~ Bummerl- oder Vogerlsalat, Gurken- oder Tomatensalat.

TIPP ~ Mit etwas Geschick kann das Brathuhn auf der Brustseite auch unter der Haut gefüllt werden, indem man diese vorsichtig anhebt und die Fülle behutsam hineinschiebt.
Die Haut darf dabei allerdings nicht verletzt werden!

Hühnerbrüstchen mit Bries-Morchel-Fülle
klimagegart

ZUTATEN ~ 4 Hühnerbrüste / 200–250 g Kalbsbries / 100 g dünn geschnittener magerer Speck / 1–2 EL frische (oder getrocknete) Morcheln / 2 EL blanchierter Blattspinat / 1 Knoblauchzehe nach Belieben / 50–80 ml Schlagobers oder Crème fraîche für die Fülle / Schlagobers und Hühnersuppe zum Aufgießen / Zitronensaft gehackte Petersilie / Salz, Pfeffer, Muskatnuss / Butter und Pflanzenöl / Milch oder Wasser zum Wässern / 150 ml Wasser für die Dampfstöße

ZUBEREITUNG ~ Die frischen Morcheln sehr gut waschen, getrocknete Morcheln in lauwarmem Wasser einweichen. Morcheln dann in kleinere Würfel schneiden. Das Kalbsbries in etwas Milch oder Wasser mindestens 30 Minuten wässern. Dann in Salzwasser einige Minuten blanchieren, herausheben, zuputzen (Häutchen entfernen) und kleinwürfelig schneiden. Den Blattspinat ebenfalls blanchieren, herausheben, abtropfen lassen und fein hacken. In einer Pfanne etwas Butter schmelzen lassen, das Bries zugeben und durchrösten. Morcheln und nach Belieben auch den sehr fein gehackten Knoblauch untermengen. Schlagobers zugießen und alles gut einkochen lassen, bis die Flüssigkeit verdunstet ist. Den gehackten Blattspinat beifügen. Mit Salz, Pfeffer, wenig Muskatnuss sowie einem kleinen Spritzer Zitronensaft abschmecken. Kurz überkühlen lassen.
Nun die Hühnerbrüste so einschneiden, dass eine Tasche entsteht. Das Fleisch innen und außen salzen, pfeffern und die Fülle vorsichtig in die Öffnungen füllen. Jedes Hühnerbrüstchen gut mit Speck umwickeln und in einer geeigneten Bratenpfanne kurz in etwas heißer Butter oder Öl rundum anbraten. Die Brüstchen ins nicht vorgeheizte Backrohr schieben und anfangs bei 170–190 °C, nach ca. 10–15 Minuten nur mehr bei 140 °C 35–45 Minuten mit 2 Dampfstößen braten. Dabei nach etwa 15 Minuten Garzeit etwas Hühnersuppe zugießen. Die fertig gebratenen Hühnerbrüstchen herausheben, noch etwas warm rasten lassen. Den Bratenrückstand bei Bedarf nochmals mit Suppe aufgießen, aufkochen lassen und danach mit Schlagobers sämig einkochen lassen.
Mit Salz sowie Pfeffer abschmecken und die gehackte Petersilie einrühren. Die Hühnerbrüstchen auf vorgewärmten Tellern anrichten, schräg anschneiden und mit Sauce beträufeln.
BEILAGENEMPFEHLUNG ~ Spätzle, Butterreis und knackiger Blattsalat.

1. Dampfstoß nach 6 Minuten
2. Dampfstoß nach weiteren 10 Minuten

TIPP ~ Stehen keine Morcheln zur Verfügung, so harmoniert auch gekochter Spargel – weiß oder grün – ganz ausgezeichnet mit der Briesfülle.

Huhn in Alufolie gegart

ZUTATEN ~ 1 Huhn (1,5–1,8 kg) / 200 g Faschiertes (Schwein und Rind gemischt) 150 g frische Schwammerln (Steinpilze, Eierschwammerl) / 2 Jungzwiebeln 2 Knoblauchzehen / 1 kleines Stück Ingwer / 2–3 Scheiben Toastbrot / Milch oder Wasser zum Einweichen / Schuss Sojasauce / Prise Zucker / Salz, Pfeffer / Öl Geflügelsuppe oder Wasser

ZUBEREITUNG ~ Zunächst für die Fülle die Jungzwiebeln feinwürfelig schneiden, den Knoblauch fein hacken. Die geputzten Schwammerln in kleine Stücke schneiden. In einer Pfanne etwas Öl erhitzen, die Zwiebeln zugeben und hell anschwitzen. Pilze und Knoblauch untermengen und so lange sanft anrösten, bis die Flüssigkeit verdunstet ist. Den Ingwer ebenfalls sehr fein schneiden oder reiben und unterrühren. Vom Herd nehmen und überkühlen lassen. Inzwischen das Toastbrot in Milch oder Wasser einweichen, ausdrücken und nach Belieben passieren.

Nun in einer Schüssel das Faschierte mit dem Schwammerl-Zwiebel-Gemisch und dem eingeweichten Toastbrot vermengen. Mit Salz, Pfeffer, einer Prise Zucker und einem Schuss Sojasauce abschmecken.

Das Backrohr auf 180 °C vorheizen. Das Huhn waschen, trocken tupfen und innen sowie außen mit Salz und Pfeffer würzen. Mit der Fleischfarce füllen und die Öffnungen mit Küchengarn vernähen. Ein großes Stück Alufolie reichlich mit Öl bestreichen. Das gefüllte Huhn daraufsetzen und gut einschlagen. Im heißen Backrohr etwa eine knappe Stunde garen. Dann die Alufolie entfernen, Temperatur auf 200 °C erhöhen und das Huhn noch 20–30 Minuten braten, bis das Fleisch durch und die Haut schön knusprig und braun gebraten ist. Das fertige Huhn noch kurz rasten lassen. Bratensatz lösen, mit einem kleinen Schuss Sojasauce ablöschen, einkochen lassen, etwas Geflügelsuppe oder Wasser aufgießen und abermals einkochen lassen. Das Huhn tranchieren, anrichten und mit der extra servierten Sauce auftragen.

BEILAGENEMPFEHLUNG ~ Gedämpfte Erbsenschoten und Reis.

TIPP ~ Dieses Rezept ist dem chinesischen Bettlerhuhn nachempfunden, einer Spezialität, deren Fülle im Originalrezept mit chinesischen Pilzen zubereitet wird, danach in Lotusblätter eingeschlagen und gedämpft wird. Anschließend wird das gefüllte Huhn in Germteig „versteckt" und im Backrohr goldbraun gebacken.

Stubenküken unter der Senfkruste

ZUTATEN ~ 2 Stubenküken / 2 Knoblauchzehen / gemischte frische Kräuter (Rosmarin, Thymian, Estragon etc.) / 2 EL Dijonsenf / ca. 4–5 EL frische Weißbrotbrösel Butter nach Bedarf / Salz, Pfeffer / reichlich geschmolzene Butter

ZUBEREITUNG ~ Die Stubenküken mit einer Geflügelschere oder einem sehr scharfen Messer der Länge nach auf der Brustseite halbieren und flach drücken. Gut mit kaltem Wasser waschen und trocken tupfen. Die Knoblauchzehen fein schneiden, die Kräuter hacken und miteinander vermengen. Die Stubenküken rundum gut mit Salz und Pfeffer einreiben. Die Innenseite mit der Kräuter-Knoblauch-Mischung bestreichen.

Nun das Backrohr auf 220 °C vorheizen. Die Stubenküken mit der Hautseite nach oben in eine feuerfeste, mit Butter ausgestrichene Form legen, mit geschmolzener Butter bestreichen und etwa 10 Minuten im heißen Rohr braten. Dann Hitze auf 180 °C reduzieren und die Stubenküken weitere 5–10 Minuten braten lassen. Inzwischen den Senf mit den Bröseln und so viel Butter vermengen, dass eine streichfähige Paste entsteht.

Die Stubenküken an der Oberseite mit der Senf-Brösel-Paste bestreichen und nochmals 10–15 Minuten braten, bis die Kruste knusprig ist und die Stubenküken zwar gar sind, das Fleisch aber noch schön saftig ist. Die Stubenküken herausheben, tranchieren und anrichten.

BEILAGENEMPFEHLUNG ~ Mit Rosmarin gebratene Erdäpfel, Erdäpfelgratin, provençalisches Gemüse oder Tomatensalat.

Brust oder Keule?

Was im Film den legendären französischen Schauspieler Louis de Funès zu Hochform auflaufen und den Zuschauer vor Lachen weinen lässt, treibt in der Küche so manchem ehrgeizigen Hobbykoch Verzweiflungstränen in die Augen. Ist beim zarten Hühnchen die schneeweiße Brust gerade richtig durch, so tropft beim Anschneiden der Keulen noch einiges an blutrotem Saft heraus. Lässt man das Henderl nachgaren, so sind zwar die Keulen jetzt gar gebraten, die staubtrockene Brust scheint allerdings bei jedem Bissen im Mund größer und größer zu werden. Von lustvollem Hinunterschlucken ganz zu schweigen. Brust oder Keule – was soll gar sein? Da die beiden Hühnerteile völlig unterschiedliche Fleischstrukturen aufweisen, kann es in diesem Fall kein salomonisches Urteil, sondern nur eine Problemlösung nach dem Prinzip des Gordischen Knotens geben. „Mit einem kräftigen Hieb trennen" – so lautet die Devise für Brust und Keule. Wenn möglich braten Sie also die Keulen getrennt vom Bruststück und länger als dieses. Ob Sie diese „Trennung" bereits vor dem Braten durchführen, indem Sie das Geflügel in Teile schneiden, oder erst dann vollziehen, sobald die Brust saftig, aber durch ist und von den Knochen abgelöst werden kann und die Keulchen noch munter vor sich hin braten, sei ganz Ihnen überlassen.

Stubenküken mit Polenta gefüllt

ZUTATEN ~ 2 Stubenküken / 1 Kräutersträußchen aus Thymian, Rosmarin, Salbei etc. Salz, Pfeffer / Butter oder Pflanzenöl / 1 EL Mehl / Geflügelsuppe

FÜR DIE POLENTAFÜLLE ~ 100 g Polenta (Maisgrieß) / ca. 250 ml Hühnersuppe 1 Handvoll Kirschtomaten / 1 EL schwarze entkernte Oliven / Salz, Pfeffer

ZUBEREITUNG ~ Zuerst die Polentafülle zubereiten. Dafür in einem Topf die auf der Polenta-Kochanleitung empfohlene Menge an Flüssigkeit bzw. Hühnersuppe aufkochen. Inzwischen die Tomaten halbieren, die Oliven klein schneiden. Polenta in das kochende Wasser rieseln lassen und unter stetigem Rühren bei minimaler Hitze aufkochen lassen. Tomaten und Oliven zugeben und alles köcheln lassen, bis die Polenta die gesamte Flüssigkeit aufgenommen hat. Dann vom Herd nehmen, abdecken und noch etwa 10 Minuten lang quellen lassen. Mit Salz und Pfeffer abschmecken.
In der Zwischenzeit das Backrohr auf 220 °C vorheizen. Nun die Stubenküken waschen und mit Küchenkrepp trocken tupfen, innen wie außen salzen und pfeffern. Die Polentamasse nicht zu prall in den Bauchraum der Stubenküken füllen und die Öffnung mit Küchengarn vernähen. (Allfällig übrig gebliebene Polentamasse warm stellen und später als Beilage servieren.) Eine passende Bratenpfanne mit flüssiger Butter oder Öl ausstreichen, die Stubenküken mit der Brustseite nach unten hineinsetzen, das Kräutersträußchen zugeben und rund 10 Minuten braten. Dann Hitze auf 180 °C reduzieren, die Küken wenden und, je nach Größe, weitere 35–45 Minuten braten. Die Brust der Stubenküken unterdessen mehrmals mit Bratensaft und flüssiger Butter bestreichen. Die fertig gebratenen Stubenküken herausheben und in Alufolie eingeschlagen warm stellen. Den Bratensatz lösen, etwas Mehl darüberstreuen, kurz anrösten und dann mit etwas Geflügelsuppe aufgießen. Auf- und einkochen lassen.
Die Stubenküken halbieren, auf vorgewärmten Tellern anrichten und die Fülle dazu servieren.
Die Sauce dazu in einem Extrakännchen auftragen.
BEILAGENEMPFEHLUNG ~ Rucola- oder Tomatensalat.

Stubenküken mit Brezen-Waldpilz-Fülle und Bockbiersauce

ZUTATEN ~ **2 Stubenküken / 3–4 Jungzwiebeln / 200 g Waldpilze (Eierschwammerl, Steinpilze, Rotkappen etc.) / 100–150 g Laugenbrezen / 1 EL gehackte Petersilie 1–2 Eier / 1 Eidotter / 150–200 ml Schlagobers (oder Sauerrahm) / Semmelbrösel nach Bedarf / ca. 200 ml Bockbier oder anderes starkes Bier / Schuss Kornbrand Geflügelsuppe / Butter / Salz, Pfeffer**

ZUBEREITUNG ~ Zunächst für die Fülle die Jungzwiebeln fein schneiden, die Pilze gut putzen und klein schneiden. In einer Pfanne etwas Butter schmelzen, die Jungzwiebeln zugeben und hell anschwitzen. Pilze einmengen und so lange bei mäßiger Hitze rösten lassen, bis die Flüssigkeit verdunstet ist. Salzen, pfeffern und die gehackte Petersilie einrühren. Nochmals kurz durchschwenken und dann vom Herd nehmen. Abkühlen lassen. Die Laugenbrezen kleinwürfelig schneiden und in einer Schüssel mit den Schwammerln vermengen, Eier, Dotter sowie Schlagobers und so viel Semmelbrösel einarbeiten, dass eine kompakte Masse entsteht. Mit Salz und Pfeffer abschmecken. Kurz anziehen lassen.

Inzwischen die Stubenküken waschen und trocken tupfen. Mit Salz sowie Pfeffer innen und außen kräftig würzen. Nun die Stubenküken mit der Brezenfülle füllen, die Öffnung mit Küchengarn vernähen. Das Backrohr auf 220 °C vorheizen. Eine passende Bratenpfanne mit flüssiger Butter ausstreichen, die Stubenküken mit der Brustseite nach unten hineinsetzen und ca. 10 Minuten braten. Hitze auf 180 °C drosseln, die Küken wenden und, je nach Größe, weitere 35–45 Minuten braten. Die Brust der Stubenküken unterdessen mehrmals mit Bratensaft und flüssiger Butter bestreichen. Die fertig gebratenen Stubenküken herausheben und in Alufolie eingeschlagen warm stellen.

Den Bratensatz lösen, mit einem kräftigen Schuss Kornbrand ablöschen, einkochen lassen und mit Bockbier aufgießen. Einkochen lassen, eventuell noch etwas Geflügelsuppe zugießen und abschließend nochmals abschmecken. Die Stubenküken tranchieren und auf vorgewärmten Tellern anrichten. Mit der Bockbiersauce beträufeln und den Rest der Sauce extra servieren.

BEILAGENEMPFEHLUNG ~ Rettichsalat.

Mit Trüffeln gespickte Poularde

ZUTATEN ~ 1 steirische Poularde (Masthuhn mit ca.1,8–2 kg) / 1 kleine schwarze Trüffel oder Trüffelsplitter (ersatzweise Champignons) / 50 g Neusetzer Speck (oder anderer Spickspeck) / 2 Schalotten / ca. 150 ml steirischer Grauburgunder (oder anderer voller Weißwein) / Geflügelsuppe / Salz, Pfeffer / 1 kleine Mehl-Butter-Kugel (oder eiskalte Butterflocken) / Butter oder Gänseschmalz

ZUBEREITUNG ~ Die Poularde in acht Stücke teilen, waschen und trocken tupfen. Die Trüffel in kleine keilförmige Splitter, den Speck in gleichmäßige lange Streifen schneiden und die Poulardenteile mit Hilfe einer Spicknadel damit spicken. (Steht keine Spicknadel zur Verfügung, mit einem langen, spitzen Messer kleine Öffnungen in das Fleisch stechen und diese dann füllen.) Rundum mit Salz und Pfeffer würzen.

Das Backrohr auf 180 °C vorheizen. In einer passenden Bratenpfanne reichlich Gänseschmalz oder Butter erhitzen und die Poulardenteile darin rundum kräftig anbraten. Die Schalotten halbieren, zugeben und ebenfalls kurz anbraten. Grauburgunder untergießen und die Poulardenteile etwa 40–50 Minuten unter einmaligem Wenden und wiederholtem Begießen mit Bratensaft knusprig braten. Bei Bedarf noch etwas Wein oder Geflügelsuppe angießen.

Dann die Teile herausheben und warm stellen. Den Bratensatz lösen, mit Wein oder Suppe aufgießen und nochmals kräftig einkochen lassen. Abseihen bzw. die Schalotten entfernen. Die Mehl-Butter-Kugel einrühren und die Sauce mollig einkochen. Die Poulardenteile auf vorgewärmten Tellern anrichten, mit etwas Sauce beträufeln und den Rest extra servieren.

BEILAGENEMPFEHLUNG ~ Gratiniertes Erdäpfelpürcc, Erdäpfelgratin, Erbsenreis und zartes Gemüse.

Sulmtaler Kapaun

ZUTATEN ~ 1 steirischer Kapaun von ca. 2,3–2,5 kg / 1 Handvoll frischer Morcheln (oder getrocknet und eingeweicht) / 100–150 g Gänseleber / 1 Handvoll Kirschtomaten 1 Bund Jungzwiebeln / 1 Scheibe Räucherspeck / 1 Lorbeerblatt / 4 Wacholderbeeren 1 Schuss Weinbrand / 170–200 ml Welschriesling-Ausbruch (oder anderer Süßwein) Hühnersuppe / 1 KL Maisstärke / Butter und Rapsöl / Salz, Pfeffer

ZUBEREITUNG ~ Den Kapaun waschen, trocken tupfen und in acht Teile teilen. Alle Teile rundum mit Salz und Pfeffer einreiben. Die Jungzwiebeln in einer passenden Bratenpfanne (mit Deckel) in etwas Butter und Rapsöl anschwitzen. Die Räucherspeckscheibe hinzufügen, Lorbeerblatt sowie Wacholder bei - geben und mitziehen lassen. Die Kapaunenteile mit der Haut nach unten einlegen und kräftig anbraten, bis die Haut schön goldbraun ist, wenden und 5–10 Minuten weiterbraten. Das Backrohr auf 150 °C vorheizen. Nun die Teile mit Weinbrand flambieren, Wein untergießen und den Kapaun bei geschlossenem Deckel 1 ½–2 ½ Stunden garen. (Je nach Qualität des Kapauns kann die Garzeit aber auch bis zu 4 oder 5 Stunden betragen!) Ab und an überprüfen, ob noch Flüssigkeit nachgegossen werden muss. Inzwischen die Morcheln gut waschen und halbieren, die Gänsleber in kleine Würferl schneiden, die Tomaten halbieren. Fertig gegarten Kapaun und Jungzwiebeln herausheben und warm stellen. Den Bratenrückstand abseihen und gründlich entfetten. Nach Bedarf noch Hühnersuppe oder Wein zugießen und die Sauce aufkochen lassen. Kapaun mit den Zwiebeln wieder in die Bratenpfanne zurücklegen. Maisstärke mit wenig Wasser glatt rühren und die Sauce damit binden. Morcheln, Gänseleber sowie Tomaten einrühren und die Sauce über die Kapaunenstücke gießen. Bratenpfanne wieder verschließen und alles noch weitere 30–40 Minuten bei 160 °C im Rohr weitergaren. Sobald das Fleisch wirklich weich ist, die Kapaunenteile auf

einer heißen Vorlegeplatte anrichten. Sauce nach Bedarf noch weiter sämig einkochen. Etwas Sauce mit Gänseleberwürfeln und Morcheln über die Kapaunenstücke verteilen, den Rest der Sauce extra auftragen.

BEILAGENEMPFEHLUNG ~ Vollkornnudeln, Erdäpfelpuffer und frischer Salat.

TIPP ~ Nicht jedermanns Sache, aber zum echten Genuss für wahrhaftige Gourmets gerät die Sauce, wenn diese durch das beim Schlachten aufgefangene, mit einem Schuss Essig versetzte Kapaunenblut gebunden wird.

Wachteln mit Couscousfülle und Madeirasauce

ZUTATEN ~ 6–8 Wachteln / 250 g Couscous / 6 Kirschtomaten / 2 KL eingeweichte Rosinen / je 1 EL Pinienkerne und Mandelstifte / einige Rosmarinzweige Kardamompulver und Muskatnuss / Hühnersuppe / Butter und Olivenöl / Salz, Pfeffer

FÜR DIE MADEIRASAUCE ~ 4 Schalotten / 100 ml starker, dunkler Rotwein 500 ml Kochmadeira / etwas Hühnersuppe / Butter zum Anschwitzen und einige eiskalte Butterflocken / Salz, Pfeffer

ZUBEREITUNG ~ Die Wachteln waschen, trocken tupfen und innen sowie außen mit Salz und Pfeffer würzen. Die Kirschtomaten halbieren oder vierteln. In einem Topf etwas Butter und wenig Olivenöl erhitzen, Couscous einrühren, kurz anlaufen lassen, Tomaten, Rosinen, Pinienkerne sowie Mandeln zugeben und alles kurz durchrösten. Nach der Couscous-Kochanleitung mit der nötigen Menge Hühnersuppe aufgießen (das Couscous sollte gut bedeckt sein) und unter ständigem Rühren köcheln lassen, bis die gesamte Flüssigkeit aufgenommen worden und das Couscous gar ist. Bei Bedarf noch etwas Hühnersuppe zugießen. Mit Salz, Pfeffer, Muskatnuss und Kardamom abschmecken. Den Topf vom Herd nehmen, abdecken und 7–10 Minuten quellen lassen. In der Zwischenzeit das Backrohr auf 220 °C vorheizen.
Nun die Wachteln mit der Couscousmasse füllen und die Öffnung mit einem Zwirnsfaden fest vernähen. Das restliche Couscous warm stellen. Eine passende Bratenpfanne mit Öl ausstreichen und die Wachteln mit der Brustseite nach oben einlegen. Mit Olivenöl bestreichen, Rosmarinzweige zugeben und ins Rohr schieben. Nach etwa 5 Minuten die Hitze auf 180 °C reduzieren und noch weitere 15–20 Minuten braten. Die Wachteln währenddessen wiederholt mit Bratenrückstand bestreichen und bei Bedarf noch etwas Hühnersuppe nachgießen.
In der Zwischenzeit für die Madeirasauce die Schalotten fein hacken und in einer Pfanne in Butter hell anschwitzen. Mit Madeira ablöschen und die Flüssigkeit stark einkochen lassen. Etwas Wein und Suppe nachgießen und die Flüssigkeit auch diesmal auf weniger als die Hälfte einkochen lassen. Mit Salz und Pfeffer abschmecken. Vom Herd nehmen und die kalten Butterstückchen einrühren. Die Wachteln auf vorgewärmte Teller setzen und die Sauce durch ein Haarsieb darüberpassieren. Restliches Couscous dazu servieren.

BEILAGENEMPFEHLUNG ~ In Süßwein geschmorte Zwiebeln sowie Tomaten-Petersilien-Salat.

Wachteln mit Gänseleber-Bratwurst-Fülle

ZUTATEN ~ **6–8 Wachteln / 100–150 g Gänseleber / 1 rohe Bratwurst / 1–2 Semmeln Milch zum Einweichen / 40 ml Cognac zum Marinieren / 1 Ei / 1 Eidotter / Semmelbrösel Salz, Pfeffer / Geflügelsuppe / Cognac zum Ablöschen / 1 EL Crème fraîche / Butter oder Gänseschmalz**

ZUBEREITUNG ~ Die Gänseleber in kleine Würfel schneiden, mit Salz, Pfeffer und Cognac abmischen und mindestens 1 Stunde marinieren. Dann das Brät aus der Bratwurst herauslösen und grob zerdrücken. Die Semmeln zerteilen und in Milch einweichen, ausdrücken und nach Belieben passieren. Nun in einer Schüssel die Semmelmasse mit dem Brät, den marinierten Gänseleberwürfeln, Ei, Dotter und so viel Semmelbröseln vermengen, dass eine kompakte Füllmasse entsteht. Mit Salz und Pfeffer abschmecken.

Das Backrohr auf 220 °C vorheizen. Die Wachteln waschen, trocken tupfen und mit der Füllmasse füllen. Die Öffnung mit Küchengarn vernähen. Eine passende Bratenpfanne mit flüssiger Butter oder Gänseschmalz ausstreichen und die Wachteln mit der Brustseite nach oben einlegen.

Mit flüssiger Butter oder Gänseschmalz bestreichen und ins Rohr schieben. Nach etwa 5 Minuten die Hitze auf 180 °C reduzieren und noch weitere 15–20 Minuten braten. Die Wachteln währenddessen wiederholt mit Bratenrückstand bestreichen und bei Bedarf noch etwas Hühnersuppe nachgießen. Die fertig gebratenen Wachteln herausheben und noch kurz warm rasten lassen.

Den Bratenrückstand lösen, mit Cognac ablöschen, einkochen lassen und mit etwas Geflügelsuppe aufgießen. Kräftig einkochen lassen und mit Crème fraîche abrunden. Dann auf vorgewärmten Tellern anrichten.

BEILAGENEMPFEHLUNG ~ In Butter gedünstete Morcheln mit Spargel, zartes Gemüse wie Erbsenschoten oder in Butterbröseln gewälzte Romanescoröschen.

Enten, Gänse, Truthähne

Ente mit Nudel-Grammel-Fülle

ZUTATEN ~ 1 küchenfertige Ente mit Leber / 2 Hühnerlebern / 240 g nicht zu kleine Teigwaren (Nudelflecken, Bandnudeln etc.) / 125 g Topfen (10 %) / 125 ml Sauerrahm 2 Eier / 1–2 EL gehackte Petersilie / 1–2 EL Enten- oder Butterschmalz / 50 g Grammeln Salz, Pfeffer, Majoran / Geflügelsuppe oder Wasser zum Aufgießen

ZUBEREITUNG ~ Entenleber aus der Ente herauslösen und zur Seite legen. Die Ente unter kaltem Wasser sorgfältig waschen, trocken tupfen und innen gut salzen. Die Nudeln nach Anleitung bissfest kochen, kalt abschrecken und abseihen. Abgetropfte Nudeln in eine größere Schüssel geben. Währenddessen die Enten- und Hühnerlebern in feine Würfel schneiden und in heißem Schmalz anbraten. Größere Grammeln zerkleinern und Grammeln unter die Geflügelleber rühren. Kurz durchrösten und alles über die Nudelflecken gießen. Topfen, Rahm und Eier untermengen. Gut verrühren und mit Salz, Pfeffer sowie Petersilie abschmecken. Die Fülle in die Bauchhöhle der Ente füllen und die Öffnung mit Küchengarn vernähen. Das Backrohr auf 190–200 °C vorheizen. Die Ente außen kräftig mit Salz, Pfeffer und Majoran einreiben. Die Ente in eine passende Bratenform setzen und vorerst 15 Minuten braten. Dann die Hitze auf 170 °C reduzieren und die Ente ca. 1 ½ Stunden fertig braten. Dabei nach der Hälfte der Bratzeit wenden. Sollte die Ente gegen Ende der Garzeit noch nicht braun und knusprig sein, die letzten 5 Minuten vor Bratschluss Oberhitze zuschalten oder unter der Grillschlange noch bräunen. Ente herausheben und noch kurz warm rasten lassen. Den verbliebenen Bratrückstand nach Belieben mit etwas Wasser oder Suppe aufkochen und abseihen.
Die Ente tranchieren und mit der Nudelfülle anrichten.
BEILAGENEMPFEHLUNG ~ Kohlsprosserln mit Speck oder warmer Krautsalat.

Flugente mit karamellisiertem Dörrobst

ZUTATEN ~ 1–2 Flugenten (je nach Größe) / 300 g gemischtes, eingeweichtes Dörrobst (getrocknete Marillen, Zwetschken, Birnen) / 300 ml kräftiger, süßer Weißwein (Traminer) / 100 g gemahlene Mandeln / Zucker / Zimt, Muskatnuss / Thymian Salz, Pfeffer / Butter / Entenfond oder Geflügelsuppe

ZUBEREITUNG ~ Das Backrohr auf 180 °C vorheizen. Die Flugenten waschen und trocken tupfen. Mit Salz, Pfeffer und Thymian rundum gut einreiben. Mit der Brustseite zuerst nach unten in eine Bratenform mit Gitterrost setzen und unter ständigem Begießen mit Bratensaft etwa 40–60 Minuten braten. Dabei einmal wenden.
Währenddessen das eingeweichte Dörrobst in Weißwein kurz aufkochen, nach Belieben noch zuckern und etwa 20 Minuten ziehen lassen. Dörrobst abseihen, in mundgerechte Stücke schneiden. In einer Pfanne reichlich Butter schmelzen lassen, die geriebenen Mandeln gemeinsam mit etwas Zucker einstreuen, kurz durchrühren und das Obst einrühren. Eventuell noch etwas Zucker darüberstreuen. Mit Zimt sowie Muskatnuss abschmecken und kurz karamellisieren lassen. Nun die fertig gebratenen

Enten herausheben und vor dem Tranchieren noch kurz rasten lassen. Den Bratensatz mit etwas Fond oder Suppe (und eventuell noch vorhandenem abgeseihtem Weißwein) lösen und kräftig aufkochen lassen. Abseihen und über die tranchierten Ententeile träufeln.
Mit dem karamellisierten Obst servieren.

Gebratene Ente à l'orange

ZUTATEN ~ **1 küchenfertige Ente / 125 ml Orangensaft / ca. 125 ml Geflügelfond 4 cl Cointreau / 4 cl Grand Marnier / 1 Zimtstange / einige Gewürznelken / Salz, Pfeffer, Muskatnuss / Oliven- oder Pflanzenöl**

ZUBEREITUNG ~ Die ausgenommene Ente waschen, trocken tupfen und in Stücke teilen. Mit Salz, Pfeffer und Muskatnuss gut einreiben und kurz ziehen lassen. In einer Bratenpfanne reichlich Pflanzen- oder nicht zu intensives Olivenöl erhitzen und die Teile rundum anbraten, bis die Haut goldbraun und knusprig ist.
Das Backrohr auf 200 °C vorheizen. Die Ententeile mit der Hautseite nach oben ca. 30 Minuten im heißen Backrohr braten. Inzwischen den Orangensaft mit Geflügelfond und Cointreau vermengen. Nun die Hitze etwas reduzieren und die Entenstücke mit dem Orangensaft-Gemisch übergießen. Die Zimtstange sowie die Nelken zugeben und die Ente abermals 30 Minuten unter häufigem Bestreichen mit dem Bratensaft weitergaren. Bei Bedarf noch etwas Geflügelfond nachgießen. Entenstücke am Schluss mit Grand Marnier übergießen und flambieren. Danach die Entenstücke herausheben und abgedeckt noch warm rasten lassen. Den zurückgebliebenen Bratensatz abgießen, entfetten und durch ein Sieb seihen. In einem kleinen Saucenpfännchen so lange einkochen, bis die Sauce etwas sämig geworden ist.
BEILAGENEMPFEHLUNG ~ Frisches, knuspriges Baguette, aber auch Kroketten, Schupfnudeln und glasierte Maroni.

TIPP ~ Die Entenstücke können auch vor dem Servieren noch kurz unter der Grillschlange oder bei großer Oberhitze überbacken werden. So schmecken sie noch knuspriger.

Knusprige Ente mit Semmel-Apfel-Fülle

ZUTATEN FÜR 3–4 PORTIONEN ~ 1 Ente von ca. 2,5 kg / 2–3 altbackene Semmeln / 3 Jungzwiebeln / 2 säuerliche Äpfel / 3 Eier / 2 EL fein gehackte Petersilie / 125 ml Milch / Majoran / Süßwein und Geflügelsuppe / Salz, Pfeffer / Gänse- oder Butterschmalz

ZUBEREITUNG ~ Für die Fülle zunächst die Jungzwiebeln fein hacken, die Äpfel kleinwürfelig schneiden. In einer Pfanne etwas Schmalz erhitzen und die Zwiebeln mit den Äpfeln darin hell anschwitzen. Petersilie einrühren, vom Herd nehmen und auskühlen lassen. Währenddessen die Semmeln in Würfel schneiden, Apfel-Zwiebel-Mischung zugeben, Eier und Milch einrühren und mit Salz sowie Pfeffer abschmecken. Die Masse eine gute Viertelstunde anziehen lassen. Nun die Ente waschen, trocken tupfen, innen und außen mit Salz sowie Pfeffer würzen. Außen auch noch mit Majoran einreiben. Ente mit der vorbereiteten Masse füllen und die Öffnung mit Küchengarn vernähen.
Das Backrohr auf 200 °C vorheizen. In eine passende Bratenpfanne etwas Wasser eingießen, die Ente mit der Brustseite nach unten hineinsetzen, ins Rohr schieben und etwa 15 Minuten braten. Hitze auf 170 °C reduzieren und die Ente mit einmaligem Wenden und wiederholtem Begießen noch weitere 90–100 Minuten knusprig braten. Bei Bedarf noch etwas Geflügelsuppe zugießen. Die fertige Ente herausheben und noch einige Minuten warm rasten lassen.
Den Bratensatz lösen, den Saft entfetten, mit einem kräftigen Schuss Süßwein ablöschen und diesen zur Gänze einkochen lassen. Etwas Suppe zugießen und die Sauce nochmals einkochen lassen.

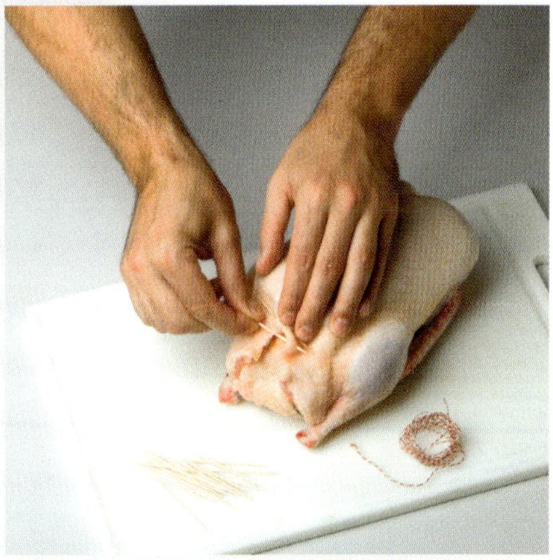
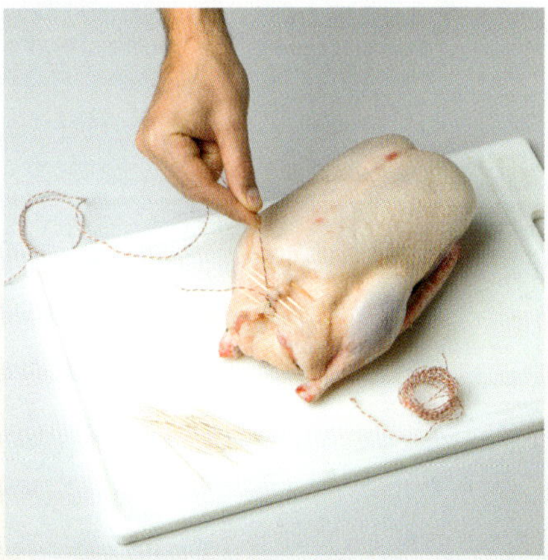

Die Ente tranchieren und mit der Fülle auf vorgewärmten Tellern anrichten. Die Sauce dazu extra servieren.

BEILAGENEMPFEHLUNG ~ Rotkraut mit Äpfeln oder warmer Krautsalat mit Speckgrammeln.

TIPP ~ Ist die Ente nach dem Braten noch nicht richtig knusprig, einfach in vier Teile tranchieren, die Fülle warm halten und die Ententeile unter dem Grill oder bei maximaler Oberhitze kurz knusprig braten.

Der Klimagaren-Tipp von Miele

Verlässlichkeit für viele Jahre

Bei fettreichem Fleisch bzw. Fleisch mit Schwarte zu Beginn Dampf zugeben, damit das Fett besser ausbrät und eine appetitliche Kruste entsteht. Mageres Fleisch ebenfalls mit Dampfzugabe zu Beginn zubereiten, damit es nicht austrocknet.

Peking-Ente

ZUTATEN ~ **1 küchenfertige Ente / ca. 20 kleine Palatschinken (im Asialaden erhältlich oder kleine, hauchdünne selbst gemachte Palatschinken) 1 Bund Jungzwiebeln / Pflaumen- oder Hoisin-Sauce / Honig nach Bedarf**

FÜR DIE MARINADE ~ **6 EL Shaoxing-Reiswein (oder trockener Sherry) / 125 ml Sojasauce / 2 EL Fischsauce / 1 EL brauner Zucker / ½ TL Chilipulver / 2 gehackte Knoblauchzehen / ½ TL frisch gehackter Ingwer / 1 EL Fünf-Gewürze-Pulver / Pfeffer aus der Mühle**

ZUBEREITUNG ~ Zunächst die Marinade vorbereiten. Dafür Reiswein, Soja- und Fischsauce mit den restlichen Zutaten vermengen. Die Ente waschen, trocken tupfen, mit der Marinade bestreichen und einige Stunden, am besten über Nacht, kühl marinieren. Währenddessen ab und an wenden und die Ente wiederholt mit Marinade bestreichen.
Das Backrohr auf 220 °C vorheizen. Die Ente in eine passende Bratenform mit der Brustseite nach unten auf ein Bratengitter setzen und 15–20 Minuten braten. Dann die Hitze auf 180 °C reduzieren und die Ente unter einmaligem Wenden und wiederholtem Begießen mit Bratensaft etwa eine weitere Stunde knusprig braten. Ist die Ente gegen Ende der Bratzeit noch nicht knusprig genug, mit etwas Honig einstreichen und die Ente goldbraun braten. Die Ente herausnehmen und warm rasten lassen. Währenddessen die Palatschinken in einem Bastkörbchen einige Minuten dämpfen, bis sie warm sind. Herausheben und warm halten. Jungzwiebeln der Länge nach in feine Streifen schneiden. Nun die Ente tranchieren, das Fleisch auslösen und in feine Streifen schneiden. Auf einem vorgewärmten Teller anrichten. Jungzwiebeln und warme Palatschinken auf je einem Teller anrichten. Pflaumen- oder Hoisin-Sauce in ein kleines Schüsselchen geben und alles auftragen. Bei Tisch auf jeweils eine Palatschinke etwas Pflaumen- oder Hoisin-Sauce auftragen, mit Zwiebelstreifen sowie etwas Entenfleisch belegen und zusammenrollen.

TIPP ~ Wesentlich rascher lässt sich eine einfachere Variante der Peking-Ente zubereiten, indem Sie keine ganze Ente, sondern nur Entenbrüste braten und diese lediglich mit Honig und Fünf-Gewürze-Pulver marinieren. Wer allerdings dem Originalrezept, nach dem die Ente aufwändig geschlachtet, mariniert, mit kochendem Wasser blanchiert und einige Tage an die frische Luft gehängt werden sollte, relativ nahekommen möchte, kann die marinierte Ente auch blanchieren und anschließend mit einem Föhn so lange föhnen, bis die Haut wirklich trocken geworden ist.

Peking-Ente einmal anders

Man nehme eine Ente, mariniere sie kunstvoll mit Shaoxing-Reiswein, Sojasauce, Fünf-Gewürze-Pulver und noch vielem mehr, brate sie, tranchiere sie alsdann, bestreiche eine vorbereitete kleine Palatschinke, die in einem Bastkörbchen über Dampf warm gehalten wurde, mit süßer Pflaumensauce, streue geschnittene Frühlingszwiebeln darüber, gebe schließlich etwas von dem Entenfleisch darauf und rolle das alles zusammen – und schon fertig! Ob Peking-Ente nicht einfacher zu haben wäre? Freilich. Flugs zum Geflügelhändler gehen und keck eine Ente verlangen. Was er Ihnen dann überreichen wird, ist mit ziemlicher Sicherheit eine Peking-Ente – die in unseren Breiten am häufigsten angebotene Entenart. So einfach ist das mit der Peking-Ente!

In Traminer marinierter Entenbraten

ZUTATEN FÜR 2–3 PORTIONEN ~ **1 junge Ente / Muskatnuss / Salz, Pfeffer Butter oder Butterschmalz**

FÜR DIE MARINADE ~ **1 l Wasser / 250 ml kräftiger, vollmundiger Weißwein (Traminer, Chardonnay etc.) / 1 Lorbeerblatt / Pimentkörner (Neugewürz) Pfefferkörner / zerdrückte Wacholderbeeren / Gewürznelken / 1 Zimtstange**

ZUBEREITUNG ~ Zunächst die Marinade zubereiten. Dafür in einem großen Topf das Wasser erhitzen. Sämtliche Gewürze zugeben und etwa 20 Minuten köcheln lassen, abkühlen lassen. Dann die Ente waschen. Den Wein in den abgekühlten Kochsud gießen und die Ente darin am besten über Nacht abgedeckt kühl ziehen lassen. Dabei ab und an wenden und mit Flüssigkeit übergießen.
Die marinierte Ente am nächsten Tag herausnehmen und gut trocken tupfen. Die Marinade abseihen und bereitstellen. Innen und außen kräftig mit Salz sowie Pfeffer würzen, außen auch noch mit etwas Muskatnuss einreiben. Das Backrohr auf 220 °C vorheizen. In einer passenden Bratenform Butter oder Butterschmalz erhitzen und die Ente darin rundum scharf anbraten. Mit der Brustseite nach unten zunächst im heißen Rohr 15 Minuten braten. Dann wenden, die Hitze auf 180 °C drosseln und die Ente noch etwa 1 ½ Stunden, je nach Größe, knusprig braten. Währenddessen wiederholt mit Bratensaft übergießen und bei Bedarf etwas Marinade zugießen. Gegen Ende der Garzeit die Ente nicht mehr übergießen, damit die Haut knusprig wird.
Die fertig gegarte Ente herausnehmen und noch etwas warm rasten lassen. Den Bratensatz lösen, mit der abgeseihten Marinade ablöschen und stark einkochen lassen. Abschmecken. Die Ente tranchieren und auf vorgewärmten Tellern anrichten.
BEILAGENEMPFEHLUNG ~ Erdäpfel- oder Semmelknödel, glasierte Maroni und leicht gesüßtes Weinkraut.

Mit Niedertemperatur gegarte Barbarieentenbrust auf Couscous

ZUTATEN ~ **2 Barbarieentenbrüste (oder andere Entenbrüste) / getrockneter Thymian Salz, Pfeffer / Schuss Noilly Prat (oder Wermut) / Olivenöl und Butter**

FÜR DAS COUSCOUS ~ **250 g Couscous / Geflügelsuppe / 2 Zucchini 1 große Melanzani / 2–3 große Tomaten / 2–3 Knoblauchzehen / 1 EL Tomatenmark Thymian, Rosmarin / Olivenöl / Salz, Pfeffer**

ZUBEREITUNG ~ Die Barbarieentenbrüste rundum mit Salz sowie Pfeffer, die Fleischseite auch mit Thymian würzen. Das Backrohr auf 75 °C vorheizen. In einer Pfanne etwas Butter und Olivenöl erhitzen und die Brüstchen zuerst auf der Hautseite 2–3 Minuten anbraten, wenden und noch eine gute Minute auf der Fleischseite braten. Herausheben und rasch in eine feuerfeste, vorgewärmte Form legen und im vorgezeizten Backrohr eine gute Stunde nachgaren lassen.
Währenddessen das Couscous vorbereiten. Dafür die Tomaten in siedendem Wasser kurz überbrühen, schälen und entkernen. In kleine Würfel schneiden. Zucchini und Melanzani gut waschen und ebenfalls in kleine Würfel schneiden. Knoblauch fein hacken. In einer Pfanne etwas Olivenöl erhitzen und die Melanzani- mit den Zucchiniwürfeln anschwitzen. Knoblauch und Tomatenmark zugeben, kurz durchrühren und nun die Tomaten einmengen. Mit Salz, Pfeffer, Thymian und Rosmarin abschmecken und alles etwa 15–20 Minuten sanft köcheln lassen.
Inzwischen das Couscous nach Anleitung in der dafür nötigen Menge Geflügelsuppe so lange köcheln lassen, bis die gesamte Flüssigkeit aufgenommen worden und das Couscous gar ist. Mit Salz und Pfeffer abschmecken. Die mittlerweile fertig gebratenen Barbarieentenbrüste herausheben und warm stellen. Den Bratensaft abgießen, mit einem kräftigen Schuss Noilly Prat ablöschen und einkochen lassen. Mit Geflügelsuppe nochmals aufgießen und den Saft schön einreduzieren lassen. Die Entenbrüste schräg aufschneiden und auf vorgewärmten Tellern anrichten. Jeweils etwas Couscous und Melanzanigemüse daneben platzieren und das Fleisch mit etwas Sauce beträufeln. Die restliche Sauce nach Belieben extra servieren. Das Couscous erst unmittelbar vor dem Verzehr auf dem Teller mit dem Gemüse vermengen.

TIPP ~ Werden die Entenbrüste ohne Niedertemperatur gegart, so lässt man sie nach dem Anbraten noch 15–20 Minuten im 180 °C heißen Backrohr braten und anschließend 10 Minuten warm rasten.

Knuspriges Gansl mit Nelkenäpfeln

ZUTATEN ~ 1 Gans von ca. 3,5–4,5 kg / 3 Jungzwiebeln / je 1 TL gemahlener Beifuß und gemahlener Kümmel oder 1 EL Majoran / etwas Mehl / Gansl- oder Geflügelsuppe Salz, Pfeffer

FÜR DIE FÜLLE ~ 3 nicht zu kleine Äpfel / 1–2 EL Gewürznelken 1 Handvoll gekochte und geschälte Maroni

ZUBEREITUNG ~ Bei der Gans die Flügelspitzen, den Hals, die Innereien sowie große Fettpolster im Inneren entfernen und daraus am besten eine Ganslsuppe zubereiten. In einer kleinen Schüssel den gemahlenen Beifuß mit gemahlenem Kümmel, Salz sowie Pfeffer vermengen und mit dieser Kräutermischung die gewaschene, trocken getupfte Gans innen und außen gut würzen. Etwa 15 Minuten ziehen lassen. Ist die Gans sehr fett, mit einer Gabel die Brustseite mehrmals stupfen (anstechen).

Inzwischen die Gewürznelken rundum in die Äpfel stecken. Dann die gespickten Äpfel ebenso wie die gekochten Maroni in den Bauchraum des Gansls geben. Nach Belieben die Öffnung mit Zahnstochern zusammenstecken. Das Backrohr auf 150 °C vorheizen. Nun eine passende Bratenpfanne etwa einen Finger hoch mit heißem Wasser füllen, die Gans mit der Brust nach unten einlegen, die Jungzwiebeln rund um die Gans geben und etwa 3 Stunden braten. Dann die Hitze langsam auf etwa 180–200 °C steigern und die Gans noch eine weitere Stunde (je nach Größe und Qualität) knusprig braten. Dabei die Gans nach der halben Bratzeit wenden und wiederholt mit dem ausgetretenen Saft begießen, bei Bedarf Geflügelsuppe nachgießen. Gegen Ende der Bratzeit das Fett zur Gänze abschöpfen, damit die Gans schön knusprig wird. Sobald beim Anstechen nur mehr klarer Saft austritt, die Gans aus dem Rohr nehmen und noch kurz warm rasten lassen.

Die Jungzwiebeln entfernen, den Bratensatz lösen, wenig Mehl darüberstauben, mit Geflügelsuppe oder Wasser aufgießen und die Sauce gut einkochen lassen. Bei Bedarf abschmecken. Die Gans tranchieren. (Sollte sie noch nicht richtig knusprig und goldbraun sein, nochmals kurz bei maximaler Oberhitze oder unter der Grillschlange bräunen.) Gans auf einer heißen Vorlegeplatte anrichten, Nelkenäpfel und Maroni rundum gruppieren und die Sauce in einer Saucière servieren.

BEILAGENEMPFEHLUNG ~ Rotkraut, Semmelknödel und Preiselbeeren.

TIPP ~ Das Gansl kann freilich auch mit Niedertemperaturgarung gebraten werden; dafür sollten Sie die Gans zunächst 1 Stunde bei 180–200 °C „vorbraten" und dann bei 80 °C etwa 8 Stunden langsam fertig garen.

Altwiener gefüllte Weihnachtsgans

ZUTATEN ~ 1 Gans von ca. 3 kg / 1 Handvoll Maroni / 1 Schalotte 1 EL gehackte Petersilie / 3–4 altbackene Semmeln / 250 ml Schlagobers Milch und Semmelbrösel nach Bedarf / 3 Eier / 1–2 Eidotter / gemahlener Beifuß / Salz, Pfeffer / Butter oder Gänseschmalz / Geflügelsuppe zum Aufgießen / Mehl zum Stauben

ZUBEREITUNG ~ Für die Fülle zunächst die Schalotte in sehr feine Würfel schneiden und in etwas heißem Gänseschmalz oder Butter kurz anbraten. Petersilie zugeben und kurz durchrühren. Vom Herd nehmen und auskühlen lassen. Die Maroni auf der bauchigen Seite mit einem scharfen Messer kreuzweise einschneiden und in Wasser weichkochen. Abseihen, kurz überkühlen lassen und schälen. In kleine Würfel schneiden. Nun die Semmeln in kleine Würfel schneiden, mit den Schalottenwürfeln vermengen, Schlagobers und Eier sowie Dotter einrühren. Die Masse mit Salz und Pfeffer abschmecken. Kurz ziehen lassen. Ist die Fülle zu wenig kompakt, noch etwas Semmelbrösel zugeben, ist sie fest, etwas Milch zugießen. Das Backrohr auf 220 °C vorheizen. Von der Gans die letzten Flügelspitzen, den Hals sowie sehr große Fettpolster im Inneren entfernen. Die küchenfertige Gans innen und außen mit Salz sowie Pfeffer würzen, außen noch mit gemahlenem Beifuß einreiben. Die Gans mit der Masse füllen und die Öffnung mit Küchengarn vernähen. Ist die Gans ziemlich fett, die Brust mit einer Gabel mehrmals „stupfen" (anstechen), damit beim Braten das Fett austreten kann. Eine große Bratenpfanne etwa einen Finger hoch mit heißem Wasser füllen, Gans mit der Brust nach unten einlegen und eine gute Viertelstunde braten. Dann die Hitze allmählich stufenweise auf 160 °C reduzieren und die Gans unter regelmäßigem Begießen mit dem eigenen Saft je nach Größe und gewünschtem Garungsgrad noch etwa gute 2 Stunden braten. Dabei die Gans nach der halben Bratzeit wenden und bei Bedarf frische Geflügelsuppe nachgießen. Sobald die Gans durchgebraten ist und beim Anstechen nur mehr klarer Saft austritt, herausheben und kurz rasten lassen. Dann die Gans tranchieren und die Fülle getrennt warm halten. Den Bratensatz lösen, entfetten und danach etwas Mehl darüber stauben. Kurz rösten, mit Geflügelsuppe ablöschen und sämig einkochen lassen. Die Sauce abgießen und warm halten.
Die Gänseteile mit der Hautseite nach oben wieder in die Bratenpfanne legen und bei maximaler Oberhitze oder unter der Grillschlange knusprig braten. Die knusprigen Gänsestücke auf einer vorgewärmten Vorlegeplatte anrichten, die Fülle daneben platzieren und die Sauce in einem Kännchen extra dazu servieren.

BEILAGENEMPFEHLUNG ~ Rotkraut und Preiselbeeren.

Gefüllter Gänsehals

ZUTATEN ~ 3 Gänsehälse / 600–700 g Faschiertes / 1 Ei / 2 Semmeln 1 Zwiebel / 2 Knoblauchzehen / 1 EL gehackte Petersilie / Milch zum Einweichen 1 EL edelsüßes Paprikapulver / 1 EL Tomatenmark / Salz, Pfeffer / Gänseschmalz oder Pflanzenöl / klare Gansl- oder Geflügelsuppe

ZUBEREITUNG ~ Für die Füllmasse zunächst die Zwiebel fein schneiden, den Knoblauch fein hacken. Die Zwiebeln in heißem Gänseschmalz oder Öl hell anschwitzen. Gehackte Petersilie und Knoblauch zugeben und kurz durchrühren. Paprikapulver einrühren, Tomatenmark zugeben und unter kräftigem Rühren nur so wenig Suppe zugießen, dass eine sämige, glatte Paste entsteht. Überkühlen lassen. Die Semmeln grob schneiden, in Milch einweichen, ausdrücken und nach Belieben noch passieren. Das Faschierte mit der Paprika-Zwiebel-Masse, den ausgedrückten Semmeln, Ei sowie Salz und Pfeffer zu einer geschmeidigen Masse verarbeiten. Das Backrohr auf 180 °C vorheizen. Nun die Haut vorsichtig von den Gänsehälsen abziehen, umstülpen und von daran haftenden Drüsen und Gerinnseln befreien. Wieder umdrehen, gut waschen und am kleineren Ende mit Küchengarn zunähen. Die Hälse innen und außen salzen und pfeffern, mit der Masse füllen und die zweite Öffnung vernähen. Eine passende Bratenpfanne mit Gänseschmalz oder Öl ausstreichen. Die gefüllten Gänsehälse einlegen und unter regelmäßigem Begießen mit Bratensaft und gelegentlichem Nachgießen von Suppe ca. 45 Minuten lang braten. Die Gänsehälse herausheben, warm rasten lassen und den Bratensatz lösen. Mit etwas Suppe aufgießen und einkochen lassen. Die gefüllten Gänsehälse schräg aufschneiden, auf vorgewärmten Tellern anrichten und mit Bratensaft beträufeln.
BEILAGENEMPFEHLUNG ~ Mit knusprigen Zwiebelringen belegtes Erdäpfelpüree, Braterdäpfel und Rahm-Gurken-Salat.

Gänserillettes auf burgenländisch

Nicht nur die Franzosen wissen, warum sie Fleisch von Enten, Gänsen oder Schweinen möglichst lange in möglichst viel Fett schmoren. Das g'schmackige Resultat – bei frankophilen Gourmets als so genannte Rillettes äußerst geschätzt und bekannt – wird auch im Burgenland rund um Martini gerne aufgetischt, wenn auch in leichter Abänderung. Dort werden die prall gefüllten Gänsehälse in einen mit reichlich flüssigem Schmalz gefüllten Topf gelegt und so großzügig mit Schmalz bedeckt, dass von ihnen nichts mehr zu sehen ist. Nach längerem Garen sind die feinen Hälse dann nicht nur butterweich und saftig, sondern können auch monatelang (kühl) als eiserne Reserve für kalte Wintermonate aufbewahrt werden.

Kärntner Putenbraten
klimagegart

ZUTATEN FÜR 4–6 PORTIONEN ~ 1 kg Putenbrust / 50 g dünn geschnittener Rohschinken / Salz, Pfeffer / 1 gewässertes Schweinsnetz / Hühnersuppe Crème fraîche oder kalte Butterstückchen / 250 ml Wasser für die Dampfstöße

FÜR DIE FÜLLE ~ 150 g Kletzen (Dörrbirnen) / 100 g geriebene Nüsse / Topfen oder Sauerrahm nach Bedarf / Schuss Birnenschnaps oder Obstler / Zimt- und Nelkenpulver Salz, Pfeffer

ZUBEREITUNG ~ Bereits am Vortag die Kletzen einweichen. Am nächsten die eingeweichten Kletzen aufkochen, abseihen und passieren oder sehr fein schneiden. Mit den geriebenen Nüssen, Topfen oder Rahm zu einer sämigen Paste vermengen. Mit Salz, Pfeffer, Zimt, Nelken sowie einem kräftigen Schuss Birnenschnaps abschmecken.
Die Putenbrust taschenförmig einschneiden und die Tasche mit Rohschinken auskleiden. Die Kletzenfarce einfüllen und die Brust wieder zusammenklappen. Außen mit Salz und Pfeffer würzen und in das gut gewässerte und abgetropfte Schweinsnetz einschlagen.
Die Putenbrust in eine passende Form setzen, etwas Hühnersuppe zugießen und im nicht vorgeheizten Backrohr bei 170–190 °C gute 1 ½ Stunden bei 3 Dampfstößen braten (s. u.). Die mit dem Bratenthermometer gemessene Kerntemperatur sollte am Garungsende keinesfalls unter 85 °C liegen!
Die fertig gebratene Putenbrust herausheben und in Alufolie gehüllt noch etwas rasten lassen. Den Bratensatz lösen, mit einem Schuss Birnenbrand ablöschen, einkochen lassen und nochmals mit Suppe aufgießen. Sauce einreduzieren und je nach Vorliebe mit etwas Crème fraîche oder schnell eingerührten kalten Butterstückchen binden. Die Putenbrust tranchieren und mit etwas Sauce umgießen.
BEILAGENEMPFEHLUNG ~ Spätzle, Risipisi, Erdäpfelpuffer und junges Gemüse.

1. Dampfstoß nach 10 Minuten
2. Dampfstoß nach weiteren 25 Minuten
3. Dampfstoß nach weiteren 25 Minuten

Der Klimagaren-Tipp von Miele

Verlässlichkeit für viele Jahre

Bei fettreichem Fleisch bzw. Fleisch mit Schwarte zu Beginn Dampf zugeben, damit das Fett besser ausbrät und eine appetitliche Kruste entsteht. Mageres Fleisch ebenfalls mit Dampfzugabe zu Beginn zubereiten, damit es nicht austrocknet.

Gefüllter Truthahn im Tuch gebraten

ZUTATEN FÜR 6 PORTIONEN ~ 1 Truthahn (ca. 3,5–5 kg) / 80–100 g durchzogene Speckscheiben / ca. 150 ml Weißwein / Schuss Schlagobers nach Belieben Geflügelfond oder kräftige Geflügelsuppe / Salz, Pfeffer aus der Mühle

FÜR DIE FÜLLE ~ 3–5 altbackene Semmeln / 1 Paar rohe Bratwürste / ca. 250 ml Schlagobers / Milch und Semmelbrösel nach Bedarf / 3 Eier / 1–2 Eidotter 3 Jungzwiebeln / je ½ rote und grüne Paprikaschote / 1–2 EL gehackte Petersilie Majoran, Muskatnuss / Salz, Pfeffer / Butterschmalz oder Pflanzenöl

ZUBEREITUNG ~ Zunächst die Fülle vorbereiten. Die Jungzwiebeln fein hacken, die Paprikaschoten kleinwürfelig schneiden und alles in etwas heißem Butterschmalz oder Öl hell anschwitzen, Petersilie zugeben und rasch durchrösten. Vom Herd nehmen und abkühlen lassen. Inzwischen die Semmeln in Würfel schneiden. Das Brät aus den Bratwürsten drücken und gemeinsam mit der Zwiebel-Paprika-Masse unter die Semmelwürfel mischen. Schlagobers, Eier, Eidotter und so viel Semmelbrösel bzw. Milch zugeben, dass eine kompakte Füllmasse entsteht. Mit Salz, Pfeffer und Muskatnuss abschmecken. Etwa 10 Minuten anziehen lassen. Den Truthahn waschen, trocken tupfen und innen sowie außen kräftig mit Salz und Pfeffer würzen. Außen auch mit Majoran gut einreiben. Die Fülle nicht zu prall einfüllen und die Öffnung mit Küchenspagat verschließen. Das Backrohr auf 180 °C vorheizen. Die Truthahnbrust mit Speckscheiben abdecken. Ein Küchentuch mit Weißwein beträufeln und auf die Brust legen, damit der Truthahn schön saftig bleibt. Eine passende Bratenpfanne mit wenig Geflügelfond oder -suppe ausgießen, den Truthahn hineinsetzen. Im heißen Rohr zunächst 15–20 Minuten braten, dann Hitze auf 150 °C reduzieren und den Truthahn je nach Größe 3 ½-5 Stunden fertig braten. Währenddessen das Tuch mit dem restlichen Wein und Geflügelfond ständig feucht halten. Eine halbe Stunde vor Garungsende das Tuch entfernen, den Speck neben den Truthahn in die Pfanne legen und den Truthahn bei nunmehr etwa 200 °C knusprig braten. Währenddessen eventuell mit flüssigem Schmalz begießen. Sobald der Truthahn schön knusprig und gar gebraten ist (beim Anstechen tritt nur mehr klarer Saft aus), herausheben und in Alufolie gehüllt warm stellen. Den Bratensaft abgießen und entfetten. In einem Topf kräftig aufkochen, etwas Geflügelfond zugießen und abermals einkochen lassen. Nach Belieben mit einem Schuss Schlagobers mollig einkochen lassen. Den Truthahn tranchieren, auf einer heißen Vorlegeplatte anrichten und mit den gebratenen Speckscheiben garnieren. Die Fülle daneben platzieren und die Sauce in einem Kännchen extra servieren.

BEILAGENEMPFEHLUNG ~ Glasierte Maroni und Preiselbeeren.

Irischer Truthahn mit Majoran

ZUTATEN FÜR 5–6 PORTIONEN ~ 1 nicht zu großer Truthahn (ca. 3,5 kg)
130–150 g gesalzene, zimmerwarme Butter / 1 Bund frischer Majoran
150 ml Schlagobers oder Crème fraîche / Schuss Whisky / Geflügelsuppe
Salz, Pfeffer

ZUBEREITUNG ~ Den frischen Majoran verlesen und fein hacken. Den Truthahn waschen, trocken tupfen und innen sowie außen mit Salz und Pfeffer würzen. (Dabei die Brust nicht allzu kräftig salzen, da diese durch die Majoranbutter ohnehin aromatisiert wird.)
Das Backrohr auf 180 °C vorheizen. Den Großteil des Majorans mit der zimmerwarmen Butter abtreiben (steht keine fertige Salzbutter zur Verfügung, einfach die Butter mit einer kräftigen Prise Salz abrühren) und die Truthahnbrust damit bestreichen. Den gewürzten Truthahn in eine passende Bratenpfanne mit Deckel setzen, wenig Geflügelsuppe zugießen und zugedeckt rund 2 Stunden (nicht ganz) garen. Dann herausheben, den Bratensaft abgießen, den Truthahn auf ein Bratengitter setzen und nochmals ins heiße Backrohr schieben. Noch eine gute halbe Stunde knusprig und braun braten.
Währenddessen den Bratensaft bei Bedarf entfetten, mit einem Schuss Whisky ablöschen, einkochen lassen, etwas Geflügelsuppe aufgießen und kräftig einkochen lassen. Schlagobers oder Crème fraîche sowie den restlichen Majoran zugeben und die Sauce auf die gewünschte Konsistenz einkochen lassen. Nochmals abschmecken. Den knusprigen Truthahn tranchieren, auf vorgewärmten Tellern anrichten und mit etwas Sauce beträufeln. Die restliche Sauce in einem Extrakännchen servieren.
BEILAGENEMPFEHLUNG ~ Gebratene Erdäpfel, Erdäpfelpüree und zartes Gemüse wie Erbsen, Babykarotten etc.

Federwild

Fasan im Kohlbett
klimagegart

ZUTATEN ~ 2 gut abgehangene Fasane / 1 Kohlkopf / 50 g in Würfel geschnittener Räucherspeck / 100 g dünn geschnittener Selchspeck / 150 ml gehaltvoller Süßwein Wacholderschnaps oder Gin / Hühnersuppe / Pfefferkörner und Wacholderbeeren Salz / Butter und Öl zum Braten / 2 EL knusprig gebratene Speckwürfel zum Garnieren 150 ml Wasser für die Dampfstöße

ZUBEREITUNG ~ In einem Mörser die Pfefferkörner mit den Wacholderbeeren fein zerstoßen. Die Fasane waschen, trocken tupfen und innen sowie außen mit den zerstoßenen Gewürzen sowie Salz würzen. Den Kohlkopf von den Strünken befreien, vierteln und in reichlich Salzwasser blanchieren. Wieder herausheben und abtropfen lassen. Nun die Fasane in nicht zu wenig heißer Butter und etwas Öl auf allen Seiten anbraten. Wieder herausheben. Die Speckwürfel im verbliebenen Fett anrösten. Mit Süßwein ablöschen, einkochen lassen und kräftig Hühnersuppe zugießen. Nochmals gut einkochen lassen.
In eine passende Bratenpfanne die Kohlviertel hineinlegen, die Fasane darauf setzen und mit den Speckscheiben gut abdecken. Süßweinsauce in die Pfanne (aber nicht über den Speck) gießen.
Im nicht vorgeheizten Backrohr bei 170–190 °C 40–50 Minuten mit 2 Dampfstößen klimagaren (s. u.).
Die fertig gegarten Fasane herausheben, tranchieren und warm rasten lassen. Krautviertel ebenfalls kurz warm stellen. Den Bratenrückstand mit etwas Wacholderschnaps ablöschen, einkochen lassen und mit Suppe aufgießen. Auf die gewünschte Konzentration einkochen lassen. Die Kohlviertel auf vorgewärmten Tellern anrichten, mit knusprig gebratenen Speckwürferln bestreuen und je einen halben Fasan daneben anrichten. Mit Sauce beträufeln.
BEILAGENEMPFEHLUNG ~ Erdäpfelkroketten und glasierte Maroni.

1. Dampfstoß nach 10 Minuten
2. Dampfstoß nach weiteren 10 Minuten

TIPP ~ Noch saftiger schmeckt vor allem die Fasanenbrust, wenn Sie diese vor dem Braten mit Selchspeck spicken.

Fasan auf karamellisiertem Kraut gebraten

ZUTATEN ~ 2 kleinere Fasane / 100–150 g dünn geschnittener durchzogener Speck / 1 mittelgroßes Häuptel Weißkraut / 1 EL Zucker / 1 Zwiebel / Geflügelfond oder -suppe / Butterschmalz oder Pflanzenöl / Kümmel nach Belieben / Salz, Pfeffer ausgelassene Speckwürfel zum Garnieren

ZUBEREITUNG ~ Für den Krautsockel zunächst das Kraut zuputzen (den Strunk sowie äußere Blätter entfernen) und die Krautblätter ablösen. Die Rippen ausschneiden und das Kraut in Streifen schneiden. In eine große Schüssel legen, kräftig einsalzen, gut durchmischen und zugedeckt so lange stehen lassen, bis das Kraut zu „schwitzen" beginnt. Dann das überschüssige Wasser gründlich ausdrücken. Die Zwiebel in feine Würfel schneiden. In einem Topf nicht zu wenig Butterschmalz oder Öl erhitzen, Zucker darüberstreuen und karamellisieren lassen. Die Zwiebeln zugeben und anschwitzen. Nun das Kraut einrühren, mit Salz, Pfeffer sowie Kümmel nach Belieben würzen und zugedeckt ca. 15–20 Minuten dünsten (das Kraut muss noch nicht ganz weich gegart sein). Dabei bei Bedarf mit etwas Geflügelsuppe aufgießen. Dann vom Herd nehmen und nochmals abschmecken.
Das Backrohr auf 200 °C vorheizen. Die Fasane waschen, trocken tupfen, innen und außen mit Salz sowie Pfeffer würzen. Die Fasane zur Gänze oder nur auf der Brustseite mit Speck umwickeln und mit Küchenspagat in Form binden. Die Fasane in eine passende Bratenform (mit Deckel) setzen und zunächst ca. 10–15 Minuten braten. Dann Fasane herausheben, den Speck abheben und zur Seite legen. Die Fasane vierteln. Das Kraut in die Bratenpfanne einschichten, die Fasane darauflegen, mit dem Speck belegen und zugedeckt im Backrohr bei etwa 120–130 °C 50–60 Minuten langsam garziehen lassen. Die fertig gegarten Fasane herausheben und die Speckscheiben entfernen.
Das Kraut portionsweise auf vorgewärmten Tellern anrichten, jeweils ein Fasanenviertel drauflegen und mit knusprig gebratenen Speckwürfeln bestreuen.

BEILAGENEMPFEHLUNG ~ Schupfnudeln, Erdäpfelknödel oder in Butter geschwenkte Fleckerln.

TIPP ~ Dieses Gericht eignet sich hervorragend zum Garen im Römertopf.

Fasan im Speckhemd

ZUTATEN ~ 2 Fasane / 100 g dünn geschnittener durchzogener Speck 1–2 schwarze Trüffeln sowie Trüffelabfälle / 1–2 EL zimmerwarme Butter / Geflügelfond oder kräftige -suppe / Schuss Madeira / Mehl / Butter zum Braten / Salz, Pfeffer

ZUBEREITUNG ~ Zunächst die Butter mit Salz sowie Pfeffer würzen, die Trüffelabfälle fein hacken und einrühren. Die ganzen Trüffeln gut putzen und in feine Scheiben schneiden. Die Fasane gut waschen, trocken tupfen und außen mit Salz sowie Pfeffer einreiben. Nun die Brusthaut behutsam anheben und die Trüffelscheiben zwischen Haut und Fleisch hineinschieben. Das Innere der Fasane mit der Trüffelbutter ausstreichen und die Fasane mit Küchenspagat in Form binden. Die Brust mit Speckscheiben gut abdecken. Das Backrohr auf 220 °C vorheizen. In eine passende Bratenpfanne etwas Geflügelfond oder -suppe eingießen, die Fasane daraufsetzen und etwa 10–15 Minuten braten. Dann Hitze auf 170 °C reduzieren und die Fasane unter häufigem Begießen noch 40–50 Minuten braten. Etwa 15 Minuten vor Ende der Bratzeit den Speck abheben und rund um die Fasane legen. Die Brust der Fasane mit flüssiger Butter beträufeln und gut bräunen. Sobald das Fleisch weich geworden ist, Fasane herausheben und in Alufolie gehüllt warm halten. Gebratenen Speck ebenfalls warm stellen. Den Bratensatz lösen, mit wenig Mehl bestreuen, durchrösten, mit einem kräftigen Schuss Madeira ablöschen, einkochen lassen und mit etwas Geflügelfond aufgießen. Die Sauce sämig einkochen lassen. Die Fasane tranchieren, auf vorgewärmten Tellern anrichten, mit den gebratenen Speckscheiben garnieren und die Sauce dazu extra servieren.

BEILAGENEMPFEHLUNG ~ In gehackten Nüssen gewälzte Schupfnudeln, Erdäpfelkroketten, Champagner- oder Rieslingkraut.

TIPP ~
Stehen Ihnen keine Trüffel zur Verfügung, so füllen Sie das Innere der Fasane mit gekochten Maroni, einigen Gewürznelken und einem Stückchen Zimtstange.

Fasan „Suwarow“

ZUTATEN ~ 2 Fasane / 200 g Gänseleber / 1–2 schwarze Trüffeln (oder Trüffelsplitter) / 1 Pkt. Blätterteig / 1 Schalotte / 50 ml Madeira (Marsala oder anderer kräftiger Süßwein) / 1 EL Butter / 1–2 KL Mehl / ca. 300 ml Kalbsfond (oder Rindsuppe) 1 Ei zum Bestreichen / Salz, Pfeffer / flüssiges Butterschmalz zum Bestreichen eiskalte Butterflöckchen nach Belieben

ZUBEREITUNG ~ Die Fasane gut waschen, trocken tupfen und innen sowie außen gut mit Salz und Pfeffer einreiben. Das Backrohr auf 200 ° C vorheizen. Zwei große Blätter Alufolie auflegen und jeweils großzügig mit flüssigem Butterschmalz bestreichen. Je einen Fasan daraufsetzen und diesen abermals mit Butterschmalz einstreichen. Die Fasane in die Folie wickeln, gut verschließen und in eine passende Bratenform setzen. Ins heiße Backrohr schieben und etwa 25 Minuten braten.
Dann die Fasane aus der Folie wickeln und noch kurz bräunen lassen, bis sie schön goldbraun, aber noch nicht ganz durchgebraten sind. Fasane herausheben und in Stücke tranchieren. Dabei sowohl den Saft aus der Folie als auch jenen, der beim Tranchieren austritt, auffangen und bereithalten.
Hals, Rückgrat und Magen beiseite legen. Die Schalotte fein hacken und in Butter hell anschwitzen. Inzwischen das Rückgrat in Stücke hacken und gemeinsam mit Magen und Hals zugeben. Kräftig durchrösten, Mehl darüberstreuen, rösten und rasch mit Madeira ablöschen. Einkochen lassen.
Den Bratensaft samt losgelöstem Bratensatz aus der Bratenpfanne zugießen. Den Saft, der beim Tranchieren ausgetreten ist, ebenfalls einrühren, Kalbsfond zugießen und nun alles bei relativ großer Hitze einkochen lassen. Fertige Sauce abschmecken und nach Belieben vom Herd nehmen und mit rasch eingerührten Butterflöckchen binden.
Nun eine passende feuerfeste Form (am besten aus Glas oder Ton) gut mit Butter ausstreichen.
Die Fasanenstücke nebeneinander einschlichten. Die Gänseleber in kleine Würfel, die Trüffeln ebenfalls feinwürfelig schneiden und beides über die Fasane verteilen. Die fertige Sauce über die Fasane träufeln. Den Blätterteig so groß ausrollen, dass die Bratenform damit gut abgedeckt werden kann, und nach Belieben noch etwas Teig als Dekor zur Seite legen. Nun die Ränder der Form mit verquirltem Ei bestreichen, den Blätterteig über die Fasane legen und an den Rändern gut abschließen. Je nach Können und Geschick den zur Seite gelegten Teig zu Rollen formen und dekorativ auf die Oberfläche legen. Den Teig gut mit Ei bestreichen. Ins noch immer heiße Backrohr schieben und 10–15 Minuten goldgelb backen. Fasan „Suwarow“ herausnehmen, auftragen und erst bei Tisch anschneiden.

TIPP ~ Dieses nicht ganz unkomplizierte Rezept geht auf den legendären Auguste Escoffier zurück, lässt sich aber sicherlich auch ohne Gänseleber und Trüffeln zubereiten, indem Sie etwa frisch in Butter gebratene Pilze über die Fasanenstücke streuen.

Altrömische Fastnachtstauben

ZUTATEN ~ 4 Tauben / Geflügelfond oder Wasser zum Aufgießen / 4 Schalotten (oder kleine Zwiebeln) / 100 ml Süßwein (Vinsanto) / 4 Datteln / Liebstöckel, Koriander, Kümmel / Minze / 2 EL Balsamicoessig / 2 EL Honig / 1 TL Sardellenpaste / Salz Pfeffer / Olivenöl

ZUBEREITUNG ~ Die Tauben gut waschen, innen und außen trocken tupfen und mit Salz und Pfeffer kräftig würzen. Das Backrohr auf 180 °C vorheizen. Die Tauben in eine mit Olivenöl gut ausgestrichene Kasserolle legen und im vorgeheizten Backrohr etwa 25–30 Minuten unter gelegentlichem Übergießen mit Bratensaft braten. Dafür ab und an etwas Geflügelfond oder Wasser nachgießen.

Währenddessen die Datteln fein hacken, die Kräuter und Gewürze im Mörser fein zerstoßen.

Die Schalotten fein hacken und in Olivenöl anschwitzen, bis sie glasig werden. Mit dem Süßwein aufgießen und diesen einkochen lassen, bis er nahezu verdampft ist. Dann die gehackten Datteln und die zerstoßenen Gewürze dazugeben und auf kleinster Flamme gut durchziehen lassen. Mit einem kräftigen Schuss Balsamicoessig ablöschen. Nun den Honig und die Sardellenpaste einrühren und die Sauce zum Abschluss nochmals abschmecken.

Die fertig gegarten Tauben herausheben, tranchieren und an einem warmen Ort noch kurz rasten lassen. Erst dann auf vorgewärmten Tellern anrichten und mit der Sauce überziehen.

BEILAGENEMPFEHLUNG ~ Polenta, sei es in Form von knusprig gebratenen Scheiben oder cremig gerührt.

Wo die wilden Kerle hausen

Im Wald, dort, wo die wilden Kerle hausen, walten mitunter ganz eigene Gesetzmäßigkeiten. Da wird nicht viel Federlesens gemacht, was in der Semmeringgegend fast im wörtlichen Sinne zu verstehen ist. Einem alten Jägerbrauch zufolge werden hier die Fasane zwar gerupft, aber gar nicht erst professionell ausgeweidet, sondern mit einer kleinen Astgabel einfach „ausgehakelt". Mit einem scharfen Messer löst man das Fleisch von den Knochen (die werden für eine kräftige Fasanensuppe zur Seite gelegt), schneidet es in Streifen und würzt diese mit Salz, Pfeffer, zerstoßenem Wacholder sowie Lorbeerblatt. Nun werden dünn geschnittene Speckscheiben überlappend nebeneinander so aufgelegt, dass ein großes „Speckblatt" entsteht, auf das die Fasanenstreifen verteilt werden. Einrollen, mit Küchengarn umwickeln und für etwa 35 Minuten ab ins heiße Backrohr! So urig, so saftig schmeckt nicht schnell ein Fasan.

Gefüllte Pfingsttaube

ZUTATEN ~ 4 junge Tauben / 20 g getrocknete Morcheln / 150 ml Hühnerfond oder -suppe / 8 cl Süßwein (am besten Port oder Madeira) / 100 ml Schlagobers oder Crème fraîche nach Belieben / Salz, Pfeffer / Öl oder Butterschmalz zum Anbraten

FÜR DIE FÜLLE ~ 150 g Semmelwürfel / ca. 125 ml Schlagobers / 125 ml Sauerrahm 1 Ei / 1 Eigelb / 1 KL geriebener Käse (junger Parmesan oder anderer Hartkäse) 2 EL fein gehackte Petersilie / Salz, Pfeffer / 1 Prise Muskatnuss

ZUBEREITUNG ~ Zunächst die Fülle vorbereiten. Dafür den Sauerrahm mit Schlagobers versprudeln, über die Semmelwürfel gießen und gut durchmischen. Danach in einer kleinen Schüssel das Ei mit Eidotter, geriebenem Käse sowie der fein gehackten Petersilie verrühren und recht großzügig mit Muskatnuss, Salz und Pfeffer würzen. Die Eiermasse über die Semmelwürfel gießen, alles gut durchmengen und etwa 20 Minuten ziehen lassen. Nochmals abschmecken.
Backrohr auf 200 °C vorheizen. Die gut gewaschenen Morcheln (Achtung, dass kein Sand haften bleibt!) in Hühnerfond einweichen. Nun die Tauben gut waschen, innen und außen trocken tupfen und die Fülle in die Bauchhöhle geben. (Nach Belieben und Geschick kann auch die Brusthaut vorsichtig gelöst und etwas Fülle unter die Haut geschoben werden.) Öffnung mit Küchengarn vernähen. Die Tauben auch außen salzen und pfeffern. In einer Bratenpfanne etwas Öl und/oder Butterschmalz erhitzen und die Tauben darin rundum knusprig anbraten. Ins heiße Backrohr schieben und unter gelegentlichem Begießen mit Butterschmalz etwa 25–35 Minuten lang garen.
Dann die eingeweichten Morcheln samt der Flüssigkeit hinzufügen und weitere fünf Minuten mitgaren. Die Tauben herausheben, der Länge nach tranchieren und kurz mit Alufolie abdecken. Den zurückgebliebenen Morchelfond mit etwas Süßwein aufgießen und kurz einkochen lassen. Nach Belieben auch noch mit Schlagobers binden oder als klares Saftl belassen. Mit Salz und Pfeffer abschmecken. Jeweils zwei Taubenhälften auf einem vorgewärmten Teller anrichten, mit etwas Sauce umgießen und auftragen.

TIPP ~ „Den" richtigen Garungspunkt beim Braten einer Taube zu bestimmen, ist eine reine Geschmackssache. Was dem einen Gaumen als nahezu ungenießbar blutig erscheint, ist für den anderen Gourmet goldrichtig. Lassen Sie daher bei der Wahl der Garungszeit einzig und allein Ihren persönlichen Geschmack bestimmen.

Perlhuhn mit Rosinen aus dem Römertopf

ZUTATEN ~ 1 großes Perlhuhn (oder 2 kleinere) / 150 g Rosinen / 200 g Walnüsse 150 ml frisch gepresster Orangensaft / Schuss Cointreau / Geflügelsuppe nach Bedarf Butterschmalz oder Pflanzenöl / Salz, Pfeffer / Mehl-Butter-Kugel

ZUBEREITUNG ~ Den Römertopf gut wässern. Das Perlhuhn waschen, mit Küchenkrepp trocken tupfen und innen sowie außen mit Salz und Pfeffer würzen. In einer Pfanne nicht zu wenig Butterschmalz oder Öl erhitzen und das Perlhuhn von allen Seiten her kräftig anbraten. Wieder herausheben. Im Bratenrückstand die Rosinen sowie die Walnüsse kurz durchrösten, mit einem kräftigen Schuss Cointreau ablöschen und mit Orangensaft aufgießen. Die Sauce mit Salz und Pfeffer abschmecken. Nun die Sauce in den Römertopf gießen, das Perlhuhn hineinsetzen und bei Bedarf noch etwas Geflügelsuppe zugießen. Ins Backrohr schieben und bei 160 °C je nach Größe 75–90 Minuten garen. Das fertig gebratene Perlhuhn herausheben und warm stellen. Die Sauce abgießen, nach Belieben noch kräftig einkochen lassen und mit einer kleinen eingerührten Mehl-Butter-Kugel sämig binden. Das Perlhuhn tranchieren, auf vorgewärmten Tellern anrichten und mit etwas Sauce beträufeln.

BEILAGENEMPFEHLUNG ~ In Mandeln gewälzte Erdäpfelkroketten, Fisolen oder Kohlsprosserln mit Speck.

So braten Sie Federwild richtig

- *Ob und wie viel Hautgout dem Wohlgeschmack eines gebratenen Fasans oder Rebhuhns zuträglich ist, darüber stritten und streiten sich Küchengelehrte bis heute. Während für den Gastrosophen Anthelme Brillat-Savarin ein Fasan mindestens 8 Tage abhängen musste, legt der Feinschmecker von heute meist weniger Wert auf den durch die lange Reifezeit entstehenden Hautgout, jenen nicht für jeden angenehmen typischen Geruch eines „reifen" Fasans. Entscheiden Sie selbst, welcher Fraktion Sie angehören!*
- *Fasane besitzen wenig Eigenfett und sollten daher vor dem Braten gut mit Speck umwickelt werden. Der Fachmann spricht dann von „Bardieren".*
- *Übergießen Sie das Federwild vor dem Braten mit flüssigem Schmalz oder Butter und während des Bratens immer wieder mit Bratensaft. Das magere Fleisch benötigt viel Flüssigkeit, um saftig zu bleiben.*
- *Fasane „hocken" gerne auf einem Gemüsebett, das ihnen während des Bratens genug Feuchtigkeit abgibt.*
- *Die Brust des Federwilds neigt dazu, nach längerer Bratzeit trocken und zäh zu geraten. Andererseits benötigen die Keulen eben diese längere Garzeit. Umwickeln Sie den Fasan zur Abwechslung einmal nicht mit Speck, sondern braten Sie den Fasan nur so lange, bis die Brust zartrosa und noch saftig ist. Fasan aus dem Rohr nehmen, die Brust mit einem scharfen Messer ablösen und als ersten Gang bereits servieren, während die Keulen in aller Ruhe im Rohr weiterbraten dürfen, bis auch sie gar sind und als zweiter Gang auf den Tisch kommen.*

Rebhühner mit Maroni-Madeira-Sauce

ZUTATEN ~ 4 Rebhühner / 500 g Maroni / 100–150 g dünn geschnittener Speck 3–4 unbehandelte Orangen / 150 ml Madeira für die Maroni / Schuss Madeira zum Aufgießen / Gewürznelken / 1 Zimtstange / Honig / Geflügelfond oder kräftige -suppe Pflanzenöl und flüssige Butter / Salz, Pfeffer

ZUBEREITUNG ~ Zunächst die Maroni auf der bauchigen Seite kreuzweise einschneiden und so lange in Wasser kochen, bis sie geschält werden können. In einem Topf den Madeira und etwas Geflügelsuppe erhitzen und die Maroni darin weich dünsten. Beiseite stellen.
Inzwischen die Rebhühner gut waschen, trocken tupfen und mit Salz sowie Pfeffer innen und außen würzen. Die Orangen gut waschen, vierteln und in jedes Stück einige Nelken stecken, die Zimtstange in vier Teile brechen und die Rebhühner mit Orangen und Zimt füllen. Die Öffnung nach Belieben mit einem Zahnstocher verschließen oder die Hühner mit Küchenspagat in Form binden.
Das Backrohr auf 180 °C vorheizen. Die Rebhühner in einer passenden Bratenform in heißem Öl oder Butter rundum anbraten. Ins heiße Backrohr schieben und ca. 25–35 Minuten braten (je nach Größe und gewünschtem Garungsgrad auch länger). Währenddessen ab und an mit flüssiger Butter übergießen. Etwa 10 Minuten vor Garungsende die Rebhühner mit etwas erwärmtem Honig bestreichen. Die braun gebratenen Rebhühner herausheben und noch kurz warm rasten lassen. Den Bratensatz lösen, mit einem Schuss Madeira ablöschen, einkochen lassen und mit Geflügelsuppe aufgießen. Die gedünsteten Maroni mitsamt der Flüssigkeit zugeben und alles sämig einkochen lassen. Abschmecken. Die Rebhühner tranchieren, auf vorgewärmten Tellern anrichten, mit etwas Maronisauce beträufeln und die gespickten Orangen nach Belieben als Garnitur daneben anrichten.
BEILAGENEMPFEHLUNG ~ Erdäpfelkroketten, Schupfnudeln und Rotkraut.

Hase & Kaninchen

Echter falscher Hase

ZUTATEN ~ 1 küchenfertiger Hase mit Lunge und Herz / 300 g nicht zu fettes Schweinefleisch / 100 g Räucherspeck im Ganzen / 100 g dünn geschnittene Räucherspeckscheiben / 1–2 Semmeln / Milch zum Einweichen / Semmelbrösel 1 Ei / 150 ml Crème fraîche oder Sauerrahm / Wacholderschnaps / 2 Lorbeerblätter, einige Wacholderbeeren / Thymian / Salz, Pfeffer / Gemüse- oder Geflügelsuppe zum Begießen / Butter

ZUBEREITUNG ~ Lunge und Herz waschen, trocken tupfen und zur Seite legen. Hasen ebenfalls waschen, trocken tupfen und so gut es geht das Fleisch von den Knochen entfernen bzw. abschaben.
Das Schweinefleisch sowie den Speck in Würfel schneiden und mit dem abgelösten Hasenfleisch faschieren.
Die Semmel(n) in grobe Stücke teilen, in Milch einweichen ausdrücken und passieren. Mit dem Faschierten vermengen und Ei sowie so viel Semmelbrösel zugeben, dass eine kompakte Masse entsteht. Mit Salz, Pfeffer und Thymian abschmecken. Mit feuchten Händen aus der Fleischmasse einen Hasenrücken formen und mit Speckscheiben abdecken.
Das Backrohr auf 180 °C vorheizen. Eine geeignete Bratenpfanne gut mit Butter ausstreichen. Den Hasenbraten in die Pfanne setzen, Wacholderbeeren und Lorbeerblätter rundum verteilen und den Hasen unter oftmaligem Begießen je nach Größe 75–90 Minuten braten. Den fertig gebratenen Hasenbraten vorsichtig herausheben und in Alufolie gehüllt noch warm rasten lassen. Inzwischen den Bratensaft lösen, mit einem kräftigen Schuss Wacholderschnaps ablöschen, einkochen lassen und etwas Suppe zugießen. Aufkochen und die Crème fraîche einrühren. Die Sauce sämig einkochen lassen.
Den Hasenbraten tranchieren, auf vorgewärmten Tellern anrichten und mit der Sauce auftragen.

BEILAGENEMPFEHLUNG ~ Schupfnudeln, Erdäpfelkroketten und Preiselbeeren.

Hase & Kaninchen

Gebratener Hase mit Preiselbeersauce

ZUTATEN ~ 1 küchenfertiger Hase / 2 EL Preiselbeerkompott
Crème fraîche oder Sauerrahm nach Belieben / Butterschmalz oder Pflanzenöl

FÜR DIE BEIZE ~ 300 ml Rotwein / 250 ml Rotweinessig / ca. 700 ml Wasser
1 Karotte / 1 gelbe Rübe / 1 Zwiebel / ½ Petersilwurzel / 2–3 Lorbeerblätter
zerdrückte Wacholderbeeren, Pfefferkörner / Thymian
Schale von ½ abgeriebenen Zitrone

ZUBEREITUNG ~ Am Vortag bereits für die Beize das Gemüse in kleinere Stücke schneiden. Mit allen Zutaten zusammen in einem Topf aufkochen und 15–20 Minuten kochen lassen. Vom Herd nehmen und auskühlen lassen. Dann den Hasen waschen, in die Beize einlegen und über Nacht ziehen lassen. (Der Hase muss vollständig von der Beize bedeckt sein; bei Bedarf noch Flüssigkeit zugießen).
Das Backrohr auf 160 °C vorheizen. Am nächsten Tag den Hasen aus der Beize heben und trocken tupfen. In einer passenden Bratenpfanne (mit Deckel) reichlich Butterschmalz oder Öl erhitzen und den Hasen darin rundum anbraten. Dann das Beizgemüse in die Pfanne geben und etwas Beize zugießen (der Hase sollte bis ungefähr zur Hälfte in Flüssigkeit liegen). Im Backrohr 1 ½–2 Stunden weich garen. Dabei ab und an wenden und bei Bedarf Beize nachgießen.
Fertig gegarten Hasen herausheben und in Alufolie gehüllt warm stellen. Die Sauce kräftig einkochen lassen. Dann Lorbeerblätter sowie Wacholderbeeren und Pfefferkörner entfernen und das Gemüse in der Sauce aufmixen. Nochmals auf die gewünschte Konsistenz einkochen lassen. Die Preiselbeeren einrühren und nach Belieben noch mit etwas Crème fraîche abrunden. Abschließend nochmals abschmecken. Den Hasen tranchieren, auf einer vorgewärmten Platte anrichten und mit der Sauce übergießen.
BEILAGENEMPFEHLUNG ~ Spätzle, Erdäpfelnudeln, Kroketten und Rotkraut.

Hasenläufe mit Schwammerlsauce
klimagegart

ZUTATEN ~ 4 hintere Hasenläufe / 100 g dünn geschnittener Räucherspeck ½ Wurzelwerk / 1 Zwiebel / 150–200 ml kräftiger Rotwein / 250 g Schwammerln (Steinpilze, Rotkappen, Eierschwammerl) / 1 KL Tomatenmark / Wildfond oder Rindsuppe zum Aufgießen / Rosmarin, Thymian, Pfefferkörner / 1 Lorbeerblatt 1 Zweiglein Thymian / 3 zerdrückte Wacholderbeeren / 3 Neugewürzkörner 1 Msp. Majoran / abgeriebene Schale von 1 Zitrone / Pflanzenöl, Butter / Salz Pfeffer / 1 KL Erdäpfel- oder Maisstärke / Wacholderschnaps oder Gin 250 ml Wasser für die Dampfstöße

ZUBEREITUNG ~ Die Hasenläufe waschen und trocken tupfen. In einem Mörser Rosmarin, Thymian sowie Pfefferkörner fein zerstoßen, mit Salz vermengen und die Hasenläufe damit einreiben. Jeweils mit Räucherspeckscheiben umwickeln und mindestens 30 Minuten ziehen lassen. Währenddessen das Wurzelwerk sowie die Zwiebel in grobe Würfel schneiden. In einer passenden Bratenpfanne (mit Deckel) Öl erhitzen, die Hasenkeulen darin rundum anbraten und wieder herausheben. Nun das Gemüse sowie die Zwiebel in der Bratenpfanne kurz anrösten, Tomatenmark einrühren, mit Rotwein ablöschen und einkochen lassen. Etwas Fond oder Suppe zugießen und nochmals aufkochen lassen. Sämtliche Gewürze sowie die abgeriebene Zitronenschale hinzufügen und die Hasenkeulen wieder hineingeben. Zudecken und im nicht vorgeheizten Backrohr bei 170 °C mit 3 Dampfstößen 1 ½–1 ¾ Stunden braten (s. u.).
Währenddessen die Schwammerln putzen, in Butter so lange anbraten, bis der Großteil der Flüssigkeit verdunstet ist. Mit Salz sowie Pfeffer abschmecken und zur Seite stellen.
Die fertig gegarten Hasenläufe herausheben und warm stellen. Die Sauce abseihen, mit einem Schuss Wacholderschnaps ablöschen und diesen fast zur Gänze einkochen lassen. Etwas Suppe zugießen und alles auf großer Hitze noch kräftig einkochen lassen. Je nach gewünschter Molligkeit mit Erdäpfel- oder Maisstärke binden. Nun die Schwammerln einrühren und die Sauce abschließend abschmecken. Die Hasenläufe auf vorgewärmten Tellern anrichten. Die Sauce in einem Kännchen extra servieren.
BEILAGENEMPFEHLUNG ~ Klassische Beilagen wie Semmelknödel, Erdäpfelkroketten und Preiselbeeren.

1. Dampfstoß nach 10 Minuten
2. Dampfstoß nach weiteren 25 Minuten
3. Dampfstoß nach weiteren 25 Minuten

Der Klimagaren-Tipp von Miele
Verlässlichkeit für viele Jahre

Mit der Betriebsart Klimagaren bekommt das Gargut eine glänzende Oberfläche und bleibt innen saftig und aromatisch.

Echter falscher Hase

ZUTATEN ~ 1 küchenfertiger Hase mit Lunge und Herz / 300 g nicht zu fettes Schweinefleisch / 100 g Räucherspeck im Ganzen / 100 g dünn geschnittene Räucherspeckscheiben / 1–2 Semmeln / Milch zum Einweichen / Semmelbrösel 1 Ei / 150 ml Crème fraîche oder Sauerrahm / Wacholderschnaps / 2 Lorbeerblätter, einige Wacholderbeeren / Thymian / Salz, Pfeffer / Gemüse- oder Geflügelsuppe zum Begießen / Butter

ZUBEREITUNG ~ Lunge und Herz waschen, trocken tupfen und zur Seite legen. Hasen ebenfalls waschen, trocken tupfen und so gut es geht das Fleisch von den Knochen entfernen bzw. abschaben.
Das Schweinefleisch sowie den Speck in Würfel schneiden und mit dem abgelösten Hasenfleisch faschieren.
Die Semmel(n) in grobe Stücke teilen, in Milch einweichen ausdrücken und passieren. Mit dem Faschierten vermengen und Ei sowie so viel Semmelbrösel zugeben, dass eine kompakte Masse entsteht. Mit Salz, Pfeffer und Thymian abschmecken. Mit feuchten Händen aus der Fleischmasse einen Hasenrücken formen und mit Speckscheiben abdecken.
Das Backrohr auf 180 °C vorheizen.
Eine geeignete Bratenpfanne gut mit Butter ausstreichen. Den Hasenbraten in die Pfanne setzen, Wacholderbeeren und Lorbeerblätter rundum verteilen und den Hasen unter oftmaligem Begießen je nach Größe 75–90 Minuten braten. Den fertig gebratenen Hasenbraten vorsichtig herausheben und in Alufolie gehüllt noch warm rasten lassen. Inzwischen den Bratensaft lösen, mit einem kräftigen Schuss Wacholderschnaps ablöschen, einkochen lassen und etwas Suppe zugießen. Aufkochen und die Crème fraîche einrühren. Die Sauce sämig einkochen lassen.
Den Hasenbraten tranchieren, auf vorgewärmten Tellern anrichten und mit der Sauce auftragen.

BEILAGENEMPFEHLUNG ~ Schupfnudeln, Erdäpfelkroketten und Preiselbeeren.

Hasenbraten in Buttermilch

ZUTATEN ~ 1 küchenfertiger Hase / 2 Knoblauchzehen / 1 kleine Zwiebel 6 Wacholderbeeren / 2 Lorbeerblätter / Senf nach Belieben / Buttermilch nach Bedarf (ca. 1–1,5 l) / Salz, Pfeffer / Öl, Butterschmalz nach Belieben / Wild- oder Rindsfond zum Aufgießen / kalte Butter nach Belieben

ZUBEREITUNG ~ Den Hasen gut waschen, mit Küchenkrepp trocken tupfen und in Stücke tranchieren. Mit Salz und Pfeffer rundum gut einreiben. Die Zwiebel und Knoblauchzehen fein hacken, die Wacholderbeeren gemeinsam mit den Lorbeerblättern in einem Mörser fein zerstoßen und alles unter die Buttermilch rühren. Je nach Geschmack noch mit etwas Senf pikant abschmecken.

Nun die Hasenteile in die Buttermilchmarinade einlegen und abgedeckt mindestens 1 Tag kühl ziehen lassen. (Wird der Hase im Kühlschrank mariniert, mit einer aromadichten Folie abdecken.) Währenddessen ab und an wenden, damit alle Teile gleichmäßig von der Marinade bedeckt sind. Das Backrohr auf ca. 180 °C vorheizen. In einer Bratenpfanne Öl und nach Belieben etwas Butterschmalz erhitzen und die abgetropften Hasenteile rundum anbraten. Hasenbraten ins heiße Backrohr schieben und je nach Qualität und Alter 1–1 ½ Stunden braten. Währenddessen wiederholt mit der Buttermilchmarinade aufgießen und die Teile ab und an wenden. Gegen Ende der Garzeit allerdings nicht mehr so viel aufgießen, damit das Fleisch etwas knusprig werden kann. Die fertig gegarten Hasenteile herausheben und warm stellen. Den Bratenrückstand gut lösen, mit etwas Fond aufgießen und einkochen lassen. Nach Belieben kalte Butter einrühren und die Sauce damit binden.

BEILAGENEMPFEHLUNG ~ Semmel- oder Erdäpfelknödel, Spätzle sowie in Butter geschwenkte Kohlsprosserln oder Rotkraut.

TIPP ~ Das längere Marinieren der Hasenteile in der gewürzten Buttermilch macht das Fleisch nicht nur mürber, sondern verleiht ihm auch eine besonders pikante Note, zu der Preiselbeeren als Garnitur sehr gut passen.

Hasenschmorbraten

ZUTATEN ~ **1 Hase / 100 g nicht zu magerer Räucherspeck / 1 Bund Jungzwiebeln 1 Wurzelwerk / ca. 400 ml Wildfond oder Rindsuppe / kräftiger Rotwein (Blaufränkisch) zum Aufgießen / 1 Lorbeerblatt, einige Gewürznelken, Wacholderbeeren 1 Zweiglein Liebstöckl / Mehl / Butter / Salz, Pfeffer**

ZUBEREITUNG ~ Den Hasen gut waschen, trocken tupfen und in beliebig viele Stücke teilen. Mit Salz sowie Pfeffer würzen. Mit wenig Mehl bestauben, überschüssiges Mehl wieder abklopfen. Den Speck kleinwürfelig schneiden und mit etwas Butter in einer passenden Bratenpfanne (mit Deckel) langsam auslassen. Hasenstücke zugeben und rundum kurz anbraten. Inzwischen Jungzwiebeln feinwürfelig, das Wurzelwerk grob schneiden.

Das Backrohr auf 160 °C vorheizen. Nun die Hasenteile wieder herausheben und die Zwiebeln sowie das Gemüse kurz hell anbraten. Mit einem kräftigen Schuss Rotwein ablöschen, heißen Fond oder Suppe zugießen, Fleisch wieder zugeben und kurz aufkochen lassen. Gewürze und Liebstöckel hinzufügen und im Rohr zugedeckt je nach Qualität 1 ½–2 Stunden garen. Danach die Hasenstücke herausheben und auf einer heißen Platte warm stellen. Sauce abseihen, noch einmal aufkochen und so lange einreduzieren, bis sie schön sämig ist. Über das Fleisch träufeln.

BEILAGENEMPFEHLUNG ~ Semmelknödel, Spätzle, Rotkraut und Preiselbeeren.

Das Parieren der Parüren

Fleisch muss vor dem Braten entsprechend vorbereitet werden. Dazu zählt das Entfernen von störenden, überflüssigen Teilen, wie Sehnen, Häutchen oder unschönen Fleischteilen etc. In der Fachsprache nennt man diese Arbeit das „Parieren" und was dabei weggeschnitten wird, sind die Parüren. Wird Fleisch von den Knochen abgelöst, so bleibt in diesem Fall das Knochengerüst, die so genannten Karkassen, übrig. Parüren und Karkassen sind zwar Abfall, sollten aber keinesfalls in dem für solche Zwecke bestimmten Eimer landen. Im Gegenteil: Sie sind unverzichtbare Basis einer gelungen, g'schmackigen Sauce! Vorausgesetzt, sie werden unter wiederholter Zugabe von Flüssigkeiten wie Suppe, Wein oder Fond mit dem Fleisch mitgebraten.

Kaninchen auf ischitanische Art

ZUTATEN ~ 1 Kaninchen von ca. 1,5 kg / 500 g geschälte Tomaten (oder Pelati aus der Dose) / 2–3 Knoblauchzehen / 4–6 EL klein gehackte Petersilie 200 ml Olivenöl / 1 TL gehackte Peperoncini / Meersalz

ZUBEREITUNG ~ Das Kaninchen tranchieren, d. h. die Vorder- und Hinterläufe abtrennen und den Rest in beliebig große Stücke hacken. Kaninchenteile unter fließendem Wasser gut waschen, trocken tupfen und reichlich mit Salz und Peperoncini würzen. Die Tomaten kurz in siedendem Wasser überbrühen, herausheben und die Haut abziehen. In kleine Würfel schneiden. Die Knoblauchzehen fein schneiden.

In einer schweren Bratenpfanne nicht zu wenig Olivenöl erhitzen. Die Kaninchenteile einlegen und rundum kräftig anbraten. Wieder herausheben. Nun den Knoblauch kurz anbraten, ohne ihn zu dunkel werden zu lassen. Petersilie zugeben und die Tomatenwürfel einrühren. Kurz aufkochen lassen und die Kaninchenteile wieder zugeben.

Inzwischen das Backrohr auf 160–180 °C vorheizen. Kaninchen in das heiße Rohr schieben und unter wiederholtem Begießen mit der Tomatenflüssigkeit so lange gar braten, bis am Garungsende die Flüssigkeit völlig verdunstet ist und nur noch das mittlerweile recht crosse, aber weich gebratene Kaninchen zurückbleibt (ca. eine gute Stunde, je nach Qualität).

BEILAGENEMPFEHLUNG ~ Polenta und Rucolasalat.

TIPP ~ Wenn Sie den Kaninchenrücken in all seiner Zartheit erhalten wollen, so können Sie diesen auch vor dem Braten auslösen, am Anfang kurz scharf anbraten, dann herausheben und erst in den letzten Minuten gar braten.

Zitronenkaninchen

ZUTATEN ~ 1 Kaninchen von ca. 1,5 kg / 2 Knoblauchzehen / 1 Sardellenfilet 1 kleine rote Pfefferonischote / ca. 250 ml Hühnersuppe / 100 ml trockener Weißwein 2 Zitronen / 1 Lorbeerblatt / je 1 Zweig Thymian und Zitronenmelisse 50 g Mandelsplitter / 2–3 EL frisch geriebene Weißbrotbrösel (oder Semmelbrösel) Crème fraîche oder Schlagobers zum Binden / Limoncello (Zitronenlikör) oder Mandelöl zum Abschmecken / Salz, Pfeffer aus der Mühle / Olivenöl / Zitronen- oder Limettenscheiben und Zitronenmelisse zum Garnieren

ZUBEREITUNG ~ Das Kaninchen tranchieren, d. h. in beliebig viele Stücke teilen, gut waschen und trocken tupfen. Mit Salz und Pfeffer kräftig einreiben. Olivenöl in einer Bratenpfanne mit Deckel erhitzen und die Kaninchenteile darin möglichst gleichmäßig Farbe nehmen lassen. Hitze etwas reduzieren und noch einige Minuten langsam weitergaren.

Das Backrohr auf 160 °C vorheizen. Den Knoblauch in feine Würfel schneiden und kurz mitrösten. Sardellenfilet fein hacken, die Pfefferonischote von den Kernen befreien, fein hacken und beides ebenfalls unterrühren. Die Zitronen auspressen und den Saft gemeinsam mit dem Weißwein und der Hühnersuppe zugießen. Lorbeerblatt, Zitronenmelisse und Thymian hinzufügen und alles aufkochen lassen. Nun den Topf verschließen und ins heiße Rohr schieben. Das Kaninchen 1 Stunde lang schmoren lassen. Währenddessen die Teile ab und an wenden und bei Bedarf noch etwas Suppe oder Wasser nachgießen.

Inzwischen die Mandeln bei milder Hitze in wenig Öl anrösten. Mit Bröseln vermischen und mit ein paar Löffeln Kaninchen-Schmorsaft verrühren, bis eine dicke Paste entsteht. Den Kaninchentopf wieder auf den Herd zurückstellen, den Deckel abnehmen. Die Kräuterzweige und das Lorbeerblatt aus dem Sud nehmen und dann die Brösel-Mandel-Paste einrühren. Einen kräftigen Schuss Schlagobers oder Crème fraîche einrühren und alles auf mittlerer Flamme noch kurz köcheln lassen, bis die Sauce schön sämig ist. Abschließend mit Limoncello und/oder wenig Mandelöl abschmecken. Das Kaninchen portionsweise anrichten, mit etwas Sauce umgießen und mit Zitronen- oder Limettenscheiben und Zitronenmelisse garnieren.

BEILAGENEMPFEHLUNG ~ Couscous passt ganz hervorragend.

Kaninchen provençale

ZUTATEN ~ 1 Kaninchen / 500 g Erdäpfel / 2 Zucchini / 1 Melanzani / 3 geschälte Tomaten / 1 Zwiebel / 1 KL Kapern / Olivenöl / trockener Weißwein aus der Provence Geflügelsuppe / Thymian, Rosmarin / frische Rosmarinzweige / Mehl / Salz, Pfeffer

ZUBEREITUNG ~ Das Kaninchen waschen und trocken tupfen. Nun die Keulen und Vorderläufen abhacken, die Filets aus dem Rücken auslösen und zur Seite legen. Den Rücken in Stücke zerteilen. Alle Teile außer den Filets mit Salz, Pfeffer, Rosmarin und Thymian rundum gut einreiben. Leicht mit Mehl bestauben.

Das Backrohr auf 180 °C vorheizen. Kapern leicht andrücken, die Zwiebel in Ringe schneiden.

In einer passenden Bratenpfanne etwas Olivenöl erhitzen und die Kaninchenteile darin rundum hell anbraten. Wieder herausheben. Nun die Zwiebeln mit den Kapern anschwitzen, mit einem Schuss Weißwein ablöschen und etwas Geflügelsuppe zugießen. Die Kaninchenteile wieder einlegen und unter oftmaligem Begießen und einmaligem Wenden insgesamt eine gute Stunde weich braten. Dabei bei Bedarf öfter Wein und Suppe nachgießen.

Inzwischen die Erdäpfel vierteln und in etwas mit Wein vermischtem Salzwasser fast weich kochen. Zucchini und Melanzani waschen und ebenso wie die Tomaten in gröbere Würfel schneiden. Das Gemüse etwa 30 Minuten vor Garungsende zugeben, frische Rosmarinzweige untermengen und mit Salz und Pfeffer würzen. Mit dem Kaninchen mitbraten. Etwa 15 Minuten vor Ende der Garzeit die Kaninchenfilets salzen, pfeffern und in einer kleinen Pfanne in etwas Fett rundum anbraten. Filets auf das Gemüse setzen und die letzten Minuten mitbraten. Die Kaninchenteile und Filets herausheben und auf einer vorgewärmten Platte anrichten. Das Gemüse nochmals abschmecken und rund um das Kaninchen drapieren.

Beizen: To do or not to do?

In Zeiten, als frisch erlegtes Wild noch ohne Vakuumverpackung und nicht durchbrochene Kühlkette auskommen musste, wurde Wildfleisch tage-, ja wochenlang in Beize eingelegt, um es vor dem sicheren Verderben zu bewahren. Dieses Zeremoniell ist heute aus Hygienegründen nicht mehr vonnöten. Im Gegenteil: Moderne Lagervorschriften und Transportmöglichkeiten sichern uns Konsumenten unbedenkliches, einwandfreies Wildbret, das ohne Bedenken auch ungebeizt verzehrt werden kann. Vorausgesetzt, Sie beziehen Ihr Wild von einer „sicheren“ Einkaufsquelle.

Andererseits hat sich unser Gaumen im Lauf der Jahrhunderte an den typischen Wild-, sprich Beizegeschmack gewöhnt, weshalb so mancher Gourmet auf dieses Atout ungern verzichtet. Er wird seinen Hasen, sein Reh gerne in Beize einlegen – allein aus Geschmacksgründen.

Puristen unverfälschter Fleischeslust werden ihm allerdings entgegenhalten, dass das lange Liegen in der Beize das Wildfleisch auslaugt, ihm seine Typizität raubt – also schlichtweg verwerflich ist. Sie werden Wildbret ohne langwierige Beiz-Prozedur in die Pfanne legen. Fazit: Es gibt kein Richtig und Falsch, kein Gut oder Böse. Lassen Sie einzig und allein Ihre persönliche Geschmacksvorliebe Schiedsrichter sein!

Wildbret & Gams

Gespickter Rehrücken

ZUTATEN FÜR 6–8 PORTIONEN ~ 1 ganzer Rehrücken / 200 g Selchspeck zum Spicken / 1 Wurzelwerk / 2 Lorbeerblätter / Wildfond oder Suppe zum Aufgießen / Wacholderschnaps / Salz, Pfefferkörner / Wacholderbeeren, Thymian / Butterschmalz oder Öl / 1 kleine Mehl-Butter-Kugel bei Bedarf

ZUBEREITUNG ~ Den Selchspeck kalt stellen. Den Rehrücken gut zuputzen (Sehnen und Häutchen entfernen). Nun den Speck in gleichmäßige schmale Streifen schneiden und den Rehrücken mit Hilfe einer Spicknadel damit spicken. Wacholderbeeren und Pfefferkörner zerdrücken (oder in einem Mörser fein zerstoßen) und mit gehacktem Thymian, Salz und Öl zu einer Paste vermengen. Den Rehrücken damit gut einreiben und mindestens eine halbe Stunde ziehen lassen.

Inzwischen das Backrohr auf 180–200 °C vorheizen. In einer passenden Bratenpfanne das Fleisch kräftig anbraten. Wieder herausheben. Das Wurzelwerk grob zerteilen und ebenfalls kurz anbraten, mit wenig Wildfond oder Suppe aufgießen und den Rehrücken auf das Gemüse setzen. Lorbeerblätter unter das Gemüse mischen. Ins heiße Rohr schieben und unter wiederholtem Übergießen mit eigenem Saft oder Rindsuppe etwa 20–25 Minuten lang braten, bis der Rehrücken innen noch leicht rosa ist. Dann den Rehrücken herausnehmen und in Alufolie gehüllt warm stellen. Den Saft abseihen, aufkochen lassen, mit einem Schuss Wacholderschnaps ablöschen und bei Bedarf noch etwas Flüssigkeit zugießen. Das Saftl gut einkochen lassen und nach Belieben mit einer eingerührten Mehl-Butter-Kugel binden. Den Rehrücken tranchieren und mit dem extra gereichten Saft auftragen.

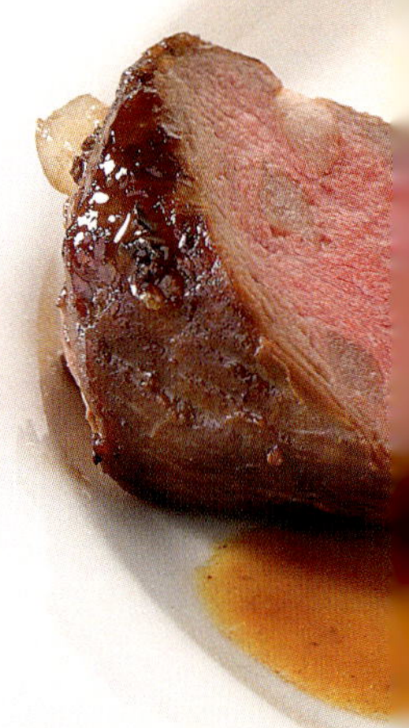

BEILAGENEMPFEHLUNG ~ Serviettenknödel oder Erdäpfelkroketten sowie Rotkraut, glasierte Maroni und Preiselbeeren.

TIPP ~ Hirschrücken eignet sich für diese Zubereitungsart ebenso gut.

Rehschlegel in Lebkuchensauce

ZUTATEN ~ 1 kg ausgelöster Rehschlegel / 1 Wurzelwerk / 1 Zwiebel 1 Speckschwarte / 50 g Lebkuchen / kräftiger Rotwein / Schuss Cointreau 40 ml Rotweinlikör / Wildfond oder Rindsuppe zum Aufgießen / Wacholderbeeren, Thymian / Lorbeerblatt, Pfefferkörner, Gewürznelken / Salz, Pfeffer / Pflanzenöl eiskalte Butterflöckchen

ZUBEREITUNG ~ Die Wacholderbeeren andrücken, mit getrocknetem Thymian vermengen, salzen, pfeffern und mit einigen Esslöffeln Öl verrühren. Das Rehfleisch damit rundum gut einstreichen, nach Belieben in Form binden und mindestens 30 Minuten ziehen lassen.
Inzwischen das Wurzelwerk sowie die Zwiebel grobwürfelig schneiden.
Dann das Backrohr auf 180 °C vorheizen. In einer passenden Bratenpfanne (mit Deckel) wenig Öl erhitzen und den Rehschlegel von allen Seiten anbraten. Aus der Pfanne heben und das Wurzelwerk mit der Zwiebel und dem Speck im Bratenrückstand anbraten. Mit Rotwein ablöschen, einkochen lassen und mit reichlich Fond oder Suppe aufgießen. Lorbeerblatt, Pfefferkörner sowie Gewürznelken beigeben und das Fleisch wieder in die Pfanne legen. Zugedeckt im heißen Rohr je nach Qualität 1 ½–2 Stunden weich garen. Währenddessen wiederholt wenden und bei Bedarf Fond oder Rotwein nachgießen.
Den weich gegarten Rehschlegel herausheben und in Alufolie warm halten. Für die Lebkuchensauce den Bratenrückstand abseihen und mit Fond oder Suppe auf etwa einen halben Liter aufgießen. Cointreau und Rotweinlikör zugießen, den Lebkuchen in Stücke schneiden und ebenfalls zugeben. Nun alles aufkochen lassen, bis sich die Sauce um mehr als die Hälfte eingekocht hat. Dann aufmixen, mit Salz und Pfeffer abschmecken und mit rasch eingerührten kalten Butterflocken abrunden. Den Rehschlegel tranchieren, auf vorgewärmten Tellern anrichten und mit der fertigen Lebkuchensauce umgießen.

BEILAGENEMPFEHLUNG ~ Schupfnudeln, Spätzle und in Rotwein gedünstete Birnen.

Gratiniertes Hirschrückenfilet mit Maronisauce

ZUTATEN ~ 4 Filets vom Hirschrücken à 180 g / 400 g gekochte Maroni 60–80 g Semmelbrösel / 3 EL gemischte Kerne (Kürbiskerne, Sonnenblumenkerne, Pinien etc.) / 1 Ei / 100 ml Crème fraîche oder Sauerrahm / Schuss Rotweinlikör 1–2 EL Honig / kräftiger, voller Rotwein zum Aufgießen / Wildfond oder kräftige Rindsuppe / Chiliöl / Thymian / Salz, Pfeffer / Butter oder Pflanzenöl

ZUBEREITUNG ~ Die Hirschrückenfilets nach Belieben leicht klopfen. In einer kleinen Schüssel etwas Chiliöl mit Salz, Pfeffer und Thymian vermengen und die Hirschfilets damit rundum bestreichen. Gute 30 Minuten marinieren. Inzwischen in einer fettfreien Pfanne die Kerne bei nicht zu großer Hitze ohne Fett anrösten, wieder vom Feuer nehmen und leicht abkühlen lassen. Fein hacken. In einer Schüssel die Semmelbrösel mit den Kernen sowie dem Ei vermengen. Die Masse salzen und pfeffern.

Das Backrohr auf 180 °C vorheizen. Die marinierten Hirschfilets auf beiden Seiten kurz, aber kräftig anbraten und dabei bei Bedarf noch frisches Fett zugeben. Die vorbereitete Semmelbröselmasse auftragen und die Filets im heißen Backrohr (je nach Qualität) noch etwa ca. 6–10 Minuten überbacken. Filets herausnehmen und vor dem Servieren noch gute 10 Minuten warm rasten lassen. Währenddessen rund die Hälfte der gekochten Maroni auf einem Reibeisen reiben, die andere Hälfte in aufgeschäumter Butter und Honig bei mäßiger Hitze glasieren. Den Bratensatz mit einem Schuss Rotweinlikör ablöschen, etwas Rotwein und bei Bedarf auch noch etwas Suppe zugießen. Geriebene Maroni zugeben und die Sauce sämig einkochen lassen. Abschließend die Sauce mit Crème fraîche abrunden und nochmals abschmecken. Die Hirschfilets auf vorgewärmten Tellern anrichten und mit der Maronisauce umgießen.

BEILAGENEMPFEHLUNG ~ Schupfnudeln, Erdäpfelkroketten und Speckfisolen.

Zwei starke Partner

Eingekochte Preiselbeeren sind die klassische Wildbeilage schlechthin. Abgesehen davon, dass sie mit feinem Wildfleisch optimal harmonieren, sorgen sie auch dafür, dass nach einer opulenten Wildmahlzeit der Cholesterinspiegel nicht zu sehr in die Höhe schnellt. Haben die roten Beeren gerade Saison, so nützen Sie die Chance und kochen Sie zur Abwechslung die Preiselbeeren einmal selbst ein. Das ist leichter als gedacht: Beeren und Zucker im Verhältnis 1:1/2 vorbereiten. Auf ein Kilo Beeren ein Glas Rotwein (ca. 200 ml) mit einer Zimtrinde aufkochen lassen, Zucker zugeben und einige Minuten köcheln lassen. Preiselbeeren zugeben und je nach Wunsch entweder gemeinsam mit dem Wein einkochen lassen – so werden die Beeren eher weich – oder die Beeren nur kurz köcheln lassen, herausheben und den Wein noch weiter einkochen lassen. Beeren erst dann wieder zugeben und nochmals kurz aufkochen. In Gläser abfüllen und gut verschließen.

Gebeizter Hirschbraten mit Oberssauce

ZUTATEN ~ **1 kg ausgelöster Hirschschlegel / 50–80 g durchzogene Speckscheiben 250 ml Obers / Wildfond oder Rindsuppe / 1 EL Tomatenmark / 100 g kräftiges Schwarzbrot mit Rinde / 2 Lorbeerblätter, Wacholderbeeren, Pfefferkörner / eiskalte Butterflöckchen / Pflanzenöl / Salz**

FÜR DIE BEIZE ~ **250 ml Rotwein / 500 ml Wasser / 150 ml Essig / 1 Zwiebel 1 Lorbeerblatt / 1 Pastinakwurzel / einige Thymian- und Rosmarinzweige, Gewürznelken, Wacholderbeeren**

ZUBEREITUNG ~ Bereits am Vortag für die Beize sämtliche Zutaten aufkochen und 15 Minuten bei nicht zu kleiner Hitze köcheln lassen. Vom Herd nehmen und völlig auskühlen lassen. Erst dann den Hirschschlegel hineingeben und mindestens über Nacht darin beizen. Währenddessen das Fleisch wiederholt wenden.

Am nächsten Tag das Fleisch aus der Marinade heben und mit Küchenkrepp abtupfen. Das Backrohr auf 180 °C vorheizen. In einer passenden Bratenpfanne Öl erhitzen, den Hirschschlegel darin rundum anbraten, wieder herausheben. Nun den Speck anbraten, Tomatenmark einrühren und mit einem Schuss Beize aufgießen. Aufkochen lassen, etwas Obers zugießen und das Fleisch wieder hineingeben. Sämtliche Gewürze einmengen und den Schlegel im heißen Backrohr je nach Qualität 2–3 Stunden langsam garen. Dabei beständig mit Bratensaft übergießen und wiederholt Beize und Fond oder Suppe nachgießen. Sobald das Fleisch weich ist, den Braten aus dem Ofen nehmen, warm stellen und rasten lassen.

Währenddessen die Lorbeerblätter und die Speckscheiben aus dem Bratenrückstand entfernen. Die Sauce aufkochen lassen, nochmals mit etwas Fond bzw. Rindsuppe aufgießen und das restliche Obers einrühren. Sämig einkochen. Nach Belieben vom Herd nehmen und noch rasch eiskalte Butterflöckchen einrühren, abschließend abschmecken. Den Hirschschlegel tranchieren, auf vorgewärmten Tellern anrichten und mit der fertigen Sauce übergießen.

BEILAGENEMPFEHLUNG ~ Rotkraut, glasierte Maroni sowie Schupfnudeln oder Nockerln.

Gebratener Frischlingsrücken mit Waldpilzen

ZUTATEN FÜR 6–8 PORTIONEN ~ 1 Frischlingsrücken (Rücken vom jungen Wildschwein) / 500 g Waldpilze (Steinpilze, Rotkappen, Eierschwammerln etc.) 1 Wurzelwerk / 4–5 Knoblauchzehen / 1 Zwiebel / 1 Speckschwarte / 250 ml Sauerrahm 1 EL gehackte Petersilie / 1 Schalotte für die Pilze / 2 KL Mehl / 1 EL Preiselbeeren kräftiger, voller Rotwein zum Aufgießen / Wildfond oder Rindsuppe / Salz, Pfeffer Butterschmalz oder Pflanzenöl

ZUBEREITUNG ~ Den Frischlingsrücken gut zuputzen. Die Knoblauchzehen fein hacken, die Zwiebel sowie das Wurzelwerk in grobe Würfel schneiden. Dann den Rücken mit Salz, Pfeffer und Knoblauch gründlich einreiben. Das Backrohr auf 160 °C vorheizen.

Nun den Frischlingsrücken in einer geräumigen Bratenpfanne in Butterschmalz oder Öl rundum kräftig anbraten und wieder herausheben. Im Bratenfond Wurzelwerk, Speckschwarte und Zwiebel kurz anrösten, mit einem kräftigen Schuss Rotwein ablöschen und kurz aufkochen lassen. Etwas Suppe oder Fond zugießen, das Fleisch wieder hineinsetzen und je nach Qualität und gewünschtem Garungsgrad 35–55 Minuten weich braten. Währenddessen wiederholt mit Bratensaft begießen und Wildfond oder Rindsuppe nachgießen. Den weich gegarten Rücken herausheben, warm stellen.

Den Bratenrückstand abseihen, in einen Topf umgießen und mit etwas Rotwein und Suppe aufkochen lassen. Sauerrahm mit Mehl glatt rühren und in die Sauce einrühren. Schön sämig einkochen lassen. Preiselbeeren einrühren und abschließend mit Salz sowie Pfeffer abschmecken.

Inzwischen die Pilze gut putzen und in mundgerechte Stücke schneiden. Die Schalotte feinwürfelig schneiden. Etwas Butter erhitzen und die Schalottenwürfel darin hell anschwitzen. Pilze zugeben und kurz so durchrösten, dass sie zwar durch, aber noch bissfest sind. Gegebenenfalls etwas Flüssigkeit abgießen. Gehackte Petersilie einstreuen und die Pilze abschmecken.

Nun den Frischlingsrücken tranchieren und in Scheiben schneiden, auf vorgewärmten Tellern anrichten und die Pilze jeweils daneben gruppieren. Mit etwas Sauce beträufeln und den Rest extra servieren.

BEILAGENEMPFEHLUNG ~ Erdäpfelkroketten, Spätzle und Schupfnudeln.

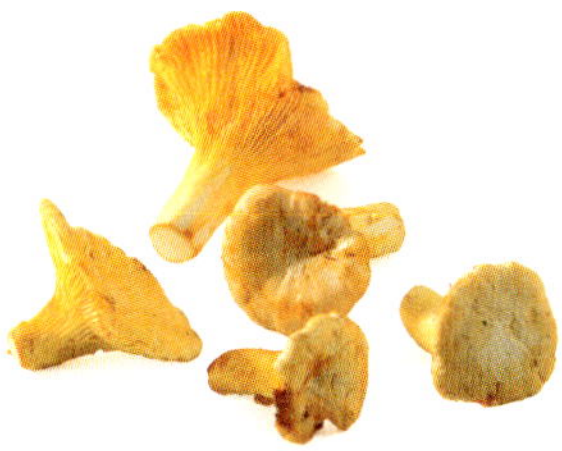

Frischlingsrücken in Blaufränkisch

ZUTATEN FÜR 6–8 PORTIONEN ~ 1 ausgelöster Rücken vom jungen Wildschwein von ca. 2 kg / Salz, Pfeffer / 3 Paradeiser / 1 Bund Wurzelwerk / Butterschmalz oder Pflanzenöl zum Braten / Wacholderbeeren / Pfefferkörner / Lorbeerblätter Neugewürzkörner / ½ l kräftiger Rotwein (idealerweise Blaufränkisch) Suppe zum Aufgießen / 20 g Butter / 1 KL scharfer Senf / 2 EL Hagebuttenmarmelade 50 g fein gehackte Champignons / 1 EL gehackter Estragon

ZUBEREITUNG ~ Frischlingsrücken rundum kräftig mit Salz und Pfeffer einreiben und wie einen Rollschinken zusammenbinden. Das Backrohr auf 200–220 °C vorheizen. Paradeiser und Wurzelwerk grobwürfelig schneiden, in einer großen Bratenpfanne das Butterschmalz oder Öl erhitzen und darin die Gemüse gemeinsam mit den Gewürzen gut anrösten. Die Frischlingsroulade von allen Seiten her kräftig anbraten. Überschüssiges Fett vorsichtig abgießen, den Rückstand mit Rotwein ablöschen und so viel Suppe zugießen, dass das Fleisch gut bedeckt ist. Den Braten im heißen Backrohr etwa 90 Minuten weich dünsten und dabei die Hitze stufenweise reduzieren. Fleisch herausheben, warm stellen und den Bratenrückstand mit etwas Suppe lösen. Butter, Senf, Hagebuttenmarmelade, gehackte Champignons sowie Estragon untermengen und alles gut mollig einkochen lassen. Sauce aufmixen oder durch ein Haarsieb bzw. die „Flotte Lotte" passieren. Frischlingsrücken tranchieren, anrichten und die Sauce dazu extra servieren.

BEILAGENEMPFEHLUNG ~ Buttererdäpfel und frisch gerissener Kren.

Wildschweinbraten in Hagebuttensauce

ZUTATEN ~ 1 Wildschweinschlegel

FÜR DIE BEIZE ~ 500 ml Rotwein / 125 ml Rotweinessig / 375 ml Wasser 2 nudelig geschnittene Karotten / 1 Zwiebel / 2–3 Lorbeerblätter / 4 zerdrückte Wacholderbeeren / ½ grob geschnittener Krauthäuptel / 1 EL Salz

FÜR DIE FERTIGSTELLUNG ~ 2 EL Butter / 1 Zwiebel / 4 Gewürznelken 4 EL Schweineschmalz / Hagebuttenmarmelade nach Geschmack

ZUBEREITUNG ~ Den Wildschweinschlegel von schwarzen Häuten befreien, waschen und trocken tupfen. Aus den angegebenen Zutaten eine Beize kochen und den Schlegel in die kochende Beize einlegen. Eine Zwiebel mit Gewürznelken spicken und in zerlassener Butter rundum anbräunen.
Die Zwiebel ebenfalls in die Beize geben und die Keule in der Beize ein bis zwei Stunden lang weich kochen sowie darin erkalten lassen. Das Wildschweinfleisch vom Knochen lösen, in mundgerechte Stücke schneiden und in eine Kasserolle legen. Die Beize entfetten. Etwa 200 ml der Beize über das Fleisch seihen, erneut aufkochen lassen, bis sich das Fleisch wieder erwärmt hat, und die Sauce nach kurzem Einkochen mit Hagebuttenmarmelade binden.
BEILAGENEMPFEHLUNG ~ Maroni, Salzerdäpfel, Wurzelgemüse oder Rotkraut.
TIPP ~ Die Sauce kann auch noch mit etwas Crème fraîche oder Obers verfeinert und noch sämiger gemacht werden.

Wildschweinkoteletts mit Rotwein-Lebkuchen-Sauce

ZUTATEN ~ 8 Wildschweinkoteletts à 100 g / 3 Wacholderbeeren / Salz / Pfeffer Pflanzenöl / 1 dl Rotwein / 1 dl Wildfond oder Rindsuppe / 1–2 El fein geriebener Lebkuchen / 4–6 eiskalte Butterflocken

ZUBEREITUNG ~ Wildschweinskoteletts mit Salz, Pfeffer und zerdrückten Wacholderkörnern würzen und in heißem Pflanzenöl beidseitig scharf anbraten. Die Koteletts im auf 160 °C vorgeheizten Backrohr noch einige Minuten, in Folie gehüllt, nachgaren lassen und inzwischen den Bratensatz mit Rotwein und Wildfond bzw. Suppe ablöschen. Die Flüssigkeit auf etwa die Hälfte einkochen lassen und mit Lebkuchenbröseln binden. Noch einmal kurz einkochen lassen, bis die Sauce schön sämig ist. Pfanne vom Herd nehmen, eiskalte Butterflocken einrühren und die Wildschweinkoteletts mit der Rotwein-Lebkuchen-Sauce überziehen.
BEILAGENEMPFEHLUNG ~ Grießdukaten und Speckfisolen.

Gerollter Wildschweinbraten mit Sardellen-Sauce

ZUTATEN ~ 1 kg ausgelöster Wildschweinschlegel / 1 Karotte / 1 gelbe Rübe ½ Petersilwurzel / 1 Sellerieknolle / 1 Zwiebel / ½ Knoblauchknolle / 1–2 EL Mehl zum Stauben / 1 EL Mehl für die Einbrenn / trockener, kräftiger Weißwein / Wildfond oder Rindsuppe / Wacholderbeeren, Thymian / Pfefferkörner, 1–2 Lorbeerblätter, Piment 2 EL Butter / 3 Sardellen aus der Dose / 1–2 EL Crème fraîche oder Sauerrahm Zitronensaft und -schale / Salz, Pfeffer / Pflanzenöl

ZUBEREITUNG ~ Den Wildschweinschlegel zuputzen und mit Küchengarn wie einen Rollbraten zusammenbinden. Salzen, pfeffern und mit Thymian sowie den angedrückten Wacholderbeeren kräftig einreiben. Mit Öl bestreichen und rasten lassen. Inzwischen Karotte, gelbe Rübe, Petersilwurzel, Sellerieknolle sowie die Zwiebel grobwürfelig schneiden. Die Knoblauchknolle halbieren. Das Backrohr auf 180 °C vorheizen. In einer passenden Bratenpfanne (mit Deckel) zunächst wenig Öl erhitzen und das Fleisch rundum kräftig anbraten. Wieder herausheben, frisches Öl zugießen, heiß werden lassen und das vorbereitete Gemüse mit der Knoblauchknolle kräftig anrösten. Etwas Mehl darüberstreuen, durchrühren und rasch mit einem kräftigen Schuss Weißwein ablöschen. Wildfond oder Rindsuppe zugießen, das Fleisch wieder hineinlegen und die Gewürze zugeben. Den Braten zugedeckt etwa 1 ½ –2 Stunden weich dünsten. Währenddessen wiederholt wenden und bei Bedarf noch etwas Wein und/oder Fond bzw. Suppe nachgießen.

Dann das Fleisch herausheben und warm rasten lassen. Den Bratensaft abseihen. Die Sardellen sehr fein schneiden. In einem Topf die Butter schmelzen, Mehl zugeben und zu einer hellen Einbrenn anschwitzen. Etwas abgeseihten Saft zugießen, durchrühren und die fein gehackten Sardellen zugeben. Nochmals Bratensaft und Fond zugießen und die Sauce schön mollig einkochen lassen.

Mit Zitronensaft und -schale, Salz und Pfeffer abschmecken. Mit Crème fraîche oder Sauerrahm abrunden. Den Rollbraten tranchieren, dabei den Küchenspagat entfernen, auf vorgewärmten Tellern anrichten und mit der Sardellen-Sauce beträufeln.

BEILAGENEMPFEHLUNG ~ Erdäpfelpuffer.

Gamskeule in Kapernsauce

**ZUTATEN ~ 1 Gamskeule / 150 g Selchspeck im Ganzen / 1 Wurzelwerk
1 Stange Porree / 1 EL englischer Senf / 1 Orange / 40 ml Noilly Prat oder Wermut
1 KL Kapern / 150 ml Crème fraîche oder Sauerrahm / 1–2 KL Mehl / Wildfond oder kräftige Rindsuppe zum Aufgießen / Piment, Kardamom, Muskatnuss und gemahlener Ingwer / 2 Lorbeerblätter, Wacholderbeeren, Pfefferkörner, Gewürznelken / Salz
Pfeffer / Butterschmalz und/oder Butter**

ZUBEREITUNG ~ Den Selchspeck kurz ins Tiefkühlfach legen, damit er schön hart wird. Dann in gleichmäßig lange Streifen schneiden. Die Gamskeule gut zuputzen und mit Hilfe einer Spicknadel spicken. Das Fleisch rundum mit Salz, Pfeffer, Piment, Kardamom, Muskatnuss sowie gemahlenem Ingwer würzen und mit Senf einstreichen. Kurz ziehen lassen. Währenddessen das Wurzelwerk in grobe Würfel, den Porree in Scheiben schneiden.
Das Backrohr auf 180 °C vorheizen. In einer passenden Bratenform (mit Deckel) etwas Butterschmalz und/oder Butter erhitzen und die Keule darin rundum anbraten. Wieder herausheben. Im verbliebenen Bratensatz das Wurzelwerk sowie den Porree anbraten, etwas Fond oder Suppe zugießen, durchrühren und die Gamskeule wieder zugeben. Die Orange vierteln und gemeinsam mit Lorbeerblättern, Wacholderbeeren, Gewürznelken und Pfefferkörnern unter das Gemüse mischen. Den Deckel aufsetzen und das Fleisch je nach Qualität 1 ½–2 Stunden weich garen. Währenddessen wiederholt wenden und bei Bedarf Fond oder Suppe nachgießen.
Die weich gegarte Gamskeule herausheben und warm stellen. Den Saft abseihen, aufkochen lassen und Noilly Prat zugießen. Nochmals einkochen lassen und mit Fond oder Suppe aufgießen. Das Mehl mit Crème fraîche oder Sauerrahm glatt rühren, in die Sauce einrühren und sämig einkochen lassen. Kapern andrücken, zugeben und die Sauce nochmals abschmecken. Die Gamskeule am besten im Ganzen auftragen und erst bei Tisch tranchieren. Die Sauce in einem Extrakännchen dazu reichen.
BEILAGENEMPFEHLUNG ~ Klassische Wildbeilagen wie Semmelknödel, Schupfnudeln, Rotkraut und Preiselbeeren.

Spickspeck und Spicknadel

Da Wildfleisch naturgemäß relativ mager ist und wenig Eigenfett besitzt, wird das Fleisch oft gespickt, um ihm die nötige Saftigkeit zu verleihen. Dafür wird möglichst fetter Speck, am besten grüner Selchspeck, in regelmäßige, gleich lange Streifen geschnitten. Ist der Speck zu weich zum Schneiden, kurz ins Tiefkühlfach legen und leicht anfrieren lassen – dann lässt er sich wunderbar schneiden. Nun jeweils einen Speckstreifen in eine so genannte „Spicknadel" einlegen und das Fleisch in Faserrichtung damit spicken. Haben Sie keine Spicknadel zur Hand, so können Sie auch mit einem scharfen, langen Messer entlang der Faser kleine Löcher stechen und etwas kürzere Speckstreifen in die Aushöhlung hineinschieben. Das Fleisch wird auch dadurch saftiger, da während des Bratens Fett austritt.

Niedertemperaturgegarter Gamsrücken mit Traubensauce

ZUTATEN ~ 600–800 g Gamsrücken / 300 g Weintrauben / 500–700 ml kräftiger Rotwein / Wildfond oder kräftige Rindsuppe nach Bedarf / 1–2 EL Honig / Knochen und Parüren von der Gams / 1 Wurzelwerk / 2 Lorbeerblätter, Wacholderbeeren, Pfefferkörner, Gewürznelken / 1 Zwiebel / Butter und Pflanzenöl / Thymian und Wacholderbeeren / Salz, Pfeffer / Zimt für die Trauben / eiskalte Butterflöckchen

ZUBEREITUNG ~ Den Gamsrücken salzen, pfeffern. Die Wacholderbeeren leicht andrücken, mit Thymian vermischen und den Rücken damit gut einreiben. Mit Öl beträufeln und etwa 30 Minuten ziehen lassen. Das Backrohr auf 80 °C vorheizen. In einer Pfanne etwas Butter mit Öl erhitzen und den Rücken kurz, aber kräftig rundum anbraten. Herausheben und rasch in eine feuerfeste, vorgewärmte Form legen und im heißen Backrohr etwa je nach gewünschtem Garungsgrad 45, maximal 80 Minuten (blutig bis durchgegart) nachgaren lassen.

Inzwischen für die Sauce das Wurzelwerk sowie die Zwiebel in grobe Stücke schneiden. In einem Topf die Knochen in etwas heißem Öl rasant anrösten. Wurzelwerk und Zwiebel zugeben, durchrösten und den Honig einrühren. Sobald dieser karamellisiert, mit einem kräftigen Schuss Rotwein ablöschen. Auf- und völlig einkochen lassen, erst dann den restlichen Wein und reichlich Wildfond oder Suppe zugießen. Die Gewürze zugeben und alles bei größter Hitze möglichst lange einkochen lassen, damit die Sauce schön kräftig wird. (Sie soll sich auf einen Bruchteil ihres ursprünglichen Volumens einkochen.) Hat die Sauce die richtige Sämigkeit, abseihen und nochmals aufkochen lassen. Mit Salz und Pfeffer abschmecken. Abseits vom Herd die kalten Butterflöckchen einrühren.

Inzwischen die Weintrauben nach Belieben schälen und in heißer Butter schwenken. Mit einer Prise Zimt würzen. In die fertige, sämige Sauce einmengen. Den fertig gegarten Gamsrücken herausnehmen, tranchieren und auf vorgewärmten Tellern anrichten. Mit der Traubensauce umgießen.

BEILAGENEMPFEHLUNG ~ Serviettenknödel, Erdäpfelkroketten oder gebratene Schupfnudeln.

Gebratene Fische

Auf Erdäpfeln gebratener Karpfen

ZUTATEN FÜR 4–6 PORTIONEN ~ 1 Karpfen / 750 g heurige Erdäpfel 2–3 nach Belieben enthäutete Tomaten / 2 kleinere Zwiebeln / je 1 rote und grüne Paprikaschote / Estragonzweige / 100 g flüssige Butter oder Schmalz / 1 EL Mehl 250 g Sauerrahm / Öl oder Schmalz für die Form / Salz, Pfeffer, Paprikapulver

ZUBEREITUNG ~ Die heurigen Erdäpfel nach Belieben schälen oder ungeschält lassen, in Salzwasser nicht zu weich kochen und in dünne Scheiben schneiden. Den Karpfen gut waschen, trocken tupfen und innen mit Salz, Pfeffer und Paprikapulver gut würzen. Einige Estragonzweige in seine Bauchhöhle geben. Zwiebeln und Paprikaschoten in Ringe schneiden, die Tomaten in Scheiben schneiden.

Nun das Backrohr auf 180 °C vorheizen. Eine passende feuerfeste Auflaufform großzügig mit Fett ausstreichen und mit den Erdäpfelscheiben auslegen. Den Karpfen daraufsetzen, salzen, paprizieren und anschließend mit den Paprika- und Zwiebelringen sowie Tomatenscheiben bedecken. Mit geschmolzener Butter oder Schmalz beträufeln. Die Form in das heiße Backrohr stellen und den Karpfen je nach Größe etwa 45–60 Minuten braten. Etwa 15 Minuten vor Garungsende das Mehl mit dem Sauerrahm glatt rühren, über den Karpfen verteilen und fertig backen.

Saibling mit Steinpilz-Erdäpfeln
klimagegart

ZUTATEN ~ **4 Saiblinge (oder Forellen) / 600–700 g Erdäpfel / 300 g Steinpilze 4 Zweige Kerbel, Petersilie, Dille / 2–4 Knoblauchzehen / 4–8 Cocktailtomaten 250 ml Schlagobers / Fischfond oder Gemüsesuppe / Zitronensaft / 2 EL gehackte Petersilie / Butter / Salz, Pfeffer / 150 ml Wasser für die Dampfstöße**

ZUBEREITUNG ~ Die gut gewaschenen Saiblinge mit Zitronensaft beträufeln und 10 Minuten ziehen lassen. Salzen, pfeffern und in die Bauchhöhle jeweils ein Kräuterzweiglein, etwas fein geschnittenen Knoblauch sowie eine oder zwei Cocktailtomaten geben. Die Erdäpfel in etwa 1 cm große Würfel schneiden. Die Pilze gut putzen und ebenfalls in kleine, mundgerechte Stücke teilen. Beides vermengen und mit Salz sowie Pfeffer durchmischen.
Eine geeignete Bratenpfanne mit Butter bestreichen, die Erdäpfel-Pilz-Würfel hineinstreuen und das Schlagobers sowie einen kräftigen Schuss Fischfond oder Gemüsesuppe darübergießen.
Die Saiblinge darauf platzieren, mit Butterflocken belegen und im nicht vorgeheizten Backrohr bei 2 Dampfstößen und 160–180 °C Temperatur 35–45 Minuten braten (s. u.). Die Saiblinge auf vorgewärmten Tellern anrichten, frisch gehackte Petersilie unter die Erdäpfel-Pilz-Mischung rühren und neben den Fischen anrichten.

1. Dampfstoß nach 5 Minuten
2. Dampfstoß nach weiteren 10 Minuten

Der Klimagaren-Tipp von Miele
Verlässlichkeit für viele Jahre

Mit der Betriebsart Klimagaren bekommt das Gargut eine glänzende Oberfläche und bleibt innen saftig und aromatisch.

Zander in der Salzkruste

ZUTATEN ~ **1 Zander im Ganzen (ersatzweise ein anderer Fisch wie große Lachsforelle, Branzino, Dorade etc.) / 2 kg grobes Meersalz / 2–3 Eiklar braune Butter zum Beträufeln**

FÜR DIE FÜLLE ~ **1 unbehandelte Zitrone / 1 Knoblauchzehe / 2–3 Handvoll gemischte klein gehackte Kräuter (Estragon, Kerbel, Petersilie, Dille etc.) / Salz, Pfeffer**

ZUBEREITUNG ~ Den Fisch von seinen Kiemen befreien, gut waschen und trocken tupfen. Nach Belieben schuppen, muss aber nicht sein, denn die Schuppen sollten an der Salzkruste haften bleiben. Knoblauch in sehr feine Würfelchen schneiden. Von der unbehandelten Zitrone die Schale abschneiden und sehr fein hacken. Saft auspressen und alles mit den gehackten Kräutern vermengen. Die Kräuterfülle mit Salz und Pfeffer würzen. Etwa die Hälfte der Kräuter in die Bauchhöhle des Zanders füllen.
Für die Salzkruste das Eiklar leicht verschlagen und mit dem Meersalz zu einer Masse vermengen. Ein Backblech mit Alufolie auslegen und eine dünne Schicht der Salzmasse in der Länge des Fisches darauf auftragen. Etwas von der Kräutermasse darüberstreuen und den Fisch darauflegen. Abermals mit Kräutern bestreuen und den Fisch gut mit der Salzmasse bedecken. Das Backrohr auf 200 °C vorheizen und den Fisch darin je nach Größe ca. 30–50 Minuten backen. Den fertig gegarten Fisch auf einer dekorativen Platte im Ganzen auftragen und erst bei Tisch die Salzkruste aufschlagen. Den Fisch vorsichtig herauslösen und portionsweise anrichten. Jeweils mit braun aufgeschäumter Butter beträufeln.
BEILAGENEMPFEHLUNG ~ Estragonerdäpfel sowie in Butter geschwenktes Gemüse, wie etwa Kaiserschoten, Erbsen, Karfiolröschen oder Kohlrabiwürfel.

Die Guten ins Töpfchen

Kreativität ist speziell bei Fischrezepten gefragt! Gilt es doch auch jene skeptischen Gaumen zu überzeugen, die Fischgenüssen eher reserviert gegenüberstehen. Und derer gibt es wahrlich nicht wenige. Folgende Variante müsste aber selbst den schlimmsten Fischmuffel bekehren: Ganzen Fisch würzen, in einer passenden Form (am besten aus Ton) ein Bett aus frischem Gemüse ganz nach persönlichem Gusto vorbereiten (Kohlrabi, Karotten, Spargel, aber auch Mediterranes wie Melanzani, Zucchini oder Artischocken), etwas Weißwein und klare Gemüsesuppe untergießen und den Fisch darauf platzieren. Den Rand der Form rundum gut mit Ei bestreichen und mit Salzteig gut abdecken. Ab ins heiße Backrohr und goldbraun backen. In der Form auftragen und das Geheimnis erst bei Tische lüften.

Gespickter Hecht

ZUTATEN ~ 1 Hecht / 50 g Sardellenfilets (100 g ersatzweise Speckstreifen) 4 geschälte Paradeiser (oder 1 kleine Dose Pelati) / 2 EL gehackte Speckwürfel 250 ml Weißwein / Saft einer halben Zitrone / 1–2 EL fein gehackte Kapern 125 ml Sauerrahm / 1 EL fein gehackter Kerbel / Salz, Pfeffer aus der Mühle Butter oder Pflanzenöl zum Braten

ZUBEREITUNG ~ Den küchenfertigen Hecht gut waschen, trocken tupfen und mit einem scharfen Messer auf beiden Seiten der Breite nach mehrmals einschneiden. Die Sardellen bzw. den Speck in feine Streifen schneiden und in die Einschnittstellen füllen. Den Hecht rundum salzen und pfeffern. In einer Kasserolle die Speckwürfel anschwitzen. Die geschälten Tomaten kleinwürfelig schneiden, zugeben und kurz mitdünsten lassen. Mit Weißwein aufgießen und nochmals kurz einkochen lassen. Zitronensaft, Kapern und Sauerrahm unterrühren und alles 5 Minuten auf kleiner Flamme ziehen lassen. Mit Salz, Pfeffer und Kerbel abschmecken.

Das Backrohr auf 220 °C vorheizen. In einer passenden, möglichst dekorativen Bratenpfanne reichlich Butter und/oder Öl erhitzen und den Hecht einlegen. Mit reichlich flüssiger Butter oder Öl beträufeln und ca. 10 Minuten im heißen Backrohr braten. Dann Hitze reduzieren, die Tomatensauce zugeben und weitere 15 Minuten unter ständigem Begießen mit der Sauce fertig garen. Bei Bedarf noch etwas Weißwein nachgießen. Den Hecht am besten in der Form auftragen und erst bei Tisch tranchieren.

BEILAGENEMPFEHLUNG ~ Petersilerdäpfel.

Steinbutt im Bröselbett

ZUTATEN ~ 4 Tranchen vom Steinbutt à 150–180 g / 1 Bund Petersilie 2 Knoblauchzehen / Zitronensaft / Semmelbrösel nach Bedarf / 8–10 EL Olivenöl 2 EL frisch geriebener Parmesan / Salz, Pfeffer / Butter und Olivenöl zum Braten

ZUBEREITUNG ~ Den Steinbutt gut waschen, trocken tupfen, mit Zitronensaft beträufeln und etwa 10 Minuten ziehen lassen. Inzwischen die Petersilie verlesen und fein hacken, Knoblauch ebenfalls fein schneiden oder hacken. Nun in einer kleinen Schüssel Petersilie mit Knoblauch, Olivenöl und so viel Semmelbröseln vermengen, dass eine geeignete Bratenform damit ausgestreut und die Fische danach auch noch bedeckt werden können. Mit Salz und Pfeffer abschmecken.

Das Backrohr auf 180 °C vorheizen.

Nun die Steinbutttranchen salzen, pfeffern und in einer Pfanne in etwas mit Olivenöl vermischter aufgeschäumter Butter nur ganz kurz auf beiden Seiten anbraten. Die Hälfte der Bröselmasse in eine gut ausgebutterte Form einstreuen. Die Steinbuttfilets darauflegen, mit dem in der Pfanne verbliebenen Fett beträufeln, restliche Bröselmasse auftragen und Parmesan darüberstreuen. Mit Butterflöckchen belegen und je nach Stärke der Tranchen etwa 8–12 Minuten backen.

BEILAGENEMPFEHLUNG ~ In Haselnussbutter geschwenkte Erdäpfel, Spargel und frischer Salat.

Dorade im Salzteig

ZUTATEN ~ 4 kleine Doraden (oder 2 mittlere bzw. 1 große Dorade; ersatzweise Lachsforelle, Zander, Branzino etc.) / Knoblauch und Olivenöl zum Beträufeln

FÜR DIE FÜLLE ~ Rosmarinzweige nach Bedarf / Lorbeerblätter, Wacholderbeeren und Thymian / 2–3 Knoblauchzehen / Limetten- oder Zitronenschalen / grob geschroteter Pfeffer

FÜR DEN SALZTEIG ~ 300 g grob gemahlenes Meersalz / 100 g Maisstärke (Maizena) ca. 350 g glattes Weizenmehl / 1 Ei / 2 Eiklar / 40 ml Zitronensaft und 80 ml Wasser vermischt / 50 ml Öl / Mehl für die Arbeitsfläche / Eiklar zum Bestreichen

ZUBEREITUNG ~ Die Doraden gut waschen und trocken tupfen. In jede Dorade einen Rosmarinzweig geben. Für die Fülle die Knoblauchzehen fein hacken und mit den ebenfalls zerkleinerten Lorbeerblättern, Thymian, Wacholder und gehackten Limettenschalen vermengen. Mit grob geschrotetem Pfeffer würzen. Nun die Bauchhöhlen der Fische mit der vorbereiteten Füllmasse füllen und kühl rasten lassen.

Für den Salzteig alle Zutaten zu einem Teig verkneten. Den Teig entsprechend der Fischanzahl teilen und jeweils auf einer bemehlten Arbeitsfläche so groß ausrollen, dass der Fisch gut darin eingeschlagen werden kann. Die Fische auflegen, die Teigränder mit Eiklar bestreichen, gut übereinander schlagen und fest drücken.

Das Backrohr auf 190–200 °C vorheizen. Die Fische auf ein mit Backpapier ausgelegtes Backblech legen und den Teig mit einer Gabel mehrmals leicht anstechen. Ins Backrohr schieben und je nach Größe etwa 15–20 Minuten backen. Herausnehmen und noch kurz rasten lassen. Währenddessen beliebig viele Knoblauchzehen fein hacken und in heißem Olivenöl kurz glasig anlaufen lassen. Salzen und pfeffern. Die Doraden in der Kruste auftragen und den Teig erst bei Tisch öffnen. Fische vorsichtig filetieren und portionsweise anrichten, dabei den Salzteig nicht mitservieren, da er nicht genießbar ist. Nach Geschmack mit Knoblauchöl beträufeln.

BEILAGENEMPFEHLUNG ~ Mit Tomaten geschmorte Erdäpfelwürfel sowie frischer Rucolasalat.

Forellenfilet in der Folie gegart

ZUTATEN ~ 8 kleinere Forellenfilets (80–100 g) / ca. 16 dünne Scheiben durchzogener Speck / ca. 16 blanchierte Spinatblätter / Zitronensaft / getrockneter Estragon Salz, Pfeffer / flüssige Butter zum Bestreichen

ZUBEREITUNG ~ Die Forellenfilets sorgfältig mit einer Küchenpinzette entgräten. Die Filets mit Zitronensaft rundum beträufeln. Mit Estragon, Salz und Pfeffer würzen. Etwas ziehen lassen. Jeweils ein Stück Alufolie auf einer Arbeitsfläche auflegen, das so groß ist, dass das Forellenfilet darin gut eingewickelt werden kann. Folie mit reichlich flüssiger Butter bestreichen. Nun jeweils ein Forellenfilet zuerst mit blanchiertem Blattspinat, dann mit Speck umwickeln und auf die Folie legen.
Die Filets in der Folie gut einpacken und an den Enden sorgfältig verschließen.
Das Backrohr auf 180 °C vorheizen. Die eingepackten Forellenfilets in eine Backform legen und im heißen Rohr etwa 15 Minuten backen. Herausnehmen und in der Folie auftragen.
BEILAGENEMPFEHLUNG ~ Estragonerdäpfel und Tomatensalat.

Welsfilet mit Apfel-Kren-Béchamel überbacken

ZUTATEN ~ 4 Welsfilets à ca. 150–180 g / 1 EL Mehl / 2 EL Butter / 1 Apfel 2 EL frisch geriebener Kren / 1 Ei / Fischfond oder Gemüsesuppe / Vollkornmehl Butter für die Form / Saft von 1 Zitrone / Salz, weißer Pfeffer

ZUBEREITUNG ~ In einem Topf die Butter schmelzen, Mehl einrühren und zu einer hellen Einbrenn anschwitzen. Rasch mit so viel Fischfond oder Suppe aufgießen, dass eine ziemlich mollige Sauce entsteht. Einkochen lassen. Den Apfel reiben, mit etwas Zitronensaft verrühren und gemeinsam mit dem Kren in die Sauce einmengen. Mit Salz und Pfeffer abschmecken.
Die Sauce überkühlen lassen. Erst dann das Ei einrühren.
Die Welsfilets waschen und trocken tupfen. Mit Zitronensaft einreiben und 15 Minuten rasten lassen. Dann mit Salz sowie Pfeffer würzen. In Vollkornmehl wenden und in einer Pfanne mit heißer Butter auf beiden Seiten wirklich nur kurz anbraten. Wieder herausheben.
Das Backrohr auf 200 °C vorheizen. Eine feuerfeste Backform gut mit Butter ausstreichen und die Fischfilets hineinsetzen. Mit der Kren-Apfel-Sauce bestreichen und im heißen Backrohr ca. 15 Minuten goldbraun überbacken.
BEILAGENEMPFEHLUNG ~ Petersilerdäpfel und Blattsalat.

Die wichtigsten Merkmale für wirklich frischen Fisch

• Die Augen müssen feucht, prall sowie glasklar sein und sollten keinesfalls trüb wirken - der Fisch darf nicht „fischeln“, d. h. unangenehm nach Fisch riechen. Aber Achtung: Der Fisch sollte bei der Geruchsprobe nicht zu kalt sein, da große Kälte auch den Geruch dezimiert.

• Das Fischfleisch sollte elastisch und fest sein. Wenn Sie Gelegenheit für eine Fingerdruckprobe haben, nützen Sie die Chance. Bleibt im Fisch nach dem Eindrücken eine sichtbare Delle zurück, so kaufen Sie einen anderen Fisch. Dürfen Sie den Fisch nicht berühren, was im Alltag der Normalfall ist, so achten Sie darauf, dass das Fleisch zumindest frisch und elastisch aussieht.

• Die Kiemen sollten leuchtend hellrot, die einzelnen Kiemenblättchen sollten klar und deutlich erkennbar sein. Finger weg von Fischen mit verklebten, verschleimten oder bräunlich gefärbten Kiemen.

• Die Haut sollte feucht und natürlich seidig aussehen, der Schleimfilm auf der Haut sollte noch erhalten und keinesfalls verfärbt sein.

Fischkroketten klimagegart

ZUTATEN ~ **600–700 g beliebige Fischfilets (Kabeljau, Dorsch, Wels, Zander)**
2–3 Jungzwiebeln / 2 Scheiben Weißbrot ohne Rinde / 1–2 Eier
ca. 150 ml Schlagobers zum Einweichen / 1 EL gehackte Petersilie / Zitronensaft
Butter und Pflanzenöl / Salz, Pfeffer / 100 ml Wasser für die Dampfstöße

ZUBEREITUNG ~ Die Fischfilets je nach Bedarf noch sorgfältig mit einer Küchenpinzette entgräten. Mit einem scharfen Messer sehr fein hacken oder cuttern. Das Brot kleinwürfelig schneiden und mit dem Schlagobers vermengen. Die Jungzwiebeln fein schneiden und kurz in etwas aufgeschäumter Butter hell anschwitzen. Dabei aber darauf achten, dass sie nicht zu dunkel werden. Fischmasse mit dem eingeweichten Brot, den angeschwitzten Jungzwiebeln, Ei, Petersilie, wenig Zitronensaft sowie Salz und Pfeffer gut vermengen. Aus der Masse kleine Kroketten formen und diese in heißem Pflanzenöl von allen Seiten kurz anbraten. Eine geeignete Bratenpfanne mit Butter ausstreichen, die Kroketten einordnen und nochmals mit flüssiger Butter beträufeln. Das Backrohr auf 200 °C vorheizen. Die Kroketten im heißen Backrohr mit einem Dampfstoß bei 200 °C je nach Größe der Kroketten 15–25 Minuten backen.
BEILAGENEMPFEHLUNG ~ Knusprig gebratene Erdäpfelchips, Braterdäpfel, Cremespinat oder in Butter gedünstete Erbsen(schoten).

1 Dampfstoß gleich zu Beginn

Der Klimagaren-Tipp von Miele

Verlässlichkeit für viele Jahre

Mit der Betriebsart Klimagaren bekommt das Gargut eine glänzende Oberfläche und bleibt innen saftig und aromatisch.

Branzino in Weinblättern gebraten

ZUTATEN ~ 8 kleine Branzinofilets / in Lake eingelegte Weinblätter 5 Knoblauchzehen / 1 Zitrone / 1 Bund Petersilie / Meersalz, Pfeffer, Olivenöl

ZUBEREITUNG ~ Die Branzinofilets waschen, trocken tupfen und sorgfältig entgräten. Die Zitronen auspressen. Knoblauchzehen und die Petersilie fein hacken und mit Zitronensaft sowie etwas Olivenöl zu einer Paste vermengen. Mit Salz und Pfeffer abschmecken. Die Petersilienpaste auf die Hälfte der Filets auftragen, je ein Fischfilet darauflegen und gut andrücken. Auch außen mit frisch gemahlenem Meersalz und Pfeffer würzen. Auf einer Arbeitsfläche die Weinblätter auflegen und die zusammengelegten Branzinofilets darin einwickeln. Das Backrohr auf 180 °C vorheizen. Die Fischfilets auf ein mit Backpapier belegtes Backblech legen und bei fallender Hitze ca. 15–20 Minuten braten. Währenddessen einmal wenden.

TIPP ~ Stehen Ihnen keine Weinblätter zur Verfügung, so wickeln Sie die Fischpäckchen einfach in gut mit Butter ausgestrichene Alufolie.

Angler nach Art einer Lammkeule

ZUTATEN ~ 1 Angler (Seeteufel) im Ganzen ohne Kopf (ca. 800 g) / 80 g Speck 100 ml Rosé, wenn möglich aus der Provence / 2 cl Noilly Prat (oder anderer Wermut) 200 ml Fischfond (oder Gemüsefond) / 3–4 geschälte und entkernte Tomaten (ersatzweise eine kleine Dose Pelati) / Basilikumblätter / 1 Messerspitze Chilipfeffer 2–3 EL Crème fraîche / Salz und Pfeffer aus der Mühle / Mehl zum Stauben / Olivenöl

ZUBEREITUNG ~ Den Angler gut waschen und trocken tupfen. Speck in sehr feine Würfel hacken und in einer passenden Bratenpfanne (mit Deckel) in nicht zu wenig Olivenöl zerlassen. Angler rundum mit etwas Mehl bestäuben, überschüssiges Mehl abklopfen und den Fisch auf allen Seiten anbraten, bis die Oberfläche leicht bräunlich wird.

Backrohr auf ca. 150–160 °C vorheizen. Roséwein, Noilly Prat und Fischfond zugießen. Die geschälten Tomaten grobwürfelig schneiden, dazugeben und alles mit Salz und Pfeffer würzen. Den Deckel aufsetzen und den Angler etwa 30 Minuten lang ziehen lassen, bis er gar, aber innen noch leicht glasig ist. Währenddessen wiederholt mit Sauce übergießen. Dann den Deckel abnehmen und die Sauce samt Bratrückstand ab-, aber nicht weggießen. Oberhitze zuschalten und den Fisch noch kurz auf höchster Stufe überbacken, bis die Oberfläche schön knusprig ist.

Währenddessen die Sauce durch ein Sieb abseihen oder im Blitzcutter passieren. In einer kleinen Saucenpfanne auf die Hälfte ihrer Konsistenz einkochen lassen und mit Crème fraîche binden, bis eine sämige Sauce entsteht. Die Basilikumblätter darunterrühren, die Sauce noch einmal mit Salz und etwas Chilipfeffer abschmecken. Den Angler tranchieren, d. h. die Filets vom Knorpel ablösen und aufschneiden. Die Sauce nach Belieben zur Gänze über die Anglerstücke träufeln oder zum Teil extra servieren.

BEILAGENEMPFEHLUNG ~ Salzerdäpfel oder Stangenbrotscheiben.

Irische Seezunge
klimagegart

ZUTATEN ~ 4 kleine Seezungen oder entsprechend weniger größere Exemplare (oder Schollen) mit Haut / 1 EL frisch gehackte Kräuter nach Geschmack (Kerbel, Schnittlauch, Petersilie, Estragon, Dille, Fenchelgrün etc.) / gesalzene Butter / Weißwein oder Fischfond zum Aufgießen / Zitronensaft / Salz, Pfeffer / 150 ml Wasser für die Dampfstöße

ZUBEREITUNG ~ Den Kopf der Seezungen entfernen und bei den Fischen auf der Oberseite die Haut etwa einen Finger breit vom Rand entfernt rundum so einschneiden, dass die Haut ohne Unterbrechung durchtrennt wird. (Sie sollte nach dem Garen in einem Stück abgehoben werden können.) Die Seezungen mit Zitronensaft beträufeln. Etwa 10 Minuten ziehen lassen. Dann salzen und pfeffern. Nun die Fische in eine passende Bratenform legen, maximal einen Finger hoch Weißwein oder Fischfond einfüllen und die Seezungen mit einigen Flocken gesalzener Butter belegen. Im nicht vorgeheizten Backrohr mit 2 Dampfstößen bei 160 °C 30–40 Minuten garen. Nach Ende der Garzeit sollte die Flüssigkeit zur Gänze verdampft sein.
Inzwischen für die Kräuterbutter etwa 2 Esslöffel gesalzene Butter in einem Topf schmelzen lassen. Die frisch gehackten Kräuter zugeben, mit Salz, Pfeffer und einem Spritzer Zitronensaft abschmecken. Kurz aufschäumen lassen.
Die fertig gegarten Seezungen herausheben und auf vorgewärmten Tellern anrichten. Mit einer Tortenschaufel oder einem breiten Messer vorsichtig die Haut abheben, die Seezungen mit der Kräuterbutter beträufeln und auftragen.
BEILAGENEMPFEHLUNG ~ Salzerdäpfel, in Butter gedünstete Champignons und grüner Blattsalat.

1. Dampfstoß nach 5 Minuten
2. Dampfstoß nach weiteren 10 Minuten

TIPP ~ Auf dieselbe Weise lassen sich auch bereits abgezogene und filetierte Seezungen oder Schollen zubereiten, wobei sich in diesem Fall die Garungszeit etwas verringert.

Bratenreste-Schmankerln

Schweinsbraten-Röllchen

ZUTATEN ~ **500 g kalte Schweinsbratenreste / 150–200 g Essiggurken, Perlzwiebeln, Maiskölbchen**

FÜR DIE SENFMAYONNAISE ~ **2 Eidotter / 20 g Dijonsenf / Zitronensaft / Muskatnuss Salz, Cayennepfeffer / Schuss Essig / 250 ml Pflanzenöl**

ZUBEREITUNG ~ Den Schweinsbraten (am besten mit der Maschine) in dünne Scheiben schneiden. Das saure Gemüse in feine Würfel schneiden oder fein hacken. Für die Senfmayonnaise die Eidotter mit Dijonsenf und Essig verrühren und einen Schuss Zitronensaft hinzufügen. Das Öl unter ständigem Rühren langsam einfließen lassen, bis eine cremige Masse entsteht. Abschließend die Mayonnaise mit Salz, Cayennepfeffer und Muskatnuss abschmecken.
Die aufgeschnittenen Schweinsbratenscheiben auflegen und mit der Mayonnaise bestreichen. Jeweils einen Esslöffel des Sauergemüses in die Mitte der einzelnen Schweinsbratenscheiben platzieren und zu einer Rolle wickeln.
BEILAGENEMPFEHLUNG ~ Frischer Kren und knuspriges Schwarzbrot.

Rindfleischsalat

ZUTATEN ~ **500 g kalte Rindsbratenreste / 150 g gekochte Käferbohnen 2 große Zwiebeln / je 1 grüne und rote Paprikaschote / 1–2 EL frisch gehackte Petersilie 2 gekochte Eier / Sonnenblumen- oder Kürbiskernöl / Essig nach Belieben (Balsamicoessig, Apfelessig etc.) / Salz, Pfeffer**

ZUBEREITUNG ~ Das Rindfleisch in Scheiben und dann in mundgerechte Streifen schneiden. In eine Schüssel geben und mit den gekochten Käferbohnen vermengen. Mit Essig, Öl, Salz sowie Pfeffer marinieren. Durchmischen und mit Klarsichtfolie abgedeckt eine knappe Stunde im Kühlschrank ziehen lassen.
Einstweilen die Zwiebeln in feine Ringe schneiden, die Paprikaschoten entstielen, entkernen und in dünne Streifen schneiden. Das Rindfleisch aus dem Kühlschrank nehmen und das Gemüse untermischen. Gehackte Petersilie einmengen, durchmischen und nochmals abschmecken. Die gekochten Eier vierteln oder mit einem Eierschneider in Scheiben schneiden und den Rindfleischsalat damit garnieren.

Hühner-Curry-Salat

ZUTATEN ~ **500 g gebratenes Hühnerfleisch / 2 Stangen zarter Sellerie 150 g Naturjoghurt / 150 g Sauerrahm / 200 g eingelegte Mandarinen- oder Ananasstückchen / 1 Handvoll geröstete Erdnüsse / Kurkuma, Currypulver Salz, Pfeffer / frische Basilikumblätter zum Garnieren**

ZUBEREITUNG ~ Das gebratene Hühnerfleisch in mundgerechte Stücke schneiden. Joghurt und Sauerrahm mit reichlich Curry, Salz und Pfeffer anrühren. Für eine noch intensivere Farbe ein wenig Kurkumapulver hinzufügen. Die Hühnerstückchen und die eingelegten Früchte mit der Sauerrahm-Joghurt-Mischung verrühren. Den Stangensellerie in sehr feine Scheiben schneiden und ebenfalls untermengen. Den Hühner-Curry-Salat einige Stunden (gut abgedeckt) in den Kühlschrank stellen, damit er gut durchziehen kann. Vor dem Servieren die Erdnüsse einrühren, nochmals durchrühren und mit frischem Basilikum garnieren.

Vitello Tonnato

ZUTATEN FÜR 4–6 PORTIONEN ~ **500 g kalte Kalbsbratenreste / 150 g Thunfisch aus der Dose / 2 Sardellenfilets / 2 Eidotter / 1 EL Senf / 250 ml Olivenöl / Zitronensaft Schuss Essig / Kapernbeeren zum Garnieren / Salz, Pfeffer**

ZUBEREITUNG ~ Die Kalbsbratenreste dünn aufschneiden und überlappend auf einen Teller oder eine Platte legen. Für die Thunfischsauce den Thunfisch und die Sardellenfilets in einem Mixer fein pürieren. Die Masse mit Eidottern, Senf und einem Schuss Essig vermengen und unter ständigem Rühren langsam das Öl eingießen, bis eine homogene Masse entsteht. Mit Zitronensaft, Pfeffer und Salz abschmecken.
Die Kalbsbratenscheiben gleichmäßig mit der Thunfischsauce bestreichen, bis diese ganz bedeckt sind. Vitello Tonnato mit Klarsichtfolie abdecken und für einige Stunden in den Kühlschrank stellen, damit das Fleisch den Thunfischgeschmack aufnehmen kann. Vor dem Servieren mit reichlich Kapernbeeren garnieren.
BEILAGENEMPFEHLUNG ~ Frisches, knuspriges Baguette oder Weißbrot.

Ungarisches Fischgröstl

ZUTATEN ~ **400–600 g Reste von gebratenem Fisch / 100 g Speck im Ganzen 600–800 g gekochte speckige Erdäpfel / 1 Zwiebel / je 1 rote und gelbe Paprikaschote Schuss ungarischer Tokajer (oder anderer Süßwein) / edelsüßes Paprikapulver Salz, Pfeffer / Butterschmalz oder Pflanzenöl**

ZUBEREITUNG ~ Die gekochten Erdäpfel schälen und in Scheiben schneiden. Die Paprikaschoten entstielen, entkernen und in Streifen, die Fischreste ebenfalls in mundgerechte Stücke schneiden. Die Zwiebel in feine Ringe und den Speck in kleine Würfel schneiden.

In einer Pfanne Butterschmalz oder Öl erhitzen und die Zwiebelringe gemeinsam mit den Speckwürfeln und Erdäpfelscheiben fast goldbraun rösten. Die Paprikastreifen hinzufügen und ebenfalls anbraten. Abschließend die Fischstückchen hinzugeben. Nun etwas Paprikapulver darüberstauben, mit einem kleinen Schuss Tokajer ablöschen (nicht zu viel Wein zugießen, da sonst die Erdäpfel nicht mehr knusprig sind) und kurz kräftig durchrösten. Das Gröstel mit Salz und Pfeffer abschmecken.

BEILAGENEMPFEHLUNG ~ Frischer Blattsalat.

Provençalisches Palatschinkengratin

ZUTATEN ~ **400 g Kalbsbratenreste / 1 Zwiebel / 1 Zucchini / 1 Melanzani 3 Tomaten / 2–3 Knoblauchzehen / Schuss Balsamicoessig / Rindsuppe nach Bedarf 200 ml Sauerrahm / 2 Eidotter / 50 ml Schlagobers / provençalische Gewürze (Thymian, Rosmarin, Estragon usw.) / Salz, Pfeffer / Olivenöl**

FÜR DIE PALATSCHINKEN ~ **250 ml Milch / ca. 120 g Mehl / 3–4 Eier 1 Schuss prickelndes Mineralwasser / Salz / Pflanzenöl**

ZUBEREITUNG ~ Zuerst aus Mehl, Milch, Eiern und Salz den Teig für die Palatschinken anrühren. Einen kleinen Schuss Mineralwasser hinzufügen, damit der Teig noch luftiger wird. In einer Pfanne ein wenig Pflanzenöl erhitzen, etwas von dem Teig eingießen, bis die Pfanne bodenbedeckt ist, und nacheinander eher dickere Palatschinken backen. Die fertigen Palatschinken herausheben und warm stellen.

Für die Füllung die Kalbsbratenreste sehr fein hacken oder wiegen. Die Tomaten in siedendem Wasser kurz überbrühen, schälen, entkernen und kleinwürfelig schneiden. Zwiebel, Melanzani und Zucchini ebenfalls feinwürfelig schneiden. Knoblauch fein hacken.

In einem Topf etwas Olivenöl erhitzen und die fein gehackte Zwiebel hell anschwitzen. Die Zucchini-, Melanzani- und Tomatenwürfel sowie den gehackten Knoblauch hinzufügen, kurz anrösten und mit ein wenig Balsamicoessig und Suppe ablöschen. Die klein geschnittenen Bratenreste hinzufügen und mit Salz und Pfeffer sowie den Kräutern der Provence abschmecken. Das Gemüse-Fleisch-Ragout

kurz köcheln lassen, bis eine sämige Füllung für die Palatschinken entsteht. Bei Bedarf noch etwas Suppe nachgießen.
Eine Gratinierform gut mit Öl ausstreichen. Die Palatschinken auf einem Teller nacheinander auflegen und jeweils mit etwas Gemüse-Fleisch-Ragout füllen, zu einer Rolle formen und nebeneinander in die Auflaufform schlichten.
Das Backrohr auf 180 °C vorheizen. Den Sauerrahm mit Eidottern und Schlagobers vermengen, mit Salz und Pfeffer würzen und den Guss über die Palatschinken gießen. Die gefüllten Palatschinken im heißen Backrohr etwa 15 Minuten gratinieren, bis der Guss goldbraun geworden ist. In der Auflaufform auftragen und erst bei Tisch portionieren.
BEILAGENEMPFEHLUNG ~ Frischer Tomatensalat mit Basilikum.

Hascheeknödel

ZUTATEN FÜR CA. 16 KNÖDEL ~ **400 g Schweinsbratenreste / 3 Schalotten 2 Knoblauchzehen / ½ Bund Petersilie / Butter- oder Schweineschmalz / Muskatnuss Salz, Pfeffer / in aufgeschäumter Butter geschwenkte Grammeln oder ausgelassene Speckwürferln zum Garnieren**

FÜR DEN TEIG ~ **ca. 400 g mehlige Erdäpfel / 150 g griffiges Mehl / 1 EL Grieß 1 Ei / Prise Salz**

ZUBEREITUNG ~ Die Erdäpfel kochen, schälen und durch eine Erdäpfelpresse drücken. Mit den restlichen Zutaten zu einem geschmeidigen Teig verarbeiten. In Klarsichtfolie hüllen und etwa 30 Minuten kühl rasten lassen. Einstweilen die Bratenreste sehr fein hacken oder durch den Fleischwolf lassen. Die Schalotten in feine Würfel schneiden, den Knoblauch fein hacken. Die Petersilie verlesen und fein hacken.
In einer Pfanne nicht zu wenig (das Fett soll danach auch die Fleischmasse binden!) Schmalz erhitzen und die fein gehackten Schalotten darin hell anschwitzen. Knoblauch einrühren und kurz anrösten, Petersilie zugeben, durchrühren und die Pfanne wieder vom Herd nehmen. Überkühlen lassen. Die Zwiebelmasse unter die Fleischmasse rühren und mit Muskatnuss, Salz und Pfeffer abschmecken. Bei Bedarf eventuell noch flüssiges Schmalz einmengen, damit die Fülle schön geschmeidig wird.
Nun den Teig zu einer Rolle formen und im Abstand von einigen Zentimetern in ca. 16 gleich große Stücke schneiden und aus jedem Teigstück eine handtellergroße Scheibe formen. Mit etwas Fleischfüllung belegen und mit feuchten Händen zu Knödeln formen. In einem großen Topf reichlich Salzwasser aufkochen, die Knödel einlegen und 12–15 Minuten sanft ziehen lassen. Fertige Knödel herausheben und auf vorgewärmten Tellern anrichten. Mit den in brauner Butter geschwenkten Grammeln oder ausgelassenen Speckwürferln servieren.
BEILAGENEMPFEHLUNG ~ Traditionell kalter oder warmer Krautsalat oder Sauerkraut.

Braten-Register alphabetisch

Braten-Register nach Kapiteln

Im weiten Knödel-Universum gibt es keine Grenzen – vor allem nicht für dieses Buch, das zur Fundgrube wird für alle, die herzhaft genießen wollen. Ob in der Suppe oder als Nachtisch, als Bratenbeigabe oder als Alleinherrscher auf dem Teller – der Knödel macht die Musik.

Christoph Wagner · Ingrid Pernkopf
KNÖDELKÜCHE
Die 250 besten Rezepte von pikant bis süß

240 Seiten, 17 x 24 cm
Hardcover mit SU, durchgehend Farbe

€ 24,95 · ISBN: 978-3-85431-526-1

pichler verlag

450 traditionelle und kreative Rezepte sind in diesem Grundkochbuch zur Vorratshaltung versammelt. Dazu erfahren Sie viel Wissenswertes über den richtigen Gebrauch von Einkochgeschirr und -utensilien, die Lagerung und Haltbarkeit von Lebensmitteln und die optimale Erntezeit der verwendeten Produkte.

Ingrid Pernkopf · Willi Haider
DIE VORRATSKAMMER
Die 450 besten Rezepte
vom Einlagen bis zum Räuchern

320 Seiten, 17 x 24 Seiten
Hardcover mit SU
€ 29,95 · ISBN 978-85431-474-5

pichler verlag

styria BOOKS

Hans Peter Finks neues Standardwerk der modernen Kürbisküche präsentiert über 200 tolle Rezeptideen: Würzig pikante Vorspeisen, cremige Suppen, Risotti- oder Pastagerichte – die Palette ist nahezu unerschöpflich. Kürbis harmoniert perfekt mit Feisch-, Wild- und Geflügelkreationen und zeigt sich auch von seiner süßen Seite überaus verführerisch.

Hans Peter Fink
DIE KÜRBISKÜCHE
Über 200 Rezepte von Kernöl bis Zucchini

256 Seiten, 17 x 24 cm
Hardcover mit SU, durchgehend Farbe

€ 24,95 · ISBN: 978-3-85431-501-8

pichler verlag

Meisterkoch Hans Peter Fink demonstriert, dass die würzige Schärfe des Krens auch am anspruchsvolleren Gaumen alle Stücke spielt: von klassischen Beilagen wie Apfelkren und Semmelkren bis zu köstlichen Hauptgerichten, von Aufstrichen, Suppen, Vorspeisen, Saucen und Salaten bis zu pikanten Snacks, knackigem Fingerfood und ungewöhnlichen Dessert-Ideen wie Wasabi-Sorbet.

Hans Peter Fink
DAS KRENKOCHBUCH
Die schärfsten Rezepte
mit Meerrettich und Wasabi

168 Seiten, 17 x 24 cm, Hardcover mit SU

€ 19,95 · ISBN 978-3-85431-530-8

pichler verlag

styria books